Brigitte Kepplinger/Reinhard Kannonier (Hg.)

Irritationen

Die Wehrmachtsausstellung in Linz

Brigitte Kepplinger/Reinhard Kannonier
(Hg.)

Irritationen
Die Wehrmachtsausstellung in Linz

Die Reihe „sandkorn science" ist eine verlegerische Dienstleistung des
Buchverlages Franz Steinmaßl

ISBN 3 900943 52 4
Copyright © 1997 bei Buchverlag Franz Steinmaßl
Helbetschlag 39, A-4264 Grünbach
Nachdruck, auch auszugsweise, verboten. Alle über diese Buchpublikation
hinausgehenden Rechte verbleiben bei den AutorInnen.
Fotos Farbteil: Christian Herzenberger
Layout: Margot Haag, Fritz Fellner
Umschlaggestaltung: Greta Kannonier
Druck: Print-X, Budapest

Inhalt

Einleitung

Brigitte Kepplinger

Die Wehrmachtsausstellung in Linz – das waren Wochen intensiver öffentlicher Diskussion, die Induzierung eines Prozesses, der uns als Organisatoren in seiner Dynamik überraschte. Das Begleitprogramm, das die Thematik der Ausstellung aus verschiedenen Blickwinkeln dokumentierte und analysierte, ergänzende Informationen anbot, wurde so gestaltet, daß der Zugang auf verschiedenen Ebenen möglich war: bewußt wurden der wissenschaftlichen Bearbeitung des Themas künstlerische und didaktische Annäherungen zur Seite gestellt. Im Mittelpunkt stand das Ziel, den Dialog, die Auseinandersetzung zu fördern, möglichst viele Facetten der historischen Realität und ihrer Auswirkungen auf die Gegenwart einzufangen. Daß dies über weite Strecken gelungen ist, ist das Verdienst aller, die durch ihr Engagement zum Zustandekommen der Ausstellung und des Begleitprogramms beigetragen haben. Ich möchte an dieser Stelle all jenen danken, die durch ihre finanzielle Unterstützung dieses Projekt erst ermöglicht haben. Mein Dank gilt auch dem Rektor der Hochschule für künstlerische und industrielle Gestaltung, Prof. Wolfgang Stifter, der durch seine Bereitschaft, die Ausstellung im historischen Ambiente seiner Hochschule aufzunehmen, dem Projekt die spezielle Dimension der Beziehung zwischen „Hitlers Linz" und dem Vernichtungskrieg im Osten eröffnet hat.

Für die politische Kultur in Linz bedeutete die Wehrmachtsausstellung mit den sie begleitenden Veranstaltungen einen wesentlichen Schritt in die Richtung eines offenen und breiten Diskurses über die Zeit des Nationalsozialismus, der vor allem bisher tabuisierte Themen aufgreift; wie ein Diskussionsteilnehmer anläßlich des Vortrags von Helmut Konrad sagte: „Es wird nicht mehr so sein wie vorher." Um dieses Ergebnis festzuschreiben, ist dieses Buch erschienen. Darüber hinaus enthält die Linzer Diskussion viele Elemente, die über Lokalbezüge hinausgehen und von allgemeinem Interesse sind. Die Basis der wissenschaftlichen Beiträge dieses Bandes bilden die Referate, wie sie im Rahmen des Begleitprogramms gehalten wurden. Allerdings haben sich die Forschungen der Autoren in der Zwischenzeit weiterentwickelt, sodaß einige von ihnen sich der Mühe unterzogen haben, ihre Aufsätze zu überarbeiten, um die neuen Forschungsergebnisse präsentieren zu können: Hannes Heer, Walter Manoschek und Gaby Zipfel. Die Dokumentation des kulturellen Begleitprogramms soll einen Einblick in dessen Vielfalt gewähren und aufzeigen, welches Potential an Kreativität und Solidarität die Linzer kulturelle Szene zu mobilisieren imstande ist, wenn es, wie im konkreten Fall, darum geht, Position zu beziehen. Eine Novität ist schließlich die soziologische Untersuchung von Werner Reichenauer, die erstmals mit quantitativen Methoden die Beurteilung der Ausstellung durch die Besucher analysiert und zu einigen unerwarteten Ergebnissen gekommen ist.

Zuletzt möchte ich namens der Herausgeber unserem Verleger Franz Steinmaßl meinen Dank aussprechen, der die Publikation des Buches übernommen hat und damit seinem ambitionierten Verlagsprogramm einen weiteren Baustein hinzufügt.

Geschichte, Politik und Öffentlichkeit
Die Vorbereitungsphase: ein kurzes Lehrstück über lange Irrwege

Reinhard Kannonier

Es ist ein Irrtum zu glauben, eine Gesellschaft, die sich ein derart erfolgsorientiertes, junges und dynamisches Spiegelbild von sich selbst zurechtgelegt hat wie unsere gegenwärtige, könne mühelos die Gedächtnis-Brücken hinter ihrem Weg in die Zukunft abreißen. Ein weiterer, daraus folgender Trugschluß verleitet dazu, den sich durchsetzenden Gedächtnisschwund mittels oberflächlicher Schuldzuweisungen rasch zukleistern zu wollen – in der Hoffnung, sie würden dann schon wieder aus dem öffentlichen Bewußtsein in den vorherigen Dämmerzustand absinken. Unter diesen Gesichtspunkten leisteten bereits im Vorfeld der Wehrmachtsausstellung Schlagworte wie „Schüren von Generationskonflikten", „Pauschalverurteilung von Kriegsteilnehmern" und ähnliche eher emotionale denn rationale Vorbereitungsarbeit, demonstrierten eher Unsicherheit und Einbunkerung als Offenheit, Dialogbereitschaft und nüchterne Analyse. Und erreichten außerdem in keiner Weise ihren intendierten Zweck.

Die teilweise heftigen Reaktionen schon während der Vorbereitungszeit waren ein eindringliches Indiz dafür, wie dünn das künstlich angelegte Eis ist, das die Gegenwart vor der – in diesem Fall immerhin schon über ein halbes Jahrhundert zurückliegenden! – Vergangenheit schützen soll. Wenn ein empfindlicher Punkt auf dem Schatten kollektiver, aber auch individueller Erinnerungen getroffen wird, fruchten solche Spiegelflächen nur bedingt. Ein kleiner Tritt schon kann das Eis brechen lassen.

Denn die potentiellen Risse in ihm verlaufen ja nicht nur entlang von Generationslinien. Sie verbreitern sich vor allem dann, wenn unterschiedliche Erfahrungs- und Wissenshorizonte unabhängig von der Generationszugehörigkeit aufeinanderprallen. Die scheinbar kühle und desinteressierte Distanz von Jugendlichen; die wohlmeinende Forderung von karrierebewußten und/oder ihre eigene Elterngeneration verteidigenden Eltern, ihren Kindern doch den Blick in die Zukunft und nicht in die Vergangenheit zu öffnen („Jetzt muß endlich einmal Schluß sein mit der 'Vergangenheitsbewältigung'! Was haben denn wir noch damit zu tun?"); der Ruf von Großeltern nach Schluß der Debatte über unangenehme Kapitel aus der eigenen Geschichte – derart grobe Raster können nur einen kleinen Ausschnitt aus dem komplexen Feld vermitteln, in dem Zeitgeschichte aus dem Blickwinkel aktueller Politik, Forschung und Erlebniswelt rezipiert wird.

In modernen Demokratien, so möchte man meinen, wäre es eine geistige, politische und kulturelle Herausforderung für Politik und Medien, dieser Komplexität nicht auszuweichen, sondern sie im Gegenteil in den öffentlichen Diskurs einzubringen. Doch die Zeit von der ersten öffentlichen Ankündigung Anfang Oktober 1996, die Wehrmachtsausstellung werde in der Linzer Kunsthochschule gezeigt werden, bis zu ihrer Eröffnung am 22. November 1996 bot geradezu ein Lehrstück darüber, wie das Beziehungsgeflecht von Politik, Öffentlichkeit und historischer Identitätssuche nach wie vor ins Wanken gerät, geht es um Aufklärung über die Zeit des Nationalsozialismus.

Eigentlich hätte nun, da die sogenannte „Waldheim-Affäre" die Risse schlagartig verbreitet hatte und österreichische Bundeskanzler erstmals die massive Beteiligung von Österreichern an nationalsozialistischen Verbrechen offiziell zugegeben haben, die Analyse der Rolle der deutschen Wehrmacht in einer distanzierteren, entspannteren Weise vonstatten gehen können als zuvor. Aber der in den letzten Jahren zunehmende wirtschaftliche Druck und der zumindest für die FPÖ erfolgreich praktizierte politische Populismus verkleinerten die Spalten im Eis wieder. Außerdem handelt es sich beim Thema „Wehrmacht" natürlich um einen besonders sensiblen Bereich, weil er bislang aus der öffentlichen (nicht der wissenschaftlichen) Abrechnung mit dem Nationalsozialismus ausgeklammert geblieben war und zudem breite Teile der Bevölkerung direkt oder indirekt betrifft.

Die stets und vorsorglich mit dem fixen Zusatz „umstritten" versehenen Vorberichte und Aussagen über die Wehrmachtsausstellung (nur wenige Journalisten, Politiker, Leserbriefschreiber oder „opinion leaders" hatten sie vorher tatsächlich gesehen) gerieten somit zum integralen Bestandteil der Ausstellung selbst. Und zwar nicht nur deshalb, weil in ihr auch die Frage thematisiert wird, wie seit 1945 mit den Verbrechen, die die deutsche Wehrmacht im Osten und Südosten Europas begangen hatte, (nicht) umgegangen wurde. Sondern vor allem auch deshalb, weil es in diesem Fall um unsere eigene Geschichte ging und nicht um Ruanda, Kambodscha oder um stalinistische Gulags. Die geographischen Orte der Wehrmachts-Aktionen gegen Juden, Partisanen und Geiseln waren zwar „exterritorial", nicht aber die Menschen, die sie begingen. Das waren eigene Väter und Großväter, die sich auf fremdem Territorium befanden.

Nach den bis dahin gemachten österreichischen Erfahrungen in Wien und Klagenfurt – Innsbruck blieb eine Ausnahme – war die Vehemenz der Eigendynamik, die sich in diesem Zeitraum entfaltete, also nicht überraschend. Auf einen ersten oberflächlichen Blick vielleicht vergleichbar mit dem Aufruhr, der regelmäßig den Ankündigungen einer Aktion oder Ausstellung des Aktionisten und Malers Hermann Nitsch folgt. Auch in diesen Fällen wird (trotz der eigentlich archaisch-konservativen Botschaft des Künstlers) offensichtlich ein Nerv berührt, der Verdrängtes durchstößt und Tabus verletzt, wenn auch in einem anderen, von den zugrundeliegenden Ereignissen her natürlich nicht vergleichbaren Kontext.

Die elementaren Unterschiede liegen aber auch an der Oberfläche klar auf der Hand, obwohl sich die jeweiligen Kernschichten des Protestes weitgehend überschneiden. Im Falle von Nitsch handelt es sich um ein in künstlerischen Enklaven situiertes kulturelles Feld, das nur zwecks erhofftem politischen Kleingeld dann und wann von außen geöffnet wird und dadurch in außerkünstlerischen Bereichen für Turbulenzen sorgt. Seine Ausstellungen und Aktionen stellen primär einen ästhetischen, von den verwendeten Materialien ausgehenden und nicht so sehr inhaltlichen Stein des Anstoßes dar, sieht man von den – oft mißverstandenen – blutgetränkten Symbolismen ab, die von einigen als „Verletzung religiöser Gefühle" interpretiert werden.

Die Ausstellung über den Vernichtungskrieg zwischen 1941 und 1944 als einem integralen Bestandteil des Holocaust und der Rassenideologie aber berührt potentiell, und zwar von ihren Inhalten her, die sie vermittelt und darüber hinaus noch impliziert, buchstäblich jedermann. Die emotionale Betroffenheit erwächst nicht aus der – im übrigen eher nüchternen, schlichten – Form der Präsentation, sondern aus der subjektiven Nähe (über Familien, Schulen, Identitätsbilder usw.) zum Gezeigten. Deshalb schlagen die Wogen hoch, noch bevor ein Bild zu sehen ist.

Spezifische Voraussetzungen

Die Vorgeschichte zur Präsentation der Wehrmachtsausstellung in Linz steht also einerseits beispielhaft für die meisten Orte in Deutschland und Österreich, an denen sie bisher gezeigt wurde und gewiß auch für die, wo sie noch geplant ist. Die Abwehrhaltungen und Ermunterungen, die Diskussionen um die wissenschaftliche Genauigkeit, die Slalomläufe durch politische Interessen, Wählergruppen, Leserklientel, Veteranenverbände und ideologi-

sche Vorgaben, die Zu- und Absagen für Unterstützungen und Diskussions-
teilnahmen könnten wahrscheinlich in jeder dieser Städte Bände füllen. Sie
erreichen ein Ausmaß an Öffentlichkeit und politischem Interesse, das historischen Themen üblicherweise verwehrt bleibt.

Darüber hinaus aber sind die Begleiterscheinungen in Österreich, und hier
noch einmal speziell in Linz, in mehrerlei Hinsicht von einigen Besonderhei-
ten geprägt. Die politische Kultur der Zweiten Republik hat einen differenzierenden Dialog über Jahrzehnte hinweg unmöglich gemacht, zumindest er-
schwert.

Bezogen auf die Thematik der Wehrmachtsausstellung beruhte sie auf
zwei Fundamenten. Erstens auf der internationalen Anerkennung Österreichs
als erstes Opfer von Hitlers Aggressionspolitik. Ohne aber den an sich logi-
schen Schluß daraus zu ziehen, eine der Bedingungen dafür, nämlich die Lei-
stung eigenständigen Widerstandes gegen das NS-Regime, zum Bestandteil
der neuen öffentlichen Identität zu machen. Ganz im Gegenteil: Die (deutsche) Wehrmacht blieb bis heute das Zentrum der persönlichen und allgemeinen privaten Vereins- wie öffentlichen Gedächtniskultur, der Widerstand wurde
mehr oder weniger daraus eliminiert, ja sogar zum Feindbild stilisiert.

Diese generelle Linie war und ist eng mit dem zweiten Fundament verbunden, nämlich mit dem neugewonnenen Konsens der beiden großen politischen „Lager" in der Zweiten Republik und allen daraus resultierenden Folge-
erscheinungen. Seine Absicherung implizierte von Anfang an die Vermeidung
aller konfliktträchtigen Fragen an die Vergangenheit. Das betraf natürlich vor
allem die Zeit bis 1938, aber auch – im Kontext mit der einseitig zugeschrie-
benen Opferrolle bis zur „Waldheim-Affäre" – den Nationalsozialismus selbst.
„Der Elitenkonsens der Zweiten Republik, der Österreich als erstes Opfer
der nationalsozialistischen Aggression definierte, beinhaltete auch die Aussage, daß der Zweite Weltkrieg ein verbrecherischer Krieg der Deutschen war,
an dem die Österreicher gezwungenermaßen teilnahmen. Dieses Bild des Krieges und der Wehrmacht war aber nicht konsensfähig nach unten: 250.000
Österreicher waren in diesem Krieg gefallen, nahezu jede Familie hatte Gefallene zu beklagen. Das Gedenken an diese Toten vertrug sich absolut nicht mit
der Vorstellung, sie seien bei der Führung eines Vernichtungskrieges umgekommen." (Brigitte Kepplinger: Die Wehrmachtsausstellung in Linz: Ein politisches Lehrstück, in: Informationen der Gesellschaft für politische Aufklärung, Nr. 51, Dezember 1996, S. 12)

Dementsprechend wurde das Bild von einer „normalen" Wehrmacht einer „normalen" Diktatur in einem „normalen" Krieg mit allen Grausamkeiten, wie sie dort eben immer wieder vorkämen, rasch zum Bestandteil des öffentlichen und in vielen Fällen auch des privaten Gedächtnisses, zumal ja tatsächlich die individuellen Erfahrungen durchaus unterschiedlich sein mußten. Die Festigung dieses Mythos wurde erleichtert durch die rasche Aneignung einer neuen Identität: die der „Aufbau-Generation". Sie mußte sich nie wirklich mit ihrer eigenen Geschichte auseinandersetzen, weder mit der Ersten Republik, noch mit dem autoritären Ständestaat, und schon gar nicht mit dem Nationalsozialismus.

Zwischen dem Ende der Habsburger-Monarchie als dem tragischen Finale aller Geschichtestunden der fünfziger und sechziger Jahre und der alle Kräfte beanspruchenden Tüchtigkeit im Wiederaufbau während derselben Zeit klaffte eine Lücke, die auch noch die Töchter und Söhne dieser Generation mit auf den Weg bekamen.

Sieht man von den naturgemäß immer spärlicher werdenden Heldengeschichten aus der Kriegszeit an den Stammtischen ab, konnten sich die individuellen Lebensentwürfe nach 1945 also rasch von der eigenen, oft als gestohlen empfundenen (vor allem im direkten Vergleich mit der Nachkriegsgeneration), nicht selten aber auch heroisierten (im nicht-öffentlichen Bereich) Jugend abkoppeln und in die Zukunft richten.

Die Identifizierung mit den großen Leistungen des Wiederaufbaus erleichterte das Vergessen und verschüttete die Frage, warum überhaupt wiederaufgebaut werden mußte. Sie zog eine psychologische Barriere in die individuellen Biographien der männlichen Kriegsgeneration, die nur schwer überwunden werden konnte – auch für diejenigen, die tatsächlich nie mit den Kriegsverbrechen zu tun hatten. Sie erklärt zumindest teilweise den von ehemaligen Wehrmachtsangehörigen oft geäußerten Vorwurf, die Wehrmachtsausstellung würde all jene, die so großartige Leistungen beim Wiederaufbau vollbracht hätten, zu Verbrechern stempeln. Es erwies sich, daß dieser Idée fixe mit rationalen und differenzierenden Argumenten nur schwer zu begegnen ist, weil sie sich vorwiegend emotional äußert und – abgesehen von nach wie vor überzeugten Nationalsozialisten – eben jene über die unmittelbare Nachkriegszeit in beiden Richtungen hinausreichende Schutzschildfunktion erfüllt.

Agitationen gegen die angebliche „Verunglimpfung einer ganzen Generation", die sich der erwähnten psychologischen Widerstände gegen eine differenzierte und kritische Auseinandersetzung mit dem Thema bedienen, um kurzfristige politische Interessen vor historische Aufklärung zu setzen, sind selbstverständlich keine österreichische Besonderheit.

Auch das Wirtschaftswunderland Bundesrepublik Deutschland kannte und kennt sie. In Linz traf die Ausstellung allerdings auf eine spezielle Situation, die durch einige besondere historische und aktuelle Faktoren bedingt wurde:

– Die „Führerstadt" Linz hatte sich, wie an anderer Stelle von Brigitte Kepplinger dargelegt wird, einer besonderen Zuwendung Adolf Hitlers erfreut und wirtschaftlich sowie kulturell erheblich davon profitiert. Bei Begriffen wie „Hitlerbauten" (Wohnungsbau, Qualität der Ausstattung usw.), Wirtschaftsaufschwung und Arbeitskräfte (Hermann-Göring-Werke, Chemie, vom Provinzstädchen zur Industriemetropole) oder Kultur (vgl. die gigantomanischen Ausbaupläne während der NS-Zeit) schwingen immer noch positive Assoziationen im Gedächtnis der Stadt mit, wenn auch blasser werdend. Das war die eine Seite. Im regionalen Großraum der Stadt befanden sich aber auch – als logische andere Seite derselben Medaille – das Konzentrationslager Mauthausen und die Euthanasieanstalt Hartheim. Diese beiden Orte stehen als internationale Symbole für das Terrorsystem des Nationalsozialismus und für die Vernichtung von politischen Gegnern und „minderwertigen Lebens".

– Der Ort der Ausstellung hatte eine besondere historische und symbolische Bedeutung. Ursprünglich waren für die Präsentation Räumlichkeiten der Hochschule für künstlerische und industrielle Gestaltung in den Austria Tabakwerken vorgesehen gewesen. Auf Vorschlag der Kunsthochschule entschieden sich die Veranstalter gemeinsam mit den Hamburger Ausstellungsgestaltern dann aber doch für das Brückenkopfgebäude West am Hauptplatz. Denn es ist eines der wenigen von vielen geplanten öffentlichen Bauprojekten, die von den Nationalsozialisten tatsächlich errichtet wurden. Dort hatte die Kunsthochschule gerade erst das Erdgeschoß für neue Ausstellungsräumlichkeiten adaptiert.

– Der Ausgang des großen Wahlsonntags vom 13. Oktober 1996 verursachte einen mehr oder weniger großen Schock insbesondere in den Parteien der Regierungskoalition. Bei den Wahlen zum Europaparlament erreichte die FPÖ mit 1.044.604 Stimmen 27,53 %, bei den Wiener Gemeinderatswahlen mit 206.122 Stimmen ebenfalls 27,94 %, und auch bei den Gemeinderatswahlen in St. Pölten konnte sie leichte Gewinne verbuchen.

Die FPÖ wurde „spätestens seit den Europawahlen 1996 nicht nur die mit

Abstand wahlpolitisch erfolgreichste radikal-rechtspopulistische Partei Westeuropas, sondern repräsentiert auch den Typus einer 'neuen, protestorientierten Arbeiterpartei'" (Fritz Plasser/Peter Ulram/Franz Sommer: Die erste Europawahl in Österreich, in: Khol-Ofner-Stirnemann [Hrsg.], Österreichisches Jahrbuch für Politik 96, S. 81).

– Die oberösterreichischen Landtagswahlen vom 5. Oktober 1997 warfen ihre Schatten voraus. Die Parteien wurden durch die Ausstellung bzw. durch die Ansuchen um ihre Subventionierung genötigt, Positionen zu beziehen. Und zwar vor dem Hintergrund einer ambivalenten Situation hinsichtlich der jeweiligen Wählerklientel und auch, zumindest ansatzweise, ihrer Programme. Einerseits wollen viele aus der „Aufbaugeneration" nicht mehr erinnert werden, andererseits verlangen junge Menschen nach Aufklärung, und Opfer bzw. deren Angehörige, Freunde usw. nach Gerechtigkeit.

Das Lavieren zwischen der historischen, aber auch politischen Verantwortung und der Rücksichtnahme auf (potentielle) Wählergruppen und deren Einstellungsmuster prägte denn auch das Verhalten insbesondere der ÖVP in der Zeit vor der Ausstellungseröffnung.

– Die Jahresversammlung des 40.000 Mitglieder (darunter etliche hochrangige aktive Politiker inklusive dem Landeshauptmann) umfassenden oberösterreichischen Kameradschaftsbundes – und somit einer relativ großen Wählergruppe, die heftig gegen die Wehrmachtsausstellung polemisierte – fand Anfang Oktober 1996 in Wels statt.

Diese Rahmenbedingungen erschwerten zweifellos den Versuch der Veranstalter, die Ausstellung aus der aktuellen Tagespolitik so weit wie möglich herauszuhalten (durch die Beschränkung der veranstaltenden Institutionen auf universitäre bzw. wissenschaftliche Institute, durch den Verzicht auf Ehrenschutz, durch die Betonung des wissenschaftlichen und künstlerischen Begleitprogramms, durch eine ideologisch und politisch breit gestreute Einladungspolitik u.a.m).

Dennoch hatte die ständige Einmahnung einer zivilisierten Dialogkultur im Rahmen der Ausstellung selbst sowie im Zusammenhang mit dem Begleitprogramm durchaus Sinn und verhinderte bis auf wenige Ausnahmen aggressive Ausbrüche.

16

Konfliktfelder

Es waren insbesondere vier eng miteinander verflochtene Bereiche, um die sich in der Zeit unmittelbar vor Ausstellungsbeginn die öffentlichen Diskussionen und Auseinandersetzungen drehten: Politik, Medien, Interessens- und Weltanschauungsverbände bzw. -institutionen sowie die Frage der Finanzierung.

Auf der Ebene der politischen Parteien schien sich zunächst – im Unterschied zu den Ereignissen in Wien und Klagenfurt – nach einigen Vorgesprächen mit hochrangigen Politikern und Beamten ein breiterer Konsens abzuzeichnen. Der zuständige Kulturstadtrat (ÖVP) wollte Mitte Oktober im Gemeinderat einen Antrag zur Unterstützung der Ausstellung einbringen und tat dies auch. Allerdings verlangte ein Fraktionskollege von ihm daraufhin die Absetzung dieses Punktes von der Tagesordnung und erhielt prompt die Mehrheit, da auch die SPÖ dafür stimmte. Dies geschah unmittelbar nach den Europawahlen und einer darauf folgenden Bundespartei-Vorstandssitzung der ÖVP, was wohl schwerlich als Zufall interpretiert werden kann.

Bei der Gemeinderatssitzung am 14. November brachte schließlich die Fraktion Mensch und Natur den Antrag wiederum ein – diesmal ergab sich mit den Stimmen von SPÖ, Grünen und Mensch und Natur eine Mehrheit für die Unterstützung. In der heftigen Debatte um den betreffenden Tagesordnungspunkt gab der Vertreter der FPÖ die aggressive und polemische Linie seiner Partei vor. Er sagte in Richtung Antragstellerin: „Sie sind in guter Gesellschaft mit dem bereits erwähnten roten Milliardär, dem Herrn Jan Philipp Reemtsma, der seine persönlichen Gründe hat, warum er solche Veranstaltungen unterstützt. Sie sind aber auch in guter Gesellschaft mit dem Hannes Heer, einem Altkommunisten, Altmarxisten, wie sie diese Ausstellung auch in der Literatur vorweg erzeugt hat. Und Sie sind daher in guter Gesellschaft mit dem roten Baron, mit Herrn Hubertus von Trauttenberg, der ebenfalls die Ehre gibt, diese Veranstaltung zu eröffnen, was immer ihn auch bewegen möge, den Herrn Hubertus von Trauttenberg …" (Aus dem Protokoll der Gemeinderatssitzung vom 14. November 1996).

Die endgültige, aber schon vorher absehbare negative Entscheidung über das Subventionsansuchen an die Stadt fiel erst am 26. November (also nach der Ausstellungseröffnung) im Stadtsenat. Dort lautete das Stimmenverhältnis 5 SPÖ, 3 ÖVP und 2 FPÖ, womit klar war, daß sich bei Stimmengleichheit eine Ablehnung des Antrags ergeben würde.

Die Positionen der politischen Parteien wurden im öffentlichen Raum eine Woche vor Ausstellungsbeginn anläßlich einer von der Zeitung Linzer Rundschau und der Volkshochschule Linz gemeinsam organisierten Podiumsdiskussion dargestellt. Die Vertreter des Liberalen Forums, der Grünen und der SPÖ sprachen sich für, der Vertreter der ÖVP gegen die Subvention aus – hauptsächlich mit den Hinweisen auf die Schürung von Generationskonflikten und die angeblich umstrittene Wissenschaftlichkeit, die sich die ÖVP in der Zwischenzeit zum Standardvorwurf gemacht hatte. Der FPÖ-Vertreter, der ursprünglich zugesagt hatte, widerrief kurzfristig seine Teilnahme – auch dies eine eingeübte Vorgangsweise, wie sie auch bei der wissenschaftlichen Podiumsdiskussion im Rahmen des Begleitprogramms praktiziert wurde.

Das Land Oberösterreich hat nie eine offizielle Antwort auf das Subventionsansuchen gegeben, sondern nach einer langen Phase des Hinauszögerns und Taktierens über die Medien verlauten lassen, daß es keine Unterstützung der Ausstellung geben werde. Der Landeshauptmann begründete dies mit den bekannten Vorwürfen an die Ausstellungsgestalter.

Die Berichterstattung der Medien im Vorfeld der Ausstellung zeichnete sich durch eine überraschend hohe Bereitschaft aus, die in Wien und Kärnten von großen Zeitungen praktizierten, aggressiven Anti-Ausstellungskampagnen nicht zu wiederholen. Von den regionalen Tageszeitungen verfolgten die Oberösterreichischen Nachrichten zunächst, als auch noch politisch vor allem hinsichtlich der Haltung des Landes Unklarheit herrschte, eine eindeutige Pro-Argumentationslinie. Dann folgte eine Phase der reduzierten Berichterstattung, bevor unmittelbar nach Ausstellungseröffnung der Chefredakteur persönlich eingriff und sich unter der Schlagzeile „Leider nur eine Provokation" von der Ausstellung distanzierte: „… Ob die Ausstellung aber tatsächlich der Beitrag zur Aussöhnung von Generationen beziehungsweise zum Verständnis zwischen Kriegsgeneration und Nachgeborenen füreinander ist, der ein solches Vorhaben sein könnte, ja müßte, ist jedoch zweifelhaft. Denn eines ist unbestreitbar, sie provoziert. Und durch das, was sie nicht zeigt, denunziert sie. Im manisch wirkenden Versuch, die Wehrmacht zu entmythifizieren, wird sie dieser zwangsläufig nicht gerecht. Was gezeigt wird, stellt eine verzerrende, weil ausschließlich auf die Untaten einer Seite fokussierte Teilsicht dar …" (OÖN, 23.11.1996).

Die übrigen mit der Berichterstattung befaßten Redakteure der Oberösterreichischen Nachrichten blieben allerdings bei ihrer Linie. Einige Tage später, nachdem im Stadtsenat die Förderung endgültig abgelehnt worden war, resümierte ein Redakteur ebenfalls in einem Leitartikel: „Nun ist es klar: Linz wird die 'Wehrmachtsausstellung' nicht fördern. Ein rotes Quintett war im Stadtsenat dafür, ein schwarz-blaues dagegen, und pari ist abgelehnt. Die Landesregierung muß nicht abstimmen, das hat die VP-Mehrheit besorgt, die eine politische Debatte erst gar nicht führen will... . Dahinter verbirgt sich der Versuch, es sich mit tunlichst niemandem zu verscherzen. Doch der Spagat kann nicht gelingen, weil es ein Irrtum ist, einem brisanten Thema durch Ausweichen zu entkommen. Auch vor der historischen Wahrheit gibt es jedoch auf Dauer kein Entrinnen ... Daß diese Ausstellung ‚der Kriegsgeneration' oder ‚den Soldaten', wie immer hartnäckig behauptet, Kollektivschuld auflade, ist ernsthaft nicht aufrechtzuerhalten ...“ (OÖN, 27.11.1996).

Das ÖVP-Organ Neues Volksblatt bemühte sich im redaktionellen Teil ernsthaft um eine ausgewogene, faire und differenzierte Berichterstattung und ließ so oft wie möglich „beide Seiten“ zu Wort kommen. Die Regionalausgabe der Kronen Zeitung beschränkte sich – ganz anders als in Wien und Klagenfurt – auf wenige kurze Tatsachenmeldungen ohne Kommentare. Die sonst üblichen Angriffe unterblieben völlig und fanden sich nur auf den Leserbriefseiten. Das ORF-Landesstudio Oberösterreich widmete der Ausstellung schon im Vorfeld relativ breiten Raum mit einer in der Tendenz positiven Linie. Die regionale Wochenzeitung Linzer Rundschau mit mehreren Lokalausgaben hatte die Ausstellung von Anfang an publizistisch auf breitem Raum unterstützt.

Eindeutig unterstützende Signale kamen auch aus dem Bereich der katholischen Diözese. In der Kirchenzeitung lud die Friedensbewegung Pax Christi ihre „Mitglieder, Freunde und Sympathisanten ein, die Ausstellung zu besuchen.“

Mit Erlaß vom 8. 11. 1996 des Bundesministeriums für Verteidigung wurde sogar dem Bundesheer der Besuch der Wehrmachtsausstellung – nach inhaltlicher Vorbereitung im wehrpolitischen Unterricht – empfohlen. Und zum ersten Mal erklärte sich der Präsident einer Landesorganisation des Kameradschaftsbundes bereit, im Rahmen des Begleitprogramms den Dialog aufzunehmen. Das Resultat ist in diesem Band nachzulesen.

Es sind dies Indizien dafür, daß das relativ offene geistige und kulturpolitische Klima in Linz und in gewissem Maße auch in Oberösterreich die Auseinandersetzungen und Diskussionen bis auf wenige Ausnahmen (FPÖ, „Porno-Hummer", „Der 13." u.ä.) positiv beeinflußte und ein Abgleiten in „Schlammschlachten" weitgehend sowie Gewaltakte gänzlich verhinderte.

Trotz der breiten Akzeptanz schon vor der Eröffnung war aber nach dem definitiven Ausbleiben der öffentlichen Subventionen die Finanzierung der Ausstellung eine zeitlang gefährdet. Doch der Versuch, breitere und tiefergehende Diskussionen durch die ständige Wiederholung der Behauptung, die Ausstellung würde die Generationen spalten, sei einseitig usw. zu verhindern, schlug letztlich ins Gegenteil um.

Als Reaktion auf die politischen Entscheidungen in Stadt und Land und auf die Art und Weise, wie diese zustande gekommen waren, entwickelte sich fast eruptiv eine breite Solidaritätsbewegung, sodaß zum ersten Mal in Österreich die Wehrmachtsausstellung und das umfangreiche Begleitprogramm ausschließlich aus Spenden finanziert werden konnten. Insbesondere eine Bausteinaktion der Grünen (über 200.000.-) und zwei private Großspender (je 50.000.- von Heimrad Bäcker, der den Kunstwürdigungspreis der Stadt Linz direkt bei der Verleihung an die Ausstellungsorganisatoren übergab, und vom Wiener Chirurgen Franz Dirnberger) legten die Basis. Dazu kamen noch zahlreiche Initiativen und Spenden von politischen und weltanschaulichen Organisationen sowie von privaten Einzelpersonen. Die Liste ist aus dem abgedruckten Begleitprogramm ersichtlich. Und vor allem – auch das nicht zuletzt aufgrund der permanenten Diskussionen im Vorfeld – ein derart großer Andrang von Besucherinnen und Besuchern, daß die Ausstellung zeitweise wegen Überfüllung gesperrt werden mußte.

Zur Ausstellung

Rudolf Ardelt

Die Diskussionen haben besonders deutlich gezeigt, wie wichtig die Auseinandersetzung mit dem Thema dieser Ausstellung ist – konfrontiert sie uns doch mit einer Dimension unserer Vergangenheit, die bis heute weitgehend aus dem individuellen wie dem öffentlichen Bewußtsein verdrängt wird: mit der Tatsache, daß die Wehrmacht als Institution ein integraler Bestandteil nationalsozialistischer Herrschaft war.

Und wenn wir uns als Bürgerinnen und Bürger dieser Zweiten Republik offen mit der Vergangenheit der Jahre 1938 bis 1945 auseinandersetzen wollen, dann können wir nicht über das Thema des Krieges als zentralem Bestandteil nationalsozialistischer Ideologie und Politik und dessen Instrument, die Wehrmacht, hinweggehen.

Als Wissenschaftler geraten wir aber damit notwendig in Kollision mit jenen Strömen der Traditionsbildung, die sich seit 1945 in der österreichischen Gesellschaft aufgebaut haben und in denen ein Bild des Krieges entstanden ist, das gleichsam von seiner Realität abgehoben hat, das vor allem die letzten zwei, drei Kriegsjahre als zentrales Muster reflektiert, als die nationalsozialistische Propaganda den Krieg als Abwehrkampf gegen den Bolschewismus und als Verteidigung der Heimat definierte – und viele eben darin Legitimation und Sinngebung ihres eigenen Tuns, ja auch des Todes von Angehörigen, Freunden usf. fanden. Es war eben das Jahr 1945 für viele Angehörige jener Generation nicht das Jahr der Befreiung vom Nationalsozialismus, sondern bis heute letztlich das Jahr des Kriegsendes, wenn nicht das Jahr der Niederlage.

So hat sich das Bild eines gleichsam abstrakten, aus seinen konkreten politischen und gesellschaftlichen Zusammenhängen herausgelösten Krieges über die Realität des Nationalsozialismus gelegt, der scheinbar jede weitere Auseinandersetzung erübrigte und bis heute erübrigt. Es ist das Bild eines in all seinen Schrecken letztlich „normalen" Krieges, eines „sauberen" Krieges, in den man hineingerissen wurde und aus dem man herausgehen konnte, ohne sich die Frage nach dem nationalsozialistischen Hintergrund zu stellen. So können denn auch all die Traditions- und Gedenkfeiern stattfinden in einem scheinbar „guten Gewissen", fraglos, ohne zu hinterfragen.

Aber diese Traditionsbildung hat auch ihre Kehrseite in unserer Gesellschaft – über Jahrzehnte hinweg war es kaum möglich, über die Legitimität des Widerstandes gegen den Nationalsozialismus zu sprechen, und besonders schwer wird das Gespräch dort zu führen, wo es um das Thema der Wehrdienstverweigerung im Nationalsozialismus, um das Thema der Desertion, des Eintrittes in Armeen der damaligen Kriegsgegner geht. Und so ist es offenbar bis heute auch hier in Linz und in Oberösterreich schwierig, die Motive und das Handeln eines Bauern aus St. Radegund an der oberösterreichisch-salzburgischen Grenze nicht nur zu verstehen, sondern auch öffentlich anzuerkennen – sein Name ist Franz Jägerstätter – und seine scharfe Anklage gegen die Kriegführung gerade im Osten anzuerkennen.

Wenn – vor allem seit ungefähr zehn Jahren – das Gedenken an die Zeit des Nationalsozialismus und dessen Opfer im Gegensatz zu früheren Jahrzehnten der Zweiten Republik bereits zum offiziellen gesellschaftlichen Ritual geworden ist, so sollten wir uns kritisch fragen, ob wir es uns damit nicht zu leicht machen: jährliche Gedenkfeiern in Mauthausen reduzieren das Bild der Realität des Lebens im Nationalsozialismus gleichsam auf eine partikuläre Inselhaftigkeit des Grauens – für die wir die Verantwortung der NSDAP und ihren Spitzen und vor allem der SS zuschreiben, während die Mehrheit der Bevölkerung unbeteiligt, gezwungen, voller Angst, als Mitläufer, Opportunisten, verführte Idealisten durch diese Jahre hindurchgegangen ist. Die Realität nationalsozialistischer Herrschaft war aber nicht allein auf diese Sektoren beschränkt, sondern hier mitten unter uns. Und der „Krieg" in seiner nationalsozialistischen Dimension war auch hier unter uns: hier in Linz gab es russische Kriegsgefangene als Zwangsarbeiter, um Linz zu einem Zentrum der Industrie und der Rüstung auszubauen, in Mauthausen starben gegen jedes Völker- und Kriegsrecht dorthin verbrachte russische Kriegsgefangene unter furchtbarsten Begleitumständen, und lange Zeit profitierte die Zivilbevölkerung in der „Heimat" davon, daß die Kriegsführung eben auch die schonungslose Ausbeutung der Ressourcen der besetzten Gebiete und den Hunger der dort lebenden Menschen einschloß.

Ich verstehe es schon, daß es schmerzlich ist, die eigenen Entlastungskonstruktionen, die eigene Sinngebung ebenso wie den Tod, die Verstümmelung von Angehörigen und Freunden in Frage gestellt zu sehen, wenn nunmehr plötzlich dieser Krieg wieder in den Kontext der konkreten nationalsozialistischen Realität gestellt wird – weil man plötzlich zum Beteiligten an etwas wird, was man am liebsten verdrängen möchte – und wenn Verbrechen der Wehrmacht behandelt werden, stellt sich natürlich diese Frage um so bedrückender und bedrängender –, denn die Frage nach der eigenen Schuld und Mitschuld steht plötzlich im Raum, die liebgewordenen Entlastungsschemata von Jahrzehnten geraten plötzlich ins Wanken. Nicht nur das Bild vom „sauberen" Krieg, nicht nur die Abschiebung aller verbrecherischen Dimensionen der Kriegführung auf SS-Einsatzgruppen, auf den berüchtigten SD, den Sicherheitsdienst der SS, sondern auch die Hinweise auf vereinzelte Exzesse werden in Frage gestellt, wenn man sich dem Thema des „Vernichtungskrieges" im Osten und Südosten Europas zuwendet.

Man kann eben nur schwer sagen, daß die „Wehrmacht" wohl einen Vernichtungskrieg geführt habe, aber man habe nichts gesehen, nichts gehört davon, man sei nicht beteiligt gewesen.

Aber man kann nicht darüber hinweggehen, daß es den Kommissarsbefehl gegeben hat, dem gemäß die politischen Kommissare und Politruks der Roten Armee sofort von der Truppe zu liquidieren waren, daß die Wehrmachtsführung ebenso wie führende Offiziere des Heeres und der Armeen schärfstes Durchgreifen gegen jede Widersetzlichkeit der Bevölkerung im Operationsgebiet des Heeres anordneten, daß der Begriff des „Freischärlers" auch auf unbewaffnete Zivilisten und vor allem alle Juden ausgeweitet wurde, daß die ordentliche Kriegsgerichtsbarkeit bei gewaltsamen Vergehen an Zivilpersonen aufgehoben und damit ein völlig rechtsfreier Raum bei Ausschreitungen gegen die Zivilpersonen geschaffen wurde, daß 1941 bis 1942 russische Kriegsgefangene, sofern sie verwundet oder krank waren, von der Truppe erschossen wurden, daß sie unter elendsten Lagerbedingungen bei völlig unzureichender Ernährung und medizinischer Versorgung zu Hunderttausenden krepierten. Daß Einheiten des Heeres und der SS klaglos kooperierten, wenn es um die „Aussonderung" von zu liquidierenden Gefangenen ging, daß jüdische Soldaten der Roten Armee sofort ausgesondert wurden – oft nur auf ihr „jüdisches" Aussehen hin oder weil sie „beschnitten" waren usf.

Das heißt nicht, daß jeder Wehrmachtssoldat an solchen Aktionen unmittelbar beteiligt war, das heißt nicht, daß sich Soldaten etwa bei Erschießungen nicht fernhielten, sich verdrückten, die Teilnahme verweigerten, das heißt nicht, daß die Wehrmachtssoldaten mörderische, blutrünstige Unmenschen waren, aber die Grenzen sind eben nicht mehr eindeutig zu ziehen – man findet sich nicht mehr in einem Raum vollkommener Schuldlosigkeit, Gerechtigkeit wieder. „Man war beteiligt" an diesem Unternehmen „Vernichtungskrieg" in einer riesigen, mehrere Millionen Menschen umfassenden Maschinerie „Wehrmacht" – individuell sicher zu verschiedenen Zeiten, an verschiedenen Orten, zu verschiedenen Gelegenheiten. Und damit in einer weitgespannten Grauzone von verschiedensten Nuancen des Beteiligtseins.

Man sollte sich aber auch fragen, inwieweit man nicht die Sprache des Dritten Reiches und speziell des Vernichtungskrieges unbewußt übernommen hat – eine „entlastende", weil die Realität verschleiernde Sprache – etwa die Definition des „Freischärlers", des „Partisanen", man sollte sich fragen, ob man nicht sehr wohl den „Juden" als etwas betrachtete, was auszurotten war, ebenso wie man die „Russen" oder Ukrainer als Menschen einer minderen Kultur- und Zivilisationsstufe betrachtete.

Genau auf dieses Problem zielt die Ausstellung ab – aber es handelt sich hier nicht um „neue" Erkenntnisse – die historische Forschung hat die Dimensionen des „Vernichtungskrieges" im Osten schon seit Jahrzehnten erforscht und es handelt sich hier um gesicherte historische Forschungsergebnisse. 1983 hat das Militärgeschichtliche Forschungsamt der Deutschen Bundeswehr im vierten Band seiner Geschichte des Zweiten Weltkrieges einen ausführlichen Teil diesem Konzept des „Vernichtungskrieges" – genau unter Verwendung dieses Terminus – gewidmet und minutiös auch die Beteiligung und Verantwortung der „Wehrmacht" bei der Ausarbeitung und Realisierung dieses Konzeptes behandelt. Aber auch schon 1963 in dem Standardwerk „Anatomie des SS-Staates" ist ein ausführliches Kapitel über dieses Thema mit den entsprechenden Dokumenten zu finden – genau auch zu Kapiteln der Ausstellung – wie etwa zum Vorgehen der 6. Armee in der Ukraine.

Verschärft wird die Problematik sicher auch dadurch, daß man unter Zwang zur Wehrmacht mußte – oder ab 1943 auch zunehmend zur Waffen-SS – und daß man sich in einer äußeren Situation befand, die psychisch und physisch das Äußerste abverlangte, in Situationen voller Angst – das alles ist einzubeziehen und entsprechend zu differenzieren bis hin zur Frage der subjektiv „schuldlosen" objektiven Schuld.

Reden zur Austellungseröffnung

Franz Dobusch
Meine sehr geehrten Damen und Herren!

In dem bekannten und weitverbreiteten Weltkriegsroman „Im Westen nichts Neues" von Erich Maria Remarque, der 1933 von den nationalsozialistischen Machthabern in Deutschland verboten wurde, reflektiert eine Gruppe von Soldaten an der Front über den Krieg. Einer von ihnen, der als Denker bezeichnet wird, schlägt darin folgendes vor: „… eine Kriegserklärung solle eine Art Volksfest werden, mit Eintrittskarten und Musik wie bei Stiergefechten. Dann müßten in der Arena die Minister und Generäle der beiden Länder in Badehosen, mit Knüppeln bewaffnet, aufeinander losgehen. Wer übrigbliebe, dessen Land hätte gesiegt. Das wäre einfacher und besser als hier, wo die falschen Leute sich bekämpften."

Künstler besitzen bekanntlich ein ausgeprägteres Sensorium für gesellschaftliche Entwicklungen. Angesichts des anonymen Massensterbens stellte sich spätestens nach dem Ersten Weltkrieg die Frage nach der Sinnhaftigkeit von Kriegen. Aber schon zwanzig Jahre später wurde neuerlich ein Weltenbrand entfacht. Durch die technische, industrielle und gesellschaftliche Entwicklung im 20. Jahrhundert gedieh er zum totalen Krieg, in dem schließlich die Leiden an der Front und im Hinterland verschmolzen. Aber noch viel mehr als das: Gepaart mit rassistischen Wahnvorstellungen Hitlerdeutschlands wurde er über weite Strecken als Vernichtungskrieg gegen Juden, Kriegsgefangene und die Zivilbevölkerung unter Nichtbeachtung geltender Regeln – sofern man im Krieg von Regeln überhaupt sprechen kann – geführt. Das Leid und die Zerstörungen, die dieser Krieg angerichtet hat, den Verlust der Heimat, den er für viele – darunter auch meine Eltern – gebracht hat, übersteigt ohnehin jedes menschliche Vorstellungsvermögen.

Zweifellos war die deutsche Wehrmacht als Gesamtorganisation in die Vernichtungsziele der nationalsozialistischen Machthaber eingebunden. In den teilweise sehr emotional geführten bisherigen Debatten über diese Ausstellung scheint mir aber eines untergegangen zu sein, was in der Einleitung des Ausstellungskataloges nachzulesen ist: nämlich daß diese Ausstellung kein pauschales und verspätetes Urteil über eine ganze Generation von Soldaten fällen will, von denen die meisten nicht freiwillig in den Krieg gezogen und von denen die wenigsten – das sei ausdrücklich betont – an Kriegsverbrechen beteiligt gewesen sind. Wir wissen, daß sich im Gegensatz zum „vielberufenen Geist von 1914" die Kriegsbegeisterung am Beginn des Zweiten Weltkrieges in Grenzen hielt. Ich glaube, daß es mehr als fünfzig Jahre später wichtig ist und in unserer Gesellschaft möglich sein muß, eine Diskussion über diese Vorgänge zu führen, wenn für den einen oder anderen die Erinnerung an diese Zeit auch schmerzlich sein mag. Wir sollten diese Ausstellung als Lernprozeß verstehen.

In diesem Zusammenhang drängt sich für mich die Frage auf, ob wir aus den Ereignissen von damals gelernt haben. Im Roman „Malina" der österreichischen Schriftstellerin Ingeborg Bachmann findet sich der beziehungsvolle Satz „Die Geschichte lehrt, aber sie hat keine Schüler." Überblickt man die letzten fünfzig Jahre, in denen wir in Österreich in Freiheit und Frieden leben konnten, so gewinnt dieser Satz leider nur allzusehr an Gültigkeit. Mehr als 150 bewaffnete Konflikte gab es seither und gibt es noch immer weltweit, von denen wir einen in jüngster Zeit fast vor unserer Haustüre erleben mußten. In diesen Konflikten und Kriegen hat die Zivilbevölkerung die größten Leiden zu ertragen. Es zeigt sich immer wieder, daß es den „sauberen Krieg" nicht gibt, wenn er uns auch heute mit den Mitteln einer „virtual reality" auf den Fernsehschirmen im Wohnzimmer suggeriert wird. Trotz der Versuche, die Rüstungsspirale nicht weiterzudrehen, schwebt über uns immer noch das Damoklesschwert des atomaren Overkills, bei dem es weder Sieger noch Besiegte, sondern nur mehr Verlierer geben kann. Diese Unterscheidung ist ohnehin längst fragwürdig geworden.

Mehr als 150 bewaffnete Konflikte in fünfzig Jahren machen aber eines deutlich oder sollten dies zumindest tun: Krieg ist und bleibt das untauglichste Mittel zur Lösung von anstehenden Problemen. Gewalt erzeugt nur Gegengewalt und Haß und verbaut die Wege zu einem versöhnlichen Miteinander.

Meine sehr geehrten Damen und Herren!

Der Gemeinderat hat 1986 Linz einstimmig als Friedensstadt deklariert. Damit haben wir die Verpflichtung übernommen, alles in unserer Macht Stehende zu tun, daß Konflikte friedlich geregelt werden. Vergessen wir aber nicht, daß vor mehr als fünf Jahrzehnten auch Bewohner aus dieser Stadt an den Schalthebeln der Macht und in einem Regime saßen, das sich der Tötung vieler Tausender unschuldiger Menschen schuldig machte.

Ich halte es für wichtig, daß diese Ausstellung in unserer Stadt gezeigt wird. Indem sie aufzeigt, wohin Gewalt und Bestialität führen, kann sie einen aktiven Beitrag zur Sicherung des Friedens leisten. Von der Studentenbewegung der sechziger Jahre wurde der Satz geprägt: „Stell' Dir vor, es ist Krieg, und keiner geht hin". Er ist bis heute Utopie geblieben. Um zu Fortschritten und Lösungen zu gelangen, sind Utopien aber notwendig. Glauben wir daran, dann könnte der Traum wahr werden, daß die Menschheit in Zukunft ohne Kriege auskommt.

Der Ausstellung wünsche ich viel Erfolg, vor allem sehr viele Besucher.

Jan Philipp Reemtsma

Meine Damen und Herren, lassen Sie auch mich mit einem Dank beginnen, ein Dank an das Institut für Neuere Geschichte und Zeitgeschichte der Universität Linz, namentlich Herrn Professor Rudolf Ardelt und Dr. Reinhard Kannonier, an das Forschungsinstitut für Sozialplanung, Professor Josef Weidenholzer und Frau Dr. Brigitte Kepplinger, an das Ludwig Boltzmann Institut, ich danke Herrn Professor Helmut Konrad, dem Rektor der Universität Graz, natürlich der Hochschule für künstlerische industrielle Gestaltung hier in Linz, dem Rektor Herrn Professor Wolfgang Stifter. Ich danke allen, die mit ihren Spenden dazu beigetragen haben, daß diese Ausstellung hier gezeigt werden kann, ganz besonders den drei zuvor namentlich Erwähnten. Und lassen Sie mich einfach ganz pauschal all den Danksagungen anschließen, die bereits hier an diesem Pult gesagt worden sind, und ganz besonders danke ich dem anschließenden Eröffnungsredner des heutigen Abends, dem Herrn Divisionär Hubertus Trauttenberg.

Krieg, meine Damen und Herren, ist für die, die ihn führen, für die, die ihn erdulden, für die, die ihn erleben, ihn überleben – es läßt sich nicht auf einen Begriff bringen: Katastrophe oder *Bewährungsprobe*, Leid, Abenteuer, Blut, Metall, Kot, Feuer, Verwundung, Verwesung, Triumph, Alkohol, Urin, Schmerz, Tod, Mord – für den Sozialwissenschaftler ist Krieg ein Gesellschaftszustand. Wie für den zivilen ist für den kriegerischen Zustand einer Gesellschaft von Belang, was in ihr als Verbrechen gilt, welche Grenzen sie zwischen erlaubtem und unerlaubtem Verhalten zieht, auf dem Papier, auf das solche Regeln aufgeschrieben werden, und tatsächlich. Wenn in einer Gesellschaft das, wie man sagt, „Verbrechen überhandnimmt", dann fragt man sich, was schief gegangen sein könnte. Man versucht zu verstehen, was eine Eskalation in jene Richtung möglich gemacht hat, in der wir Abscheulichkeiten sehen müssen, vor denen wir lieber die Augen verschlössen. Hierbei handelt es sich nicht um einen empirischen Befund – „der Normalzustand ist ohne Verbrechen" (denn er ist es nicht); „das Verbrechen ist die Ausnahme" (das muß es nicht sein) – sondern um eine hermeneutische Anweisung: „Verstehe den vom Verbrechen abgegrenzten Zustand als Regel und das Verbrechen als erklärungsbedürftige Ausnahme und versuche es aus Funktionsdefiziten des Normalzustandes zu erklären." Angesichts unseres Jahrhunderts nun wird man feststellen, daß man mit dieser hermeneutischen Regel in Schwierigkeiten gerät.

Der „totale Krieg", wie er von Ludendorff erst in Praxis, dann in der Theorie angestrebt, von Ernst Jünger in seiner Phantasie von der „totalen Mobilmachung" herbeigewünscht und in den kaukasischen Aufzeichnungen mit Entsetzen erblickt wurde, wie er, nachdem von Hitlers Wehrmacht längst praktiziert, von Goebbels schließlich ausgerufen worden war, ist darum „total", weil er das Vorhaben, eine Grenze zwischen erlaubt und unerlaubt zu ziehen, aufhebt. Der Krieg der Wehrmacht im – pauschal gesprochen – „Osten" ist kein Krieg einer Armee gegen eine andere Armee gewesen, sondern er sollte der Krieg gegen eine Bevölkerung sein, von der ein Teil, die Juden, ausgerottet, der andere dezimiert und versklavt werden sollte. Kriegsverbrechen waren in diesem Krieg nicht Grenzüberschreitungen, die erklärungsbedürftig sind, sondern das Gesicht des Krieges selbst. Der Terminus „Kriegsverbrechen" ist aus einer Ordnung entliehen, die von Deutschland außer Kraft gesetzt worden war, als dieser Krieg begann.

Darum heißt diese Ausstellung – und das Buch, auf dem sie beruht – „Vernichtungskrieg", und nur im Untertitel: „Verbrechen der Wehrmacht". Doch dieser Untertitel macht die Brisanz dieser Ausstellung in Deutschland und Österreich aus. Warum ist die Wehrmacht der Bevölkerungsteil, dessen Rolle in den Jahren 1933 bis 1945 nach wie vor, zumindest bei Teilen der Bevölkerung, ein Tabu ist? Warum ist diese Ausstellung, die zwar die erste ihrer Art ist, aber ja durchaus Material verwendet, das Historikern nicht unbekannt war, die belegt, was andere zuvor, manche, wenige, ähnlich entschieden vorgetragen haben, schon vor ihrer Eröffnung in Hamburg im vorigen Jahr als derartige Erschütterung eines Selbstbildes wahrgenommen worden. Ich denke, es liegt daran, daß man sich angesichts der nationalsozialistischen Vergangenheit mit der Frage herumzuschlagen gewöhnt hatte, wie „ganz normale Menschen", (in der Regel Männer, aber nicht nur) „sowas" tun konnten. Man hatte sich auf das Problem konzentriert, wie und wo die Normalität die Grenze zur Barbarei überschreiten konnte. Und man hatte dabei die Frage vermieden, wo und wie die Barbarei zur Normalität, zuweilen zur Norm werden konnte. Sie ist es aber geworden. Von einer Kriegsplanung, die, „zig Millionen" Hungertote vorsieht, – weshalb man da nicht von Folgen eines Krieges, der sich „aus dem Lande" ernähren muß, sprechen kann, sondern vom Hungertod als Kriegsziel, – bis zum Verfasser eines Feldpostbriefes, der sich darüber freut, daß man vom Erschießen zum Totschlagen mit Spaten übergegangen sei. Es hat die Nürnberger Ärzteprozesse gegeben. Mitscherlich und Mielke sind wegen ihres Berichtes „Medizin ohne Menschlichkeit" geächtet worden: doch nur auf Zeit. Die Rede von den „furchtbaren Juristen" ist akzeptiert, die Deutsche Bank – vor wenigen Jahren war die Veröffentlichung des Berichtes der US-Militärverwaltung über ihre NS-Aktivitäten ein Skandal – öffnet ihre Archive, andere Unternehmen, Daimler-Benz, VW wären noch zu nennen. Aber „die Wehrmacht" ist nicht nur eine Institution, obwohl es sie garnicht mehr gibt, sondern in wesentlich diffuserer Weise als ein Betrieb, eine Standesorganisation, eine Terroreinheit Teil der Bevölkerung. „Verbrechen der Wehrmacht" sind von der Formulierung her Verbrechen des Jedermann, mögliche Verbrechen von jedermanns Vater, Mann, Bruder, Onkel, Großvater. Zu zeigen, wie wenig scharf gezogen diese Grenze zwischen Normalität und Verbrechen war, und wie weit verbreitet die freudige und freiwillige Beteiligung am Massenmord – denn die Ahndung der hier und dort vorgekommenen und in einzelnen Fällen sehr entschiedenen Verweigerung verbrecherischer Befehle hat es ja allenfalls in Ausnahmefällen gegeben – ist diese Ausstellung da. Sie behauptet nicht, daß jeder Wehrmachtsangehörige jene Grenze überschritten habe, die etwa die Haager Landkriegsordnung zog oder sich in jener Grenzenlosigkeit wohlgefühlt hat, die das Konzept des Totalen Krieges eröffnete. Krieg ist ein Gesellschaftszustand. Die Ausstellung zeigt den Zustand der deutschen und österreichischen Gesellschaft vor fünfzig Jahren.

Die Reaktionen auf die Ausstellung spiegeln die seelische Verfassung unserer Gegenwart. Wer den Film „Jenseits des Krieges" von Ruth Beckermann, der einige Reaktionen auf die Ausstellung zeigt, gesehen hat, wird sich an einen Mann erinnern, der sagt, daß er alles, was in der Ausstellung zu sehen sei, so oder ähnlich selber gesehen habe. Aber als er nach dem Kriege mit seinen Kameraden darüber habe sprechen wollen, hätten die gesagt, dergleichen hätten sie nie gesehen. Ich verstehe das nicht, sagt der Mann, ich habe das damals nicht verstanden, und nun erlebe ich es wieder und verstehe es immer noch nicht. Ich habe das doch gesehen, warum können andere sagen, es sei nicht wahr?

Wahrscheinlich ist die Antwort auf dieses psychologische Rätsel einfach. Diejenigen, die voller Überzeugung sagen, sie hätten dergleichen nicht gesehen und auch nie davon gehört, haben diese Ereignisse damals nicht als Verbrechen wahrgenommen – darum sind sie für sie im furchtbaren Einerlei des großen Ganzen aufgegangen. Der eine, der die Ereignisse in Erinnerung behalten hat, hat sie bereits zum damaligen Zeitpunkt als Verbrechen wahrgenommen. Auch das menschliche Erinnerungsvermögen hat ein moralisches Fundament.

Hubertus Trauttenberg

„Lug und Trug" hieß eine kulturpolitische Veranstaltung – übrigens hochsubventioniert – vor wenigen Wochen in Oberösterreich. Heinz von Förster, ein weltberühmter Kybernetiker, der als Neffe von Ludwig Wittgenstein die NS-Diktatur nur durch Glück schadlos überstand, hat dort das Axiom aufgestellt: „Die Wahrheit kann ohne die Lüge nicht sein, ohne Lüge erkennt man die Wahrheit nicht."

Abgewandelt auf den Anlaß des heutigen Abends, würde das bedeuten: Hätte man uns Nachgeborenen nicht jahrzehntelang und immer noch die Legende einer durch und durch sauberen Wehrmacht erzählt, könnten wir die Fakten nicht als Wahrheit sehen und nicht als solche erkennen.

Wer sucht aber schon gerne nach einer Wahrheit, die schmerzt, wenn doch die Legende so gnädig ist? Und warum ruft diese Ausstellung gerade in Österreich so viele Emotionen, so viel Polemik hervor – so vielmehr als bei unseren Nachbarn in Deutschland.

Jan Philipp Reemtsma führt dies auf die andersartige Veteranenkultur zurück. Man könnte aber auch meinen, daß es ein Ergebnis unserer Fähigkeit zur Verdrängung ist. Gerade wenn es um die Zeit des Nationalsozialismus

geht, ist uns Österreichern die in der Moskauer Deklaration von 1943 zuge-
standene Rolle von Adolf Hitlers erstem Opfer verführerisch hilfreich.

Wir sehen den Heldenplatz im März 1938, aber auch das Alfred Hrdlicka-
Denkmal der straßenwaschenden Juden nicht gern. Wir wollten auch 1995 immer
noch keine Diskussion, ob wir 1945 besiegt oder befreit wurden. Eine geplante
TV-Diskussion zu diesem Thema wurde kurzerhand gar nicht erst produziert.

Noch immer wollen viele von uns keine Diskussionen zu diesen Themen,
weil das unweigerlich zu Konfrontationen führen muß. Wir übersehen dabei
aber, daß unterdrückte Diskussionen und unausgetragene Konflikte unter der
Oberfläche weiter wirken und sich in der Folge nur um so stärker und unkon-
trollierter entladen werden.

Die Ausstellung, um die es uns heute geht, mehr aber noch das unter gleichem Titel erschienene Buch „Vernichtungskrieg. Verbrechen der Wehrmacht
1941-1944", erschüttert als Forschungsergebnis von 29 teilweise sehr namhaften Historikern, Soziologen und Journalisten die bisher vorherrschende
Meinung, mit der wir jahrzehntelang dankbar gelebt haben, daß in dem verbrecherischen System der NS-Diktatur wenigstens die Wehrmacht im großen
und ganzen sauber geblieben war.

Die Fakten, die hier aufgezeigt werden, lauten anders:
- Die Reichswehr und später die Wehrmacht hat Adolf Hitler und den Nationalsozialismus 1933 begrüßt – als Tilger der Schmach von Versailles!
  Dabei finden wir Namen wie Generaloberst Ludwig Beck, Erich von Witz-
  leben oder sogar Claus Schenk von Stauffenberg, denen wir später am 20.
  Juli 1944 in der Erhebung gegen Adolf Hitler wieder begegnen werden.
- Die Wehrmachtsführung schaut 1934 reaktionslos zu, als Adolf Hitler im
  sogenannten Röhm-Putsch erstmals massiv den Boden von Recht und Gesetz verläßt. Mehr noch, sie unterstützt die SS mit Waffen und Munition
  und blickt auch tatenlos zu, als zwei ihrer namhaften Generäle, nämlich
  Kurt von Schleicher und Ferdinand von Bredow, ermordet werden. Es
  geht dabei um die Entmachtung eines unliebsamen Konkurrenten, nämlich der SA.
- Die Spitzengeneräle Werner von Blomberg und Werner Fritsch wollen 1935
  auch für den deutschen Soldaten die nationalsozialistische Weltanschauung als Leitbild – die Wehrmacht wird im selben Jahr auf Adolf Hitler
  vereidigt. Die Wehrmachtsführung will sich zu diesem Zeitpunkt neben
  der Partei als zweite Säule des NS-Staates etablieren.

- Bald zeigen die gigantischen Rüstungsprogramme, daß es Adolf Hitler mit dem Gewinn von neuem Lebensraum, den er 1933 angekündigt hatte, ernst meinte.
- Auch die Aufträge für Operationspläne gegen den Osten und den Westen sprechen damals bereits eine deutliche Sprache. Generaloberst Ludwig Beck, der sich übrigens weigert, gegen Österreich zu planen, und General Franz Halder melden Bedenken an. Sie tun dies aber nicht, weil Deutschland als Mitglied des Briand-Kellogg-Paktes gelobt hat, Differenzen nur mit politischen Mitteln auszutragen, sondern weil man einen Zweifrontenkrieg befürchtet, der nur verloren werden kann.
- Als die Kriegsgefahr 1938 und 1939 wächst, regt sich erstmals eine Militäropposition unter den Generalen, angeführt von General Franz Halder. Man plant, Adolf Hitler festzunehmen und vor ein Gericht zu stellen. Doch die politischen Erfolge der NSDAP zerstreuen diese Ansätze wieder.
- Der Überfall auf Polen 1939 verdeutlicht, was Adolf Hitler unter Lebensraumgewinnung im Osten verstand: die Ausrottung der Mittelschicht – der Lehrer, der Ärzte, der Anwälte, der Intelligenz! Noch äußert die Wehrmachtsführung Bedenken.
- Aber sie schaut dann doch weg, als die SS und der Sicherheitsdienst mit dem Grauen beginnen. Schon sind Wehrmachtssoldaten bei der Judenverfolgung dabei, zwar noch vereinzelt, aber sie helfen „in viehischer Weise beim Abknallen von Juden", wie ein Armeebericht meldet. Nach dem Feldzug spricht der Oberbefehlshaber in Polen in einem Bericht an das Oberkommando der Wehrmacht von den Mordtaten als „Schande für das Heer und die gesamte Wehrmacht". Und Oberst im Generalstab Helmut Stieff, ein Mann des 20. Juli, schreibt nach Hause: „Ich schäme mich, ein Deutscher zu sein."

Auf die Siege 1940 im Westen folgt im Dezember Adolf Hitlers Weisung zur Operationsvorbereitung des „Unternehmens Barbarossa" – das Startsignal für die Planung der Vernichtung des „jüdischen Bolschewismus", für die Dezimierung der slawischen Untermenschen des Ostens und zur Lebensraumgewinnung für die germanische Rasse. Es ist ein Angriffs- und Vernichtungskrieg, weil es ja nicht nur um eine militärische Auseinandersetzung von Streitkräften geht, sondern darüber hinaus um die Ausrottung maßgeblicher Bevölkerungsteile.

Bereits die Planung dieses Vernichtungskrieges war gegen das Kriegsvölkerrecht und somit ein krimineller Akt, an dem die Wehrmachtsführung kritiklos mitmachte. Am 30. März 1941 enthüllte Adolf Hitler vor 250 Generalen sein Vernichtungsprogramm. Das OKW und das OKH setzen diese Pläne um – im sogenannten Kommissarbefehl, im Befehl zur Aufhebung der Kriegsgerichtsbarkeit über die Deutschen Soldaten in den besetzten Gebieten und im Befehl über die Behandlung der Zivilbevölkerung. Bis auf Kompanieebene wird im Juni 1941 vor Angriffsbeginn ganz offen verlautbart, es ginge um die Auslöschung des roten Untermenschentums.

Nach den siegreichen Kesselschlachten sind Millionen sowjetischer Kriegsgefangener in der Hand der Wehrmacht. Der zuständige General dekretierte: „Der bolschewistische Soldat hat jeden Anspruch als ehrenhafter Soldat und nach dem Genfer Abkommen verloren." Unter diesen Voraussetzungen sterben dann auch 57% von ihnen.

Auf Grund dieser furchtbaren Befehle im Osten müssen 1,5 Millionen Juden, 5 Millionen Zivilisten und ca. 3 Millionen sowjetische Kriegsgefangene unter der Verantwortung der Wehrmacht sterben. Diese Dimension ist beinahe unvorstellbar. Weißrußland etwa hatte damals ca. 10 Mio. Einwohner, von denen bis 1944 rund 2,2 Mio. – Zivilisten und Juden – getötet wurden: als Partisanen, Banditen, Gesindel, Juden, Flintenweiber und Verdächtige – Männer, Frauen, Kinder und Greise. Der Holocaust an den Juden im Osten ist in den Ortschaften unter 1.000 Einwohnern befehlsgemäß von der Wehrmacht vollzogen worden.

Erschüttert von den Greueltaten im Osten schreibt der ehemals österreichische General Edmund Glaise-Horstenau als Militärbevollmächtiger Deutschlands in Kroatien schon im August 1941 nach einem Aufenthalt beim OKW in Berlin in sein Tagebuch: „Wehe uns, wenn das einmal auf uns zurückkommt." Er schreibt auch entsetzt über die ca. 60.000 Juden, die sein Landsmann General Franz Böhme in Jugoslawien bei Geiselerschießungen im Verhältnis 1:100 für jeden getöteten Soldaten ermordet, um dann stolz melden zu können, daß Serbien judenfrei ist.

Wer wußte bisher von der Liquidierung mehrerer tausend italienischer Kriegsgefangener am Peloponnes durch die Wehrmacht oder von der Ermordung von ca. 40- bis 60.000 italienischer Zivilisten nach der Kapitulation im Jahr 1943 – wie dies erst kürzlich im Buch eines Historikers und deutschen Bundeswehroffiziers aufgezeigt wurde?

Wo bleibt die Verantwortung der militärischen Führungsspitze, von Offizieren, von denen Friedrich der Große einmal sagte: „Offizier sein heißt, nicht nur zu wissen, wann Befehle zu befolgen sind, sondern auch wann man sich diesen zu widersetzen hat." Ich erinnere an die Einberufung von 16jährigen Halbwüchsigen zur Wehrmacht 1945. Oder an die Aufbietung alter Männer mit schlechter Bewaffnung im sogenannten Volkssturm, um sie in aussichtslose Schlachten zu werfen.

Wir Österreicher haben heuer in Stalingrad ein Mahnmal errichtet und der Opfer gedacht. Niemand aber hat es aus diesem Anlaß gewagt, an der Verantwortung eines General Friedrich Paulus zu rühren, der in hoffnungsloser Lage viele Zehntausende hingeopfert hat. Wieso getrauen wir uns heute noch immer nicht zu fragen, wie es möglich war, daß die Wehrmachtsführung nach Stalingrad den Krieg bis zum bitteren Ende weitergeführt hat, obwohl mit dieser Schlacht der clausewitzsche Kulminationspunkt deutlich überschritten war und keinerlei Aussicht auf einen Sieg mehr bestand? Viele unter den Generalen hatten diese Erkenntnis, aber nur wenige zogen die Konsequenzen daraus.

Oberst im Generalstab Johann-Adolf Kielmannsegg, ein Mann des 20. Juli 1944 und später General der deutschen Bundeswehr, schreibt zum Thema „Soldat und Widerstand": „Die Nichtdurchführung eines sinnlosen und unvollziehbaren Befehles, der als solcher klar erkannt wird, ist gute altpreußische Tradition, wobei jeder für sich die Verantwortung für sein Tun und seine Folgen zu tragen hat." Und der 1944 hingerichtete General Erich Hoepner hat seinen Widerstand gegen das NS-Regime mit den Worten begründet: „Ich handle nach Befragung meines Gewissens."

Ich weiß schon: Nur wenige konnten sich unter dem Trommelfeuer von Propaganda und Indoktrination ein waches Gewissen erhalten, das den absoluten Gehorsam eingrenzen muß – damals wie heute. Wären es aber mehr gewesen, vor allem in den Führungsebenen, so wäre manches Verbrechen nicht geschehen. Und wenn wir jetzt erstmals in einer breiten Öffentlichkeit von der Unmenschlichkeit sprechen, die auch die Wehrmacht zu verantworten hat, dann muß unser Blick zuallererst nicht die Millionen deutscher Soldaten erfassen, sondern deren verantwortliche militärische Führung.

Viele der Hingerichteten der Erhebung gegen Adolf Hitler vom 20. Juli 1944 rechtfertigten sich damit, daß sie dem furchtbaren Morden ein Ende setzen wollten. Ulrich von Hassel notiert schon 1941 in seinem Tagebuch, „man habe sich schon in der Befolgung der verbrecherischen Befehle auf das hitlerische Manöver eingelassen, das Odium der Mordbrennerei, bisher allein-belastend die SS, auch auf das Heer zu übertragen." Und Claus Schenk von Stauffenberg schreibt 1942: „Deutschland ist dabei, im Osten einen Haß zu säen, der sich einstmals an unseren Kindern rächen wird."

Linz – der Veranstaltungsort dieser Ausstellung – ist übrigens die einzige Stadt in Österreich, die einem Österreicher und engen Mitarbeiter Claus Schenk von Stauffenbergs, der nach dem 20. Juli hingerichtet wurde, ein bleibendes Denkmal gesetzt hat, dem Oberstleutnant im Generalstab Robert Bernardis. Sonst wird der militärische Widerstand in Österreich weitestgehend totge-schwiegen.

Diese Ausstellung ist kein Tribunal. Sie versucht sich der historischen Wahr-heit zu nähern. Sie verurteilt nicht die Kriegsgeneration, die sich und sogar die Gefallenen um ihre Ehre gebracht fühlen. Es gibt keine Pauschalschuld, sagt der Österreicher Viktor Frankl immer wieder – er, der die Greuel des KZ von 1942-1945 am eigenen Leib verspüren mußte! 12 Mio. deutsche Soldaten ha-ben im Osten und am Balkan gekämpft – der Gedanke, es wären 12 Mio. Verbrecher gewesen, ist absurd. Differenzierung ist notwendig. Hat nicht ge-rade die Kriegsgeneration das allergrößte Interesse an der Wahrheit, um das Gute vom Bösen unterscheiden zu können? Ehrenerklärungen Konrad Ade-nauers und Dwight D. Eisenhowers zugunsten der Wehrmacht in den 50er Jahren reichen angesichts der heutigen Quellenlage dazu nicht mehr aus.

Der deutsche Bundesverteidigungsminister Volker Rühe sagte im Novem-ber 1995 vor der Kommandeurstagung in München: „Die Wehrmacht war als Organisation des Dritten Reiches an ihrer Spitze, mit Truppenteilen und mit Soldaten in Verbrechen des Nationalsozialismus verstrickt. Als Institution kann sie deshalb keine Tradition begründen." Das ist ein klares Wort, das bei uns aber kaum gehört wurde.

Wir Nachgeborenen müssen uns sicherlich vor der Arroganz hüten, die Geschehnisse aus unserer heutigen Sicht zu beurteilen. Die Akten alleine rei-chen dabei nicht aus. Wir können den Terror des totalitären Regimes nur schwer nachempfinden. Die Auswirkung jahrelanger Verhetzungspropaganda und Brutalisierung durch einen von allen Seiten mit äußerster Härte geführ-ten Krieg auf Ethik und Moral sind heute kaum vorstellbar.

Wir müssen auch das damalige Verständnis des Soldateneides in Betracht ziehen, das sogar viele Männer des militärischen Widerstandes in schwere Gewissenskonflikte stürzte, weil es offenkundig nicht Allgemeingut war, daß es auch Pflichten für den Eidnehmer gab – in diesem Fall für Adolf Hitler! Seine Pflicht wäre es gewesen, auf dem Boden des Rechtes zu handeln. Verläßt ein Eidnehmer dieses Fundament, so verliert der Eid seine Bindung. Das Recht auf Widerstand, noch im Militärstrafgesetz von 1872 verankert, existierte im allgemeinen Bewußtsein nicht mehr. Und vergessen wir nicht das Vorbild der militärischen Führer, die in ihren Befehlen immer und immer wieder zu äußerster Härte und Grausamkeit aufforderten.

Der Partisanenkrieg war freilich eine gänzlich neue Dimension, die man bisher nicht gekannt hatte. Die Haager Landkriegsordnung von 1907 gestattete zwar die Repressalie der Geiselerschießungen. Sie wurde aber mißbraucht, um ganze Landstriche zu entvölkern – durch Massenmord an Menschen, auch wenn diese „nur ein wenig schief schauten", wie es Adolf Hitler einmal formulierte.

Mehr als fünfzig Jahre nach Ende des Zweiten Weltkriegs müssen wir uns fragen, ob und wie weit wir bereit sind, die heute bekannten Fakten an uns heranzulassen. Neigen wir noch immer zu Verdrängung, Verleugnung oder Aufrechnung von eigener Schuld gegen die der anderen? Die Reaktion auf diese Ausstellung könnte ein Beweis dafür sein. „Laßt uns vergessen! Wir wollen das nicht wissen. Laßt uns in Frieden nach so langer Zeit. Das ist doch längst Geschichte." Eine derartige Argumentation verhindert nicht nur ein wahres Bild unserer Geschichte – es hindert uns auch zu trauern. Mehr noch: Lernunfähigkeit, von einer Generation an die nächste weitergegeben, verhindert eine emotionale Aussöhnung mit den Gegnern und Opfern von damals.

Es geht nicht nur darum, nach der historischen Wahrheit zu suchen. Es geht vielmehr darum, zu untersuchen, wieso es möglich war, daß so viele an so Entsetzlichem teilnahmen oder auch nur zusehen konnten. Daß sie teilnahmen an der Verdrehung der Gewissen von so vielen. Nur in einem schmerzlichen Erinnerungsprozeß werden wir langsam ertragen lernen, was an Grausamkeiten und an Greueln in diesem Abschnitt unserer Geschichte geschehen sind.

In meinen Augen kann diese Ausstellung deshalb nur ein Anfang sein. Ein Impuls für weitere Forschungsarbeit unter Heranziehung der nun vermehrt zugänglichen Archive in Ost und West. In Rede und Gegenrede – und insoferne ist die Diskussion um diese Ausstellung positiv – muß es zur Vereinheitlichung der noch immer kontroversiellen Sicht der Historiker kommen. Die Annäherung an die historische Wahrheit muß aber auch dazu beitragen, die noch lebenden Kriegsteilnehmer vor dem Gefühl einer ungerechtfertigten Pauschalbeschuldigung zu schützen. Auch Menschlichkeit gegenüber dem Gegner, Hilfsbereitschaft gegenüber Schwachen und Wehrlosen, der Schutz von Kulturgütern und vieles mehr, das den deutschen Soldaten von damals zur Ehre gereichte, muß erforscht und der Nachwelt überliefert werden. Sonst bleibt unser Bild jener dunklen Jahre einseitig und unvollständig.

Besonders wichtig erscheint es mir aber, nach den Gründen, Ursachen und Methoden, nach der Verführung zu forschen, die eine Kulturnation in einen derart gewissenlosen Zustand wandeln konnten. Das aber ist nicht mehr Sache der Historiker allein, hier sind auch die Soziologen und Politologen, Pädagogen und Psychologen gefordert. Wir müssen sicherstellen, daß sich künftige Generationen, sollten sie abermals vor derartige Entscheidungen gestellt werden, anders als damals in der Lage sehen, sich auf dem Fundament unseres kulturellen und religiösen Erbes für das Gute und Richtige zu entscheiden.

Vernichtungskrieg.
Verbrechen der Wehrmacht 1941 bis 1944

Ausstellung in der Hochschule für künstlerische und industrielle Gestaltung

Linz, Hauptplatz 8

Wissenschaftliches und kulturelles Begleitprogramm

Präsentiert von
Institut für Neuere Geschichte und Zeitgeschichte, Universität Linz
Institut für Sozialplanung, Universität Linz
Ludwig Boltzmann Institut für Gesellschafts- und Kulturgeschichte

Die Ausstellung **Vernichtungskrieg. Die Verbrechen der Wehrmacht 1941 bis 1944** des Hamburger Instituts für Sozialforschung entstand im Rahmen des Projekts „Angesichts unseres Jahrhunderts", das unter der Leitung von Dr. Bernd Greiner und Prof. Dr. Jan Philipp Reemtsma durchgeführt wurde.

Konzeption und wissenschaftliche Bearbeitung:
Dr. Bernd Boll (Freiburg), Hannes Heer (Hamburg), Dr. Walter Manoschek (Wien), Christian Reuther (Würzburg), Dr. Hans Safrian (Wien)

Gestaltung: Johannes Bacher, Christian Reuther
Ausstellungsleitung: Hannes Heer
Presse- und Öffentlichkeitsarbeit: Dr. Regine Klose-Wolf
Ausstellungskoordination: Dr. Petra Bopp

Ort: Hochschule für künstlerische und industrielle Gestaltung, Hauptplatz 8, 4020 Linz

Öffnungszeiten: Dienstag bis Sonntag 10-19 Uhr, Montag geschlossen

Eintritt: öS. 50.–
ermäßigt 30.– (Schüler, Studenten, Präsenzdiener, Zivildiener, Arbeitslose, Inhaber des Aktivpasses der Stadt Linz)
Gruppen 20.– (15-20 Personen)

Anmeldung von Führungen: Birgit Hebein, Tel. Nr. (0732) 78 51 78
Es besteht die Möglichkeit, Nachbesprechungen mit dem Führungspersonal durchzuführen. Sollte dies gewünscht werden, bitte bei der Anmeldung mitteilen.

Impr.: Projekt Ausstellung „Vernichtungskrieg", Inst. für Zeitgeschichte, JK Universität Linz

Preis Programmheft 10.–

Nun ist die sogenannte „Wehrmachtsausstellung" also auch in Linz zu sehen. In einem im Sinne der Thematik der Ausstellung historisch bedeutsamen Ambiente werden vier Wochen lang die vieldiskutierten Dokumente eines Vernichtungskrieges gezeigt, der hierzulande immer noch als Krieg einer korrekten, disziplinierten, „sauberen" Wehrmacht angesehen wird. Dieser Krieg wird im Bewußtsein der Menschen, die ihn erlebt haben, vor allem als zugefügtes Leid erinnert; daß ein zentrales Ziel dieses Krieges die Ausrottung ganzer Völker war, wird in diesem Zusammenhang vergessen.

Dabei ist gerade das Gebäude, in dem die Ausstellung stattfindet, wie kaum ein anderer Ort geeignet, die Widersprüchlichkeiten und Ambivalenzen, die die Herrschaft des Nationalsozialismus für den Einzelnen bedeutete, zu symbolisieren: das Brückenkopfgebäude war Teil eines monumentalen Ausbauprogramms für die „Patenstadt des Führers", durch das Linz in den Rang einer Donaumetropole wie Wien und Budapest erhoben werden sollte. Gemäldegalerie und Opernhaus gehörten ebenso zu diesem Konzept wie die Ansiedlung von Großindustrie und ein großzügiges Wohnbauprogramm. Tatsächlich realisiert wurden von diesen Plänen nur die Brückenkopfverbauung und die Wohnbauten, die „Hitlerbauten", wie sie auch heute noch – keineswegs abwertend – bezeichnet werden.

Untrennbar damit verbunden aber war die Errichtung jener beiden Vernichtungsstätten auf oberösterreichischem Boden, die weltweit tragische Berühmtheit erlangten: das Konzentrationslager Mauthausen und die Euthanasieanstalt Hartheim. Die Existenz beider war in der Öffentlichkeit bekannt. Es schien aber damals nicht möglich zu sein, was auch heute noch Probleme bereitet: die Vernichtung „unwerten Lebens" als Voraussetzung für die sozialpolitischen Maßnahmen zugunsten der „Volksgenossen" zu begreifen.

Dementsprechend wurde und wird die Rolle, die der Wehrmacht und dem Krieg im NS-Konzept der Gesellschaftsplanung zugedacht war, auf eine rein technische Ebene reduziert. Krieg ist Krieg, heißt es, Grausamkeiten kommen vor, sind zwar tragisch, aber unvermeidlich. Daß aber der von Hitler begonnene Krieg die systematische Ermordung von Millionen von Menschen, die nicht Soldaten waren, zum expliziten Programm hatte, um dem deutschen Volk „Lebensraum im Osten" zu verschaffen, und daß auch der Wehrmacht ihr Anteil an der Realisierung dieses Programms zugeteilt war, wird verdrängt oder geleugnet.

Nach 1945 wurde der Mythos von der „sauberen Wehrmacht" integraler
Bestandteil der politischen Kultur der Zweiten Republik. Wie sensibel diese
Zone der Erinnerung noch immer ist, zeigen die politischen Auseinandersetzungen rund um diese Ausstellung. Aber: die Vergangenheit vergeht nicht,
indem man sie totschweigt. In diesem Sinne versteht sich die Ausstellung
als wissenschaftlicher und didaktischer Beitrag zu einer längst fälligen
Auseinandersetzung mit diesem Thema. Wir möchten Sie zu einer offenen und
produktiven Diskussion über das Thema des Ausstellungsprojekts, das auch
eine Vielzahl von wissenschaftlichen und künstlerischen Veranstaltungen
umfaßt, einladen.

Die Ausstellung dokumentiert die Verbrechen der Wehrmacht auf

den Schauplätzen Serbien, Weißrußland und Ukraine. Sie zeigt auch, wie
die Wehrmacht von Beginn an versucht hat, die Spuren ihrer Tätigkeit zu
verwischen. Nach dem Krieg haben die Regierungen der BRD, der DDR und
Österreichs diese Politik fortgesetzt. An Hand von Filmplakaten, Illustrierten-
covers und Buchtiteln wird gezeigt, wie in der öffentlichen Meinung das Bild
von der „sauberen Wehrmacht" systematisch weitervermittelt wurde.

Auf einer begehbaren Installation, die dem „Eisernen Kreuz" nachempfunden
ist, sprechen Fotografien und Originaltexte ohne Kommentar für sich selbst.

Auf 105 Texttafeln werden die Thesen der Ausstellung mit Dokumenten
aus Archiven in Freiburg, Koblenz, Yad Vashem Jerusalem, Washington, Minsk,
Moskau, Belgad und Riga belegt.
Dazu kommen Materialien aus Nachkriegsprozessen, Feldpostbriefe und
Tagebücher.

Die Fotografien auf den Tafeln stammen größtenteils von deutschen und
österreichischen Soldaten und wurden in Archiven in Moskau und Belgrad
gefunden.

An Hand von sechs Videofilmen, von denen einige für die Ausstellung her-
gestellt oder bearbeitet wurden, können einzelne Aspekte weiter verfolgt und
vertieft werden. Zwei Fotoalben liegen zur Einsicht auf.

Zur Ausstellung sind ein Katalog und umfangreiches wissenschaftliches
Begleitmaterial erschienen.

B E G L E I T P R O G R A M M

Freitag, 22. 11. 1966, 19 Uhr
HS für künstlerische und industrielle Gestaltung, Hauptplatz 8

Eröffnung

Redner: Divisionär Hubertus Trauttenberg, Prof. Dr. Jan Philipp Reemtsma
Eröffnung: Bürgermeister Dr. Franz Dobusch
Musik: 10 Saiten 1 Bogen

Dienstag, 26. 11. 1996, 19 Uhr 30
HS für künstlerische und industrielle Gestaltung, Hauptplatz 8

Hitlers Linz

Nationalsozialistische Stadtplanung und gesellschaftliche Realität in Linz
1938-1945
Dr. Brigitte Kepplinger (Linz)

Donnerstag, 28. 11. 1996, 19 Uhr 30
Landeskulturzentrum Ursulinenhof, Landstraße 31, 1. Stock, Kleiner Saal 1

Hitlers Jugend - Linz und Wien

Dr. Brigitte Hamann (Wien)
Kommentar: Dr. Christian Gerbel (Linz)

Freitag, 29. 11. 1996, 19 Uhr 30
Universität Linz, Repräsentationsräume

Die Wehrmacht

Podiumsdiskussion mit Univ. Prof. Dr. Rudolf G. Ardelt (Linz),
Dr. Walter Manoschek (Wien), Univ. Prof. Dr. Anton Pelinka (Innsbruck),
Dr. Gerhard Schreiber (Freiburg), Dr. Friedrich Tulzer (Linz).
Moderation: Dr. Peter Huemer (Wien)

43

Freitag, 29. 11. 1996, 19 Uhr 30
Brucknerhaus Linz

Benjamin Britten: War Requiem

Symphonic Ensemble Aktuell, Mozart Chor des Linzer Musikgymnasiums,
Vivian Tierny (Sopran), Anthony Rolfe Johnson (Tenor), Hakan Hagegard
(Bariton). Dirigent: Franz Welser-Möst

Dienstag, 3. 12. 1996, 19 Uhr 30
Ars Electronica Center, Hauptstraße 2

„Serbien ist judenfrei"

Der Rassenkrieg der Wehrmacht auf dem Balkan. - Dr. Walter Manoschek (Wien)

Donnerstag, 5. 12. 1996, 19 Uhr 30
Ars Electronica Center, Hauptstraße 2

Tausend Jahre - tausendjährig

Der Umgang mit der Vergangenheit in der politischen Kultur der Zweiten
Republik. - Univ. Prof. Dr. Helmut Konrad, Rektor der Universität Graz

Freitag, 6. 12. 1996, 20 Uhr
Moviemento (Programmkino im OK), Dametzstrasse 30

Jenseits des Krieges.

Linzer Premiere des Films von Ruth Beckermann (ausgezeichnet
bei der Viennale 1996). Anschließend Diskussion mit Ruth Beckermann
Weitere Termine:
Samstag, 7. 12. - Dienstag, 10. 12., jeweils 16 Uhr 45 und 19 Uhr
Mittwoch, 11. 12., Donnerstag, 12. 12., jeweils 19 Uhr 45
Freitag, 13. 12. - Mittwoch, 18. 12., jeweils 16 Uhr 45
Samstag, 21. 12., Sonntag, 22. 12., jeweils 15 Uhr

Montag, 9. 12. 1996, 19 Uhr 30
Phönix Theater, Wienerstraße 25

Uniform/Mode.

Eine Performance der Meisterklasse Textil der HS für künstlerische und
industrielle Gestaltung und des Phönix Theaters.
Dramaturgie und Inszenierung: Georg Schmiedleitner, Franz Fend

BEGLEITPROGRAMM

Dienstag, 10. 12. 1996, 19 Uhr 30
HS für künstlerische und industrielle Gestaltung, Hauptplatz 8

Gehen wir wirklich in den Tod?

Lesung Heimrad Bäcker

Mittwoch, 11. 12. 1996, 19 Uhr 30
Ars Electronica Center, Hauptstraße 2

Dialog: Wehrmacht - Bundesheer.

Traditionen, Brüche, Erinnerungen.
Univ. Prof. Dr. Rudolf G. Ardelt mit Sepp Kerschbaumer, Präsident des
oö Kameradschaftsbundes
Moderation: Univ. Prof. Dr. Josef Weidenholzer

Donnerstag, 12. 12. 1996, 19 Uhr 30
Ars Electronica Center, Hauptstraße 2

Bittere Pflicht.

Zur Mentalitätsgeschichte der Wehrmachtsangehörigen.
Hannes Heer (Hamburg), wissenschaftlicher Leiter des Ausstellungsprojektes
„Vernichtungskrieg"

Dienstag, 17. 12. 1996, 19 Uhr 30
Ars Electronica Center, Hauptstraße 2

Wie führen Frauen Krieg?

Dr. Gaby Zipfel (Hamburg)

Freitag, 20. 12. 1996, 19 Uhr 30
HS für künstlerische und industrielle Gestaltung, Hauptplatz 8

Echo aus dem Abgrund

von Günther Mattitsch nach Gedichten von Nguyen Chi Thien.
Ensemble Hortus Musicus, Ensemble Kreativ, Carinthia Saxophon Quartett

Wir danken im besonderen der Hochschule für künstlerische und industrielle Gestaltung
für die finanzielle, organisatorische, künstlerische und mentale Unterstützung
(im besonderen Rektor Mag. art. O.HProf. Wolfgang Stifter, Rektoratsdirektorin
Dr. Christine Windsteiger, Herrn Josef Lasinger), der Meisterklasse für Textiles Gestalten
(Mag. art. O.HProf Margareta Petraschek-Persson) und der Meisterklasse für Experimentelle
Visuelle Gestaltung (Dr. HProf. Herbert Lachmayer), ohne die die Ausstellung in dieser Form
nicht zustande gekommen wäre.

Die Ausstellung wurde außerdem unterstützt von (Stand 13. 11. 1996):

AKIN
Alternativreferat am Zentralausschuß der ÖH
Arbeitsgemeinschaft für Wehrdienstverweigerung und Gewaltfreiheit
Brucknerhaus Linz
Bund Sozialdemokratischer Freiheitskämpfer und Opfer des Faschismus
Heimrad Bäcker
Die Grünen Linz – Bausteinaktion
Prim. Dr. Franz Dirnberger
Mag. Brigitte Felderer
GRAS - Grüne & Alternative Studenten
Grünalternative Jugend
Grund- und Integrationswissenschaftliche Fakultät der Universität Wien
Gerhard Haderer
Hochschülerschaft der Universität Wien
Institut für angewandte Entwicklungspolitik, Linz
Johannes Kepler Universität Linz
Junge Generation der SPÖ
Kanal Schwertberg
Kinderfreunde / Rote Falken OÖ
Kulturplattform Oberösterreich
Dr. HProf Herbert Lachmayer
Liberales Forum OÖ
Mensch & Natur
Österreichische HochschülerInnenschaft, Zentralausschuß
Österreichische HochschülerInnenschaft Linz
Referat für Bildungspolitik am Zentralausschuß der ÖH
Sozialistische Jugend
Theater Phönix
Viktor-Adler-Fond der SPÖ OÖ
Widerstandsmuseum Ebensee
sowie zahlreichen weiteren Spenderinnen und Spendern

WAR REQUIEM

Benjamin Britten

Orchesterkonzert im Rahmen des Begleitprogramms im Linzer Brucknerhaus
Dirigent: **Franz Welser-Möst**
Symphonic Ensemble Aktuell
Mozartchor des Linzer Musikgymnasiums (Einstudierung: **Balduin Sulzer**)
St. Florianer Sängerknaben (Einstudierung: **Franz Farnberger**)
Vivian Tierney, Sopran
Anthony Rolfe Johnson, Tenor
Hakan Hagegard, Bariton

Der englische Komponist Benjamin Britten (1913 – 1976) schrieb das „War Requiem" als Auftragswerk zur Einweihung der neuen Kathedrale von Coventry, die neben den Trümmern der alten gotischen, 1940 zerbombten Kirche errichtet wurde. Das Werk wurde dort am 30. Mai 1962 uraufgeführt und übte den Berichten und Kritiken zufolge eine ungeheure Wirkung auf die Zuhörer aus. Auch anläßlich der Linzer Aufführung unter Franz Welser-Möst war diese Wirkung erlebbar.

Aus dem Programmheft zur Linzer Aufführung am 29. 11. 1996:

„Coventrieren", Vernichtung

Am späten Abend des 14. November 1940 entluden 449 deutsche Bomber 503 Tonnen Sprengbomben und 881 Brandschüttkästen über der englischen Industriestadt Coventry. Das Zentrum der Stadt mit der gotischen Kathedrale verwandelte sich in eine Flammenhölle. Göbbels merkte zynisch an, die Luftwaffe werde weitere Städte „coventrieren". Coventry wurde so zum Inbegriff des Luftterrors gegen die Zivilbevölkerung – und zum Muster für den späteren alliierten Bombenkrieg gegen deutsche Städte.

Auch im Osten Europas war es das nationalsozialistische Regime, das eine neue Dimension des Terrors auf fremdem Boden eröffnete. Einen Teil davon zeigt die Ausstellung Vernichtungskrieg. Verbrechen der Wehrmacht 1941 bis 1944, die derzeit in Linz zu sehen ist. Sie basiert u.a. auf jahrelangen Forschungen des militärgeschichtlichen Forschungsamtes der Bundeswehr in Freiburg und stützt sich auf Archivbestände in Koblenz, Washington und Jerusalem sowie auf neue Quellen in Minsk, Riga, Moskau und Belgrad. Dazu kommen Materialien aus Nachkriegsprozessen, Feldpostbriefen und Tagebüchern.

"Die Ausstellung", heißt es im Prospekt, „will kein verspätetes oder pauschales Urteil über eine ganze Generation ehemaliger Soldaten fällen." Wohl aber zeigt sie, daß das Bild von der „sauberen" Wehrmacht, das nach 1945 durch „Landser"-Heftchen und ähnliche Publikationen verbreitet wurde, einer sachlichen Überprüfung nicht standhält. Denn das NS-Regime stellte einen Sonderfall dar: Nirgendwo sonst war die physische Vernichtung „minderwertigen Lebens" (Juden, Sinti, Roma, Behinderte …) integraler Bestandteil der Ideologie und politisch-militärischen Praxis eines diktatorischen Regimes. Die Wehrmacht war, wie die Beispiele aus Weißrußland, Serbien und der Ukraine zeigen, Bestandteil der Vernichtungsstrategie im Osten.

Mit diesem Faktum werden weder individuelle Schuldzuweisungen noch eine „Kollektivschuld"-These behauptet. Es geht vielmehr darum, ins Bewußtsein zu rufen, daß die Wehrmacht als militärische Institution jenen Eroberungskrieg zur Gewinnung „neuen Lebensraumes" für die arische Rasse führte, der mit der Ausrottung „unwerten Lebens" konzeptiv verbunden war. Vorgestellt werden also nicht die Verbrechen des Stalinismus oder Greueltaten von Partisanen (diese sind im Bewußtsein der österreichischen Bevölkerung ohnehin verankert. Was wäre außerdem von einer Gesellschaft zu halten, die einen Mord nicht benennt, nur weil ein anderer auch gemordet hat?!), sondern ein bislang vernachlässigter Bestandteil unserer eigenen Geschichte.

Die Ausstellung reißt auch keine Gräben zwischen den Generationen auf, wie öfter gemeint wird. Einmal abgesehen davon, daß auch ein Franz Jägerstätter zur Kriegsgeneration gehörte und mit ihm ca. 30.000, die dem „Dritten Reich" die militärische Gefolgschaft verweigerten; daß natürlich aber tausende Soldaten nicht unmittelbar mit der Vernichtung zu tun hatten; daß es heute alte und junge Neonazis gibt, daß sich die Frage also überhaupt nicht entlang von Generationslinien stellt: nicht das Reden führt zur Verhärtung, sondern das Schweigen. Nicht die Verdrängung von Tatsachen ebnet den Weg für den freien und aggressionsarmen Umgang miteinander, sondern die Auseinandersetzung mit der eigenen Identität und das Wissen um ihr Zustandekommen.

In diesem Sinne danken die Organisatoren der Ausstellung dem Brucknerhaus Linz, Franz Welser-Möst und allen Mitwirkenden ganz herzlich dafür, daß dieses Konzert, das in so enger Beziehung zur Thematik der Ausstellung steht, in das Begleitprogramm aufgenommen werden konnte.

Reinhard Kannonier

Hitlers Linz. Nationalsozialistische Stadtplanung und gesellschaftliche Realität in Linz 1938 - 1945

Brigitte Kepplinger

„Hitlers Linz" – diese Chiffre benennt eine mehrdimensionale Beziehung: zum einen wird darin die besondere Beziehung Adolf Hitlers zu seiner „Jugendstadt" angesprochen, die für die Stadtentwicklung von entscheidender Bedeutung war. Zum anderen aber schwingt in der Bezeichnung „Hitlers Linz" auch die Faszination und Attraktivität mit, die die nationalsozialistischen Entwicklungspläne für viele Linzer besaßen. Die Eröffnung neuer Lebenschancen durch den Nationalsozialismus spielte hier ebenso eine Rolle wie die Vision eines neu zu gestaltenden Wirtschafts- und Kulturzentrums von europäischem Rang, die das alte „Linz an der Landstraße" in der Vergangenheit versinken lassen sollte.

Der tiefverwurzelte Deutschnationalismus der kommunalen Eliten[1] erwies sich dabei als Anknüpfungspunkt für die NS-Ideologie, wie auch die spezifische Situation der Linzer Arbeiterbewegung, deren Erbitterung aufgrund der Zerstörung ihrer Lebenswelt durch die christlichsoziale Regierung viele Sozialdemokraten die Machtübernahme der Nationalsozialisten begrüßen ließ. Tatsächlich sollte die Prägung durch die nationalsozialistische Gesellschaftspolitik in Linz stärker spürbar sein als in anderen, vergleichbaren österreichischen Städten, wie ein schwedischer Journalist im Frühjahr 1943 konstatierte: „Nur eine Stadt war – zumindest bis im Februar – treu geblieben: Hitlers Linz."[2]

Bei dem Versuch, sich der historischen Realität der Jahre 1938 – 1945 zu nähern, ist zu berücksichtigen, daß die Entwicklung in Linz nicht isoliert betrachtet werden kann. Die lokale nationalsozialistische Politik ist einzuordnen in das Konzept der nationalsozialistischen Gesellschaftsplanung; andernfalls wird einer selektiven Rekonstruktion der Wirklichkeit jener Zeit Tür und Tor geöffnet, die „positive" und „negative" Maßnahmen des Nationalsozialismus gegeneinander abwägt und für Linz die „positiven" überwiegen sieht. (Dieses Muster einer Rechtfertigung der Verstrickung in das System des Nationalsozialismus ist seit 1945 geradezu allgemein üblich: „Hitler war ein böser Mann, doch baute er die Autobahn ..."[3])

Um diese Dichotomisierung in der Beurteilung der nationalsozialistischen Gesellschaftspolitik aufzulösen, muß man die Entwürfe des Nationalsozialismus zur Gestaltung einer idealen Gesellschaft ernstnehmen: Die „ideale Gesellschaft" wurde von der nationalsozialistischen Weltanschauung definiert als „gesunder Volkskörper", der befreit war von „unwertem Leben" und solcherart zu einem Zustand der Vollkommenheit geführt werden sollte. Das nationalsozialistische Gesellschaftsbild ging bekanntlich von einer inneren wie einer äußeren Bedrohung des deutschen Volkes aus: Zum einen sah man die Substanz des deutschen Volkes durch die angeblich überproportionale Vermehrung „minderwertiger" Individuen – geistig und körperlich Behinderter, Geisteskranker, sich abweichend verhaltender Menschen (z. B. Alkoholiker, „Asoziale", „Gemeinschaftsunfähige") gefährdet, zum anderen existierte für den Nationalsozialismus die Vorstellung einer irreparablen Schädigung der kollektiven Erbfaktoren durch eine „Vermischung" des deutschen Volkes mit „minderwertigen Rassen", vor allem mit den Juden. Diese Bedrohungsszenarien waren nicht neu, sondern seit dem späten 19. Jahrhundert fixer Bestandteil der sozialwissenschaftlichen und politischen Diskussion in Europa.[4] Auch das vom Nationalsozialismus als vordringlich erachtete Ziel der Gesellschaftspolitik, diese Bedrohungen mit allen als zweckdienlich angesehenen Mitteln abzuwehren und so die „deutsche Volksgemeinschaft" zu konstituieren und zu festigen, war Bestandteil der oben erwähnten Diskussion. Eine neue Qualität erhielt diese Konzeption allerdings dadurch, daß der Nationalsozialismus als totalitäres System alle Möglichkeiten der Umsetzung besaß und diese Möglichkeiten auch exzessiv nutzte. Dies bedeutete konkret Erfassung, Ausgrenzung, Verfolgung und schließlich Ermordung der als „lebensunwert" definierten Menschen, gleichzeitig aber staatliche Förderungsmaßnahmen, die z. T. eine deutliche materielle Verbesserung bedeuteten, für die „arischen Volksgenossen". Im Zentrum der gesellschaftspolitischen Bemühungen stand der „erbgesunde schaffende Deutsche"; die Arbeit der staatlichen Bürokratie wurde danach ausgerichtet, „Minderwertige" aufzuspüren und von diesen „erbgesunden schaffenden Deutschen" zu trennen. Der Ort, wo diese Maßnahmen realisiert wurden, war die Gemeinde: kommunale Ämter, Ärzte, Fürsorgerinnen, Hebammen waren angewiesen, Abweichungen von der Norm festzustellen und zu melden. Arbeitsbuchpflicht, Vereinheitlichung und Verfeinerung des Meldewesens, die Einführung des Ausweiszwangs 1939 sowie die Erhebung zusätzlicher, „rassischer" Merkmale bei den Volkszählungen[5] ("Juden-Statistik") bildeten die Voraussetzungen für die Erfassung zur Vernichtung[6]. Die Institutionalisierung des „Ariernachweises" und die schrittweise Entrechtung der Juden bis hin zu ihrer Ermordung wäre ohne diese Vorarbeiten ebensowenig möglich gewesen wie die Realisierung des „Gesetzes zur Verhütung erbkranken Nachwuchses". Eine weitere Dimension in diesem Politikkonzept bildeten die Pläne zur Umschichtung der Bevölkerungen in den von der deutschen Wehrmacht eroberten Ländern im Osten, die die Ermordung der Juden und die Versklavung und Dezimierung der Bewohner der besetzten Ostgebiete als Voraussetzung für eine Kolonisation durch deutsche Siedler inkludierte. Die nationalsozialistische Gesellschaftsplanung arbeitete mit den Methoden der modernen Wissenschaft, einzelne Wissenschaftsdisziplinen erfuhren im Nationalsozialismus eine bedeutende Aufwertung: die Psychologie etwa wurde erst im Nationalsozialismus als universitäre Disziplin etabliert,[7] Raumplanung und Statistik[8] wurden als Instrumente der wissenschaftlichen Politikberatung intensiv gefördert.[9]

Alle diese Maßnahmen beeinflußten in der einen oder anderen Weise die Entwicklung der Stadt Linz. Durch den historischen Zufall, „Jugendstadt des Führers" zu sein, erhielt die Stadt den Status einer „Führerstadt" und wurde damit Ort ausgedehnter stadtplanerischer Maßnahmen. Auch und gerade dadurch wird auf kleinem Raum die Realität nationalsozialistischer Gesellschaftspolitik in seltener Deutlichkeit sichtbar. Allerdings kann die Einheit von Förderungsmaßnahmen und Vernichtung, wie sie sich im unmittelbaren örtlichen Nebeneinander von „Volkswohnungen für alle" (schaffenden Deutschen), Vernichtung „unwerten Lebens" in Mauthausen und Hartheim und der Institutionalisierung von Sklavenarbeit zum Aufbau der Linzer Großindustrie manifestiert, erst heute, mehr als fünfzig Jahre nach dem Ende nationalsozialistischer Herrschaft, angemessen thematisiert werden. Die z. T. ausgedehnten personellen Kontinuitäten in Stadtverwaltung, Wirtschaft und Kultur[10], die durch die Entnazifizierung nicht beseitigt werden konnten, waren in den ersten Jahrzehnten nach 1945 einer intensiven Diskussion nicht eben förderlich.

Im folgenden möchte ich versuchen, anhand einiger Bereiche – Stadtplanung, Wohnungspolitik, Industrieansiedlung – die in der Einleitung skizzierte Funktionsweise nationalsozialistischer Gesellschaftspolitik nachzuzeichnen.

1. Die Stadtplanungen 1938 - 1945

In den nationalsozialistischen Entwicklungsplänen für Linz überschnitten sich mehrere Interessenlinien: Ökonomische und strukturelle Planungsinteressen – die seit 1936 forcierte Hochrüstungspolitik des Deutschen Reiches erforderte die Etablierung eines weiteren Rüstungsschwerpunktes – trafen mit nationalsozialistischen Vorstellungen zur „Entprovinzialisierung der Provinz" zusammen, verstärkt durch Hitlers persönliche Vorliebe für diese Stadt.

Wie schon in vielen Publikationen ausgeführt, reichte Hitlers Interesse an der Umgestaltung von Linz in seine Gymnasialzeit zurück;[11] nach 1938 konnte er darangehen, seine Vorstellungen in die Realität umsetzen zu lassen. Bekannt ist auch, daß für Hitler persönlich die Linz-Planungen einen hohen Stellenwert besaßen. Er kam immer wieder nach Linz, um sich persönlich vom Fortschritt der Bauarbeiten zu überzeugen.[12] Oberbürgermeister Sturma stellte 1943 fest, „der Führer" habe das Ziel, aus Linz „die schönste Stadt an der Donau zu machen. Er kümmert sich um jedes Detail, er kümmert sich auch im Krieg um jede Einzelheit, er kümmert sich um jeden Splitterschutzgraben, Feuerlöschteich, genauso um kulturelle Veranstaltungen. Es kommen in der Nacht Fernschreiben, in denen er verbietet, daß Veranstaltungen im Volksgarten stattfinden, da der Volksgarten doch eine schlechte Akustik hat und daher besonders bekannte Künstler im Vereinshaus auftreten sollen."[13] Als wegen des Kriegsverlaufs in vielen Städten die Bautätigkeit ganz oder weitgehend eingestellt wurde, liefen die Linz-Planungen weiter. Eines der letzten Fotos von Hitler zeigt ihn wenige Tage vor seinem Selbstmord vor einem Modell des neuen Linz, das im Führerbunker der Reichskanzlei aufgestellt war.[14]

Die Intention Hitlers war es, Linz zur Stärkung der provinziellen Identität gegenüber Wien zu einer kulturellen und wirtschaftlichen Metropole auszubauen. Der Planungshorizont war eine Vergrößerung der Einwohnerzahl auf 400.000; eine Ansiedlung von Betrieben der Schwerindustrie sollte den ökonomischen Unterbau für die kulturellen Großprojekte bilden. Eine Aufwertung der Position von Linz ergab sich darüber hinaus durch die erklärte Absicht Hitlers, hier seinen Alterssitz einzurichten („Führerpfalz") und, u.a. durch die Errichtung eines prunkvollen Mausoleums für seine Eltern, verschiedene Gedenkstätten der nationalsozialistischen Bewegung hier zu konzentrieren. Wie gegenwärtig der Vergleich mit Wien immer war, zeigt die Äußerung Hitlers, daß der Turm für das Grabmal der Eltern unbedingt höher sein müsse als der Stephansdom, denn: „der Linzer Dom … durfte, damit der Stephansdom der höchste Turm des Landes blieb, nicht auf die geplante Höhe geführt werden; er hatte sich einige Meter unter der Höhe des Stephansturms zu halten."[15] Die Aufwertung von Linz wie auch der anderen Gauhauptstädte war für die nationalsozialistische Elite gleichzeitig ein Mittel, das traditionell gewachsene kulturelle und ökonomische Gefüge Österreichs aufzubrechen und eine Neustrukturierung nach den Bedürfnissen des Deutschen Reiches auf den Weg zu bringen.

Unmittelbar nach dem „Anschluß" begann die Veröffentlichung der verschiedenen Linz-Planungen in der nationalsozialistischen Presse, auch und gerade im Hinblick auf die für 10. April 1938 geplante Volksabstimmung. Das Tempo der neuen Machthaber war dazu angetan, Eindruck zu machen: so wurde für die bekannten Defizite und Problemlagen der Stadt (Wohnungsnot und die damit einhergehende katastrophale Wohnsituation der Bewohner der ausgedehnten Barackenlager, z. B. am Hühnersteig und in Wegscheid, die Dominanz der Nord-Süd-Achse, die städtebauliche Trennung von Linz und Urfahr etc) kurzfristig Abhilfe versprochen. Noch 1938 legte das Stadtbauamt unter Franz Schmuckenschläger Neuplanungen vor, die vom neuen Stadtbaudirektor Anton Estermann initiiert worden waren.[16]

Dieser Ausbauplan des Stadtbauamtes enthielt schon alle wesentlichen Elemente der nationalsozialistischen Änderungsvorstellungen. In Grundzügen blieb dieses Szenario für die Dauer des NS-Systems aufrecht, einzelne Elemente wurden aber z. T. mehrmals umgeplant. Durch ausgedehnte Eingemeindungen sollte die Dominanz der Nord-Süd-Achse korrigiert werden. Die Planungen sahen Eingemeindungen von Ottensheim über Gramastetten, Lichtenberg bis Steyregg, Asten, St. Florian, Ansfelden, Traun und Hörsching vor, also de facto eine Vereinheitlichung des gesamten Linzer Zentralraums mit Ausnahme von Leonding. Hitler selbst sprach sich entschieden gegen eine Einbeziehung von Leonding in den neuen Siedlungsverband aus; die Bedeutung der Grabstätte seiner Eltern sollte durch die Eigenständigkeit von Leonding betont werden. Es wurden allerdings bei weitem nicht alle angepeilten Eingemeindungen realisiert: Nördlich der Donau kam es nur zur Eingemeindung von St. Magdalena, im Süden der Stadt war es Ebelsberg, das 1938 eingemeindet wurde und 1939 Keferfeld, das zu Leonding gehörte. Hier wurde für die abgesiedelten Bewohner von St. Peter[17] die Siedlung Keferfeld errichtet. Kompetenzkonflikte zwischen den einzelnen Planungsträgern, dem

1939 etablierten „Reichsbaurat für die Stadt Linz" unter Roderich Fick, der Hitler direkt unterstellt war, dem 1941 mit zentralen Linz-Planungen betrauten Hermann Giesler und dem Gauleiter von Oberdonau, August Eigruber, bzw den Repräsentanten der Stadt Linz sorgten immer wieder für Verzögerungen und Komplikationen.

Die „Führerstadt Linz" sollte die Überlegenheit nationalsozialistischer Architektur für Jahrtausende demonstrieren; die Fertigstellung war für 1950 vorgesehen. Diese Ausbaupläne zielten auf die Konstruktion einer völlig neuen Identität der Stadt: sie sollte als „Patenstadt des Führers" Symbol der nationalsozialistischen Gesellschaftspolitik sein, ein dauerhaftes Zeugnis der Überlegenheit des Nationalsozialismus. Dementsprechend waren zwei neue politische und kulturelle Stadtzentren geplant: zum einen sollten beide Donauufer eine kilometerlange Monumentalverbauung erhalten und durch zusätzliche Brücken miteinander verbunden werden; die alte Donaubrücke sowie die Eisenbahnbrücke sollten durch Neubauten ersetzt werden. Diese neue West-Ost-Achse als Gegengewicht zur Dominanz der Nord-Süd-Achse sollte auf der Urfahrer Seite ein politisches und Verwaltungszentrum umfassen. Im folgenden wird die in Aussicht genommene Gestaltung der Donauufer skizziert, wie sie sich nach der Planung durch Hermann Giesler darstellte[18]: Den Beginn der Urfahrer Donauuferverbauung markierte die Nationalpolitische Erziehungsanstalt auf den Hängen des Spazenberges („Adolf Hitler Schule"). Die historisch gewachsene Struktur von Urfahr-West (von der Donau bis zur Rudolfstraße) sollte de facto ausgelöscht werden. Am Brückenkopf der Nibelungenbrücke war der Neubau des Rathauses vorgesehen, bestehend aus dem „Stadthaus", einem Prunkbau für Repräsentationszwecke, mehreren Verwaltungsbauten und dem Rathausturm, der – die Einheit von Partei und Staat symbolisierend – die Kreisleitung der NSDAP beherbergen sollte. Den restlichen Raum stromaufwärts, bis zum Beginn der Urfahrwänd, sollten Gästehäuser für die „Reichswerke Hermann Göring" einnehmen. Als Pendant zum Rathaus waren auf dem rechten Brückenkopf der Bau der Statthalterei mit einem an der Donau gelegenen Aufmarschplatz sowie Gauleitung und Gaufesthalle vorgesehen. In diesem Gebäudeverband wurde als Wahrzeichen des Verwaltungsforums der Glockenturm der Gaufesthalle gestaltet, der alle Türme der Stadt überragen sollte. Hier sollte mit der Errichtung eines prunkvollen Grabmals für Hitlers Eltern eine Kult- und Weihestätte der nationalsozialistischen Bewegung geschaffen werden, das Glockenspiel des Turmes sollte,

„freilich nicht für alltäglich", ein Motiv aus der „Romantischen Symphonie" von Anton Bruckner spielen.[19] Das anschließende Gelände war für Ausstellungszwecke, Veranstaltungen (durch Errichtung einer Mehrzweckhalle, der „KdF-Halle") und für die Anlage eines Parks vorgesehen. Den abschließenden Akzent setzte auf dem nördlichen Donauufer, am rechten Brückenkopf der neuen Bismarckbrücke, das geplante Bismarckdenkmal, dessen Kuppel einen Durchmesser von 50 Meter haben sollte.[20] Auch das Wahrzeichen von Linz, der Pöstlingberg, wurde im Sinne der NS-Ideologie instrumentalisiert: die barocke Basilika sollte auf persönlichen Wunsch Hitlers durch ein Ensemble von Sternwarte und Planetarium ersetzt werden. „Ich sehe den Bau vor mir, klassisch, so schön wie nur etwas: die Sternwarte auf dem Pöstling-Berg in Linz. Den Götzen-Tempel dort beseitige ich und setze das dafür hinauf. In der Zukunft werden jeden Sonntag Zehntausende Menschen durchgehen, und alle werden erfüllt sein von der Größe dieses Universums."[21] Im Erdgeschoß sollte das ptolemäische Weltbild dargestellt werden, im Stockwerk darüber das Weltall nach Kopernikus. Als krönender Abschluß war im Obergeschoß die Darstellung der Welteislehre von Hanns Hörbiger vorgesehen, deren Anhänger Hitler seit den zwanziger Jahren war.[22]

An den Hängen des Pöstlingbergs sollte auch die Technische Hochschule ihren Standort finden, deren geplante Gründung von Hitler im November 1938 verkündet wurde.[23] Für die Unterbringung der Hochschule wurde zunächst das Petrinum in Aussicht genommen, nachdem per Erlaß die Nutzungsrechte an dem Bauwerk – es beherbergte ein Gymnasium und Wohnmöglichkeiten für die Studenten des Linzer Priesterseminars – vom Bischöflichen Ordinariat an den Magistrat Linz abgetreten werden mußten. Die Planung einer Technischen Hochschule ist im Zusammenhang mit der Situierung der Großindustrie in Linz zu sehen; eine Ausbildungsstätte vor Ort sollte den Betrieben die Rekrutierung der Fachkräfte erleichtern.[24]

Auf dem Linzer Donauufer sahen die Planungen die Errichtung des Alterssitzes Adolf Hitlers, der „Führerpfalz", hoch über der Donau, auf dem Platz des Linzer Schlosses vor, das abgerissen werden sollte. Die Ersetzung der alten Donaubrücke durch die Nibelungenbrücke induzierte gravierende Folgeplanungen für die Altstadt: da die durch die neue Brücke vorgegebene Längsachse den Hauptplatz möglichst in der Symmetrieachse queren sollte, war eine völlig neue Brückenkopfgestaltung nötig. Die gesamte Nordfront des alten Stadtkerns wurde abgetragen und durch einen Neubau ersetzt. Die

Brückenkopfgebäude der Nibelungenbrücke, die auf der Basis eines Entwurfs von Anton Estermann durch Roderich Fick gestaltet wurden, sind die einzigen Monumentalbauten von „Hitlers Linz", die realisiert wurden. Sie beherbergten das Wasserstraßenamt und das Oberfinanzpräsidium; im Ostflügel war das Finanzamt untergebracht. Durch die Niveauerhöhung, die der Brückenneubau induzierte, mußten die historischen Bauten am Hauptplatz, die an die Brückenkopfgebäude anschlossen, abgetragen werden; sie wurden originalgetreu wiedererrichtet. Ende 1940 wurde die neue Brücke dem Verkehr übergeben. Am nördlichen wie am südlichen Brückenkopf sollten – den Namen „Nibelungenbrücke" illustrierend – monumentale, über 6 Meter hohe Statuen zentraler Personen der Nibelungensage aufgestellt werden: Siegfried und Kriemhild auf der Linzer Seite, Brunhild und Gunther auf der Urfahrer Seite. Von den Statuen von Siegfried und Kriemhild wurden in Originalgröße Gipsmodelle angefertigt und 1941 auf dem Brückenkopf postiert.[25] Von dem Fries mit Motiven aus dem Nibelungenlied, der als Brückenverkleidung vorgesehen war, existieren nur Entwürfe.[26] Durch die Breite der neuen Straßenbrücke, deren Verlängerung praktisch durch die Enge des Schmidtors und die schmale Landstraße verhindert wurde, wurde die Planung neuer Verkehrswege nötig. Es wurden Pläne zur Verbreiterung der Landstraße auf Brückenbreite durch einseitigen oder beidseitigen Abbruch entworfen sowie der Bau eines oder zweier entlastender Straßenzüge durch Verbreiterung der Herrenstraße bzw der Dametzstraße. [27]

Östlich der Nibelungenbrücke sollte ein neues Stadtviertel mit Verwaltungsgebäuden, Büros, Einkaufszentren und Hotels anschließen. Das „Führerhotel" war mit 377 Betten als exklusives Luxushotel geplant, während das KdF-Hotel[28] den Massentourismus bedienen sollte, plante man doch KdF-Urlaubsfahrten auf der Donau bis ins Schwarze Meer; die Eroberung der entsprechenden Länder wurde stillschweigend vorausgesetzt.

Südlich der Innenstadt war ein zweites repräsentatives Zentrum geplant, das der Etablierung von Kunst- und Kulturinstitutionen gewidmet war: hier sollte die neue europäische Kulturmetropole entstehen. Zur Schaffung der räumlichen Voraussetzungen sollte die Westbahn (und der Hauptbahnhof) ca. einen Kilometer nach Süden verlegt werden, ungefähr auf die Höhe des heutigen Bulgariplatzes. Das Herzstück dieses neuen Stadtzentrums sollte der Opernplatz mit dem Opernhaus für 2000 Besucher bilden, in dessen Nachbarschaft die große Gemäldegalerie errichtet werden sollte, prächtiger als der

Louvre oder die Uffizien. Die Bauten kamen zwar über das Planungsstadium nicht hinaus, Hitler ließ aber in seinem „Sonderauftrag Linz" in allen eroberten Gebieten Kunstwerke akquirieren, wobei die bevorzugten Methoden erpresserischer Kauf oder Zwangsverkauf waren[29], soweit die Kunstwerke nicht kurzerhand beschlagnahmt, geraubt bzw „arisiert" wurden. In der nächsten Umgebung sollten eine Brucknerhalle (für die geplanten Brucknerfestspiele), ein Großkino, Operettentheater, Schauspielhaus und die „Führerbibliothek" mit einer Million Bänden entstehen. Hitlers Sonderbeauftragter für den Aufbau der Führerbibliothek, Friedrich Wolffhardt, war in seinen Methoden ebenfalls nicht wählerisch: er „hatte keine Bedenken, Bücher zu beschlagnahmen, und wenn er eine Sammlung aufgespürt hatte, ließ er selten locker."[30] Die achsiale Prachtstraße dieses städtischen Kulturzentrums, „Zu den Lauben", sollte nach Hitlers Vorstellungen „der idealste Bummel der Welt" werden.

Von den Monumentalbauten wurden lediglich die Nibelungenbrücke und die Brückenkopfverbauung auf dem Linzer Donauufer realisiert, alle anderen Vorhaben kamen über das Stadium der Planung nicht hinaus. Für die Identifikation mit dem NS-Regime bedeutsamer waren allerdings diejenigen Projekte, die realisiert wurden: die Betriebe der Großindustrie und die ausgedehnten Wohnbauten.

2. Industrieansiedlung und Wohnbaupolitik

Dem Standort Linz kam in den ökonomischen Planungen des Nationalsozialismus eine bedeutende Rolle zu. Bei der Entscheidung für den Standort spielte die günstige verkehrstechnische Lage der Stadt am Schnittpunkt der Nord-Süd-Verbindung Berlin-Prag-Linz-Triest und der durch die Donau vorgegebenen West-Ost-Achse (Rhein-Main-Donau-Kanal) eine Rolle, damit der Zugang zu den für die geplante Stahlindustrie benötigten Rohstoffen und auch zu den in Aussicht genommenen Absatzmärkten, weiters die Existenz eines qualifizierten Facharbeiterstamms und die Nähe zum geplanten Rüstungszentrum Steyr/St.Valentin. Die 1938 schon sehr konkreten nationalsozialistischen Kriegspläne bedingten auch die Ausrichtung auf militärische Erfordernisse: Das geplante Rüstungsdreieck Linz-Steyr-St.Valentin befand sich außerhalb der Reichweite alliierter Flugzeuge. Zudem sprach sich auch Hitler selbst für die Etablierung großindustrieller Strukturen in Linz aus; die Stadt sollte durch eine solide industrielle Basis genügend Einnahmen erhalten, um die Kosten für das neue Kulturzentrum zumindest teilweise selbst aufbringen zu können.[31]

Schon am 13. Mai 1938 erfolgte der Spatenstich für die Hütte Linz der Reichswerke „Hermann Göring" AG.[32] Das Linzer Werk, ein Lieblingsprojekt Görings, sollte nach dem Vollausbau 12 Hochöfen und eine entsprechende Anzahl weiterverarbeitender Großbetriebe umfassen.[33] Die Situierung der Hütte Linz in St. Peter, einem kleinen Dorf im Süden des Stadtgebiets, das 1915 eingemeindet worden war, hatte den Abbruch des Dorfes zur Folge: „Gleich nachdem die Entscheidung, die Hütte hier zu bauen, gefallen war, mußten diese Leute abgesiedelt werden, weil genau hier die Kokerei, Hafen und Hochofengruppe errichtet werden sollten. Manche Bewohner erfuhren erst wenige Stunden vor der Sprengung, daß sie ihre Häuser räumen mußten, dies obwohl in Linz ohnehin Wohnungsnot herrschte. Für viele Abgesiedelte gab es daher keine Ersatzunterkünfte, nicht einmal Baracken."[34] Die geplante Kapazität von 12 Hochöfen wurde allerdings noch 1939 auf die Hälfte reduziert; bei Kriegsbeginn wurde der Ausbau der Hütte Linz nochmals zugunsten anderer, für die Rüstungswirtschaft vordringlicher Projekte zurückgestellt. Ein solcher Betrieb waren die im April 1939 gegründeten „Eisenwerke Oberdonau", die auf dem Gelände der in Bau befindlichen Hütte Linz errichtet wurden. Die „Eisenwerke Oberdonau" waren nur auf Rüstungsproduktion ausgerichtet; hier sollten Panzerteile gefertigt werden. Schon 1940 lief die Produktion an.[35] Die „Eisenwerke Oberdonau" waren für einen Beschäftigtenstand von rund 10.000 ausgelegt, eine Zahl, die erst 1943 erreicht werden sollte.

Beschäftigtenstand der Eisenwerke Oberdonau[36]

1941:	1.394
1942:	6.601
1943:	11.955
1944:	14.100

Am 1. 10. 1941 wurde der erste Hochofen der Hütte Linz angeblasen; dies verringerte die Versorgungsprobleme der umliegenden Rüstungsbetriebe z. T. erheblich.[37] Die Hütte Linz hatte einen durchschnittlichen Beschäftigtenstand von 9.000.[38] Ein weiteres Großprojekt im Linzer Raum waren die Stickstoffwerke, deren Gründung einen wesentlichen Punkt im „Wehrwirtschaftlichen neuen Erzeugungsplan" (nach seinem Generalbevollmächtigten, dem Direktor der IG Farben, Dr. Carl Krauch, auch „Krauch-Plan" genannt) darstellte.[39] Die Stickstoffwerke sollten Vorprodukte zur Munitionserzeugung sowie

Kunstdünger herstellen. Ab 1940 wurde der Bau der Stickstoffwerke in die höchste Dringlichkeitsstufe gereiht; sie galten als „Spezialbetrieb". Hier wurden synthetischer Stickstoff sowie hochkonzentrierte Salpetersäure produziert.[40] Der geplante Beschäftigtenstand betrug 1500.

Die Massierung von Großbetrieben im oberösterreichischen Zentralraum führte, zusammen mit der Hochkonjunktur in der Baubranche und der Abwerbung von Facharbeitern durch reichsdeutsche Firmen schon im Herbst 1939 zu einem akuten Arbeitskräftemangel, der durch die ausgedehnten Einberufungen zur Wehrmacht noch verstärkt wurde. Die Faszination dieser „ordentlichen Beschäftigungspolitik" ist in den Erinnerungen von Zeitzeugen noch deutlich merkbar: „Am 13. März sind sie einmarschiert, natürlich sind sie auch nach Reichenau gekommen (...) da hat man im Ort Reichenau ein Tischchen hingestellt und jeder, der Arbeit haben wollte, konnte sich hier anmelden. Da bildete sich dann eine Schlange von etwa 100 Arbeitern, die sich hier erfassen ließen, und am nächsten Tag bekamen die Leute Geld, um nach Linz zu fahren, und erzählten bei ihrer Rückkehr am Abend, in Linz seien Werkzeuge und alles Notwendige bereitgestanden und sie hätten sofort Arbeit gehabt."[41]

In der Erinnerung ausgeblendet wird allerdings die Existenz eines Apartheid-Systems, das die „erbgesunden schaffenden Deutschen" strikt von den vielen tausenden „fremdvölkischen" Arbeitskräften trennte und sie – materiell, statusmäßig, rechtlich, sozial – weit über sie stellte. Jeder „arische" Mann, jede „arische" Frau konnte sich in diesen Strukturen über die „Fremdvölkischen" überlegen fühlen, auch wenn er in der eigenen Hierarchie der Volksgemeinschaft ganz unten stand. Zur Verdeutlichung der Dimension des Problems: in Oberdonau waren im Februar 1943 30,6% der Beschäftigten „Ausländer und Fremdvölkische", im Reichsdurchschnitt 16,5%.[42] Von den laut „Wirtschaftsbericht über den Reichsgau Oberdonau" 1943 hier beschäftigten „Ausländern und Fremdvölkischen" waren mehr als die Hälfte, nämlich 42.693, Russen und Polen.[43] Die Anteile ausländischer Arbeitskräfte, nach Betrieben aufgeschlüsselt:

Stickstoffwerke Linz	69,7%
Eisenwerke Oberdonau	60,7%
Stahlbau GmbH, Linz	58,2%
Schiffswerft Linz	53,1%
Hütte Linz	45,0%

In direkter Verbindung mit der nationalsozialistischen Industrieansiedlungspolitik stand die Wohnbaupolitik, ging es doch in diesem Bereich vor allem darum, für die Facharbeiterschaft der entsprechenden Betriebe Wohnungen in ausreichender Zahl zur Verfügung zu stellen. Darüberhinaus standen massive bevölkerungspolitische Interessen hinter dem Wohnbauprogramm: „Gegenwärtig dürften wohl jährlich an die 300.000 Kinder nicht geboren werden, weil die schlechten Wohnverhältnisse den Eltern den Mut dazu nehmen. Das Wohnungselend höhlt die kommenden Generationen in einem erschreckenden Umfang aus."[44] Ein rasches Wachstum des deutschen „Herrenvolkes" aber war im nationalsozialistischen gesellschaftspolitischen Konzept unabdingbar notwendig, denn „allein der Osten braucht 5-6 Millionen deutsche Einwohner zur Besiedlung! Dazu kommen die westlichen Gebiete und schließlich all die Aufgaben, die zur Zeit mit fremden Hilfsvölkern im Reichsraum erledigt werden."[45] Wie schon erwähnt, bot die große Wohnungsnot in Linz der NS-Propaganda in diesem Bereich genügend Anknüpfungspunkte. Linz besaß – neben Steyr – die schlechtesten Wohnverhältnisse Österreichs, was Anzahl, Größe, Ausstattung und Belegung der Wohnungen betrifft. Die Linzer Wohnungszählung 1934 ergab, daß 81% aller Linzer Wohnungen als Kleinwohnungen einzustufen waren (maximal zwei Zimmer und Küche); 72% der Linzer Bevölkerung lebte in solchen Kleinwohnungen.[46] Die Barackensiedlungen, Erbe des Ersten Weltkriegs, bestanden während der ganzen Zeit der Ersten Republik und des Ständestaats.[47]

Noch vor der Volksabstimmung am 10. April 1938 wurde als Sofortmaßnahme der Bau zweier Arbeiterwohnhäuser angekündigt.[48] Am 20. April 1938 besuchte der neue Sozialminister Hugo Jury die Barackenlager in Linz und Steyr. Der Mietzins für die Barackenwohnungen wurde aufgehoben; Jury versicherte den Bewohnern, daß die „Barackenschande" binnen kurzer Zeit der Vergangenheit angehören werde.[49] Die Realität sah freilich anders aus: Nicht nur, daß die Barackenlager an Anzahl und Ausdehnung bis 1945 wuchsen, war die Ankündigung der Bereitstellung von Volkswohnungen für ihre Bewohner nichts anderes als ein propagandistisch wirksames Versprechen, das von vornherein keine Aussicht auf Realisierung hatte. Da „Asozialität" (die sich nach NS-Definition eben auch in desolaten Wohnverhältnissen äußern konnte) ebenso wie z. B. kriminelles Verhalten, Alkoholismus als erblich bedingt angesehen wurde[50], war eine „erbbiologische Bestandsaufnahme" der Barackenbewohner vorgezeichnet. Schon in der ersten Julihälfte 1938 schrieb

Oberbürgermeister Wolkerstorfer an Adolf Hitler von der „entsetzliche(n) Tatsache", „daß von 560 Familien 26 Prozent von unseren Ärzten als erbkrank bezeichnet wurden".[51] Während sich also für diese – und für viele andere – Linzer der Traum von einer Neubauwohnung nicht erfüllte, wurde durch die forcierte Wohnbautätigkeit der NS-Zeit diese Hoffnung für andere Realität. Vor allem für die Stammbelegschaft der neugegründeten Industriebetriebe brachte das Wohnbauprogramm die erhoffte Begünstigung; der Bau der Werkswohnungen erfolgte parallel zum Bau der Industriebetriebe. Neugegründete Gesellschaften wurden nach der weitgehenden Ausschaltung der Baugenossenschaften im Bereich des Wohnbaus aktiv: die WAG („Wohnungs-Aktien-Gesellschaft der Reichswerke ‚Hermann Göring' in Linz"), die GWG („Gemeinnützige Wohnbaugesellschaft der Stadt Linz a. D.")[52], die auf die persönliche Initiative Hitlers zurückgehende „Stiftung Wohnungsbau Linz a. D.", deren Gründungszweck es war, vorbildliche, preisgünstige „Volkswohnungen" zu errichten, die „Neue Heimat", die Wohnbaugesellschaft der DAF, und andere.

Obwohl die Dringlichkeit der Realisierung des Wohnbauprogramms immer wieder betont wurde – Linz sollte auch in diesem Bereich herausragende Leistungen vorweisen können – existierte zu keinem Zeitpunkt ein allgemeines Rahmenkonzept. Die einzelnen Bauträger versuchten, ihre Bauvorhaben möglichst rasch zu realisieren. Konflikte zwischen den einzelnen Stellen waren an der Tagesordnung und verschärften und verwirrten sich angesichts der kriegsbedingten Materialknappheit zusehends. Probleme bereitete vor allem auch der Arbeitskräftebedarf der Großbauprojekte. Man versuchte hauptsächlich durch den Einsatz ausländischer Arbeitskräfte diesen Engpaß zu überwinden. Schon im Sommer 1939 waren mährische Arbeiter aus dem „Protektorat" bei den diversen Wohnbauvorhaben eingesetzt.[53] Im September 1939 arbeiteten 5.918 Tschechen, 1.137 Slowaken, 68 Jugoslawen, 62 Italiener, 73 Bulgaren, 149 Ungarn und 13 Polen in Linz.[54] Dazu kamen 1940/41 größere Kontingente italienischer Arbeiter. Die ausländischen Arbeitskräfte wurden in Barackenlagern untergebracht; ein Schwerpunkt dieser Lager lag in Urfahr: „Dazu gehörten die aus zwei Gruppen bestehenden Lager Dornach für 2.400 Personen (…), Schlantenfeld für 1.750 Personen, und die kleineren Lager Gründberg, das seit November 1944 als ‚Russensiedlung' der ‚Stiftung Wohnungsbau Linz a.d. Donau' für die ‚Führersiedlung' in Harbach zugeteilt war, Bachl, Rothenhof (…) und Donaubrücke."[55] Da sie in den nationalsozialistischen Planungen den disponiblen Teil der Arbeiterschaft bildeten, wurde eine Einbeziehung der ausländischen Arbeitskräfte in das Wohnbauprogramm nicht einmal erwogen. Allerdings wurde für diese Arbeiter, zur „Beseitigung oder Verhütung einer Gefährdung des deutschen Blutes"[56] ein Bordell in Dornach errichtet, weitere waren geplant.[57] Auch Zwangsarbeiter wurden im Wohnbau eingesetzt: so betrug schon Anfang 1941 der Anteil der beim Werkswohnungsbau der Hermann Göring-Werke eingesetzten Zwangsarbeiter 80%.[58]

Die Barackenlager, deren Beseitigung 1938 ein zentraler Programmpunkt des Regimes gewesen war, wuchsen ständig an; bald begann das Spottwort von der „Barackenstadt des Führers" zu kursieren. Nicht nur für ausländische Arbeitskräfte wurden Wohnlager errichtet, im Verlauf des Krieges kamen auch tausende sogenannte Umsiedler nach Linz, die im Zuge der großräumigen, ganz Europa umfassenden nationalsozialistischen Bevölkerungsplanung verschoben worden waren und im Verlauf des Krieges aus den ihnen zugewiesenen Gebieten wieder flüchten mußten.[59] Diese Umsiedlerlager befanden sich vor allem im Süden von Linz, z. B. in Wambach und Haid. In der Wohnbaupolitik des Nationalsozialismus wird also deutlich sichtbar, daß und wie sozialpolitische Besserstellung der „arischen erbgesunden Bevölkerung" auf Kosten der als minderwertig Definierten realisiert wurde.

Die neuen Wohnsiedlungen waren als geschlossene Großsiedlungen geplant. Für diese Konzeption waren mehrere Gründe maßgeblich: Zum einen konnte für „Gemeinschaftssiedlungen" staatliche Finanzierungshilfe in Anspruch genommen werden. Gemeinschaftssiedlungen waren definiert als Wohnanlagen, die „aus einem Guß entstehen, wie die neuen Großsiedlungen und die neuen Städte. Werden Siedlungen an den Rand der Ortschaften gelegt, so muß es sich um größere Erweiterungen von Ortschaften handeln, wenn sie als in sich geschlossene Einheiten angesehen werden sollen. Hiernach scheiden kleinere Siedlungen für die Gewährung von Finanzierungshilfe des Reichs in der Regel aus."[60] Dem lag eine wesentliche Zielsetzung der NS-Wohnungspolitik zugrunde, nämlich die „allmähliche Rückführung der werktätigen städtischen Bevölkerung auf das Land oder wenigstens in ländliche oder halbländliche Lebensverhältnisse."[61] Die Gestaltung der Wohnsiedlungen orientierte sich am Vorbild des Dorfes, auch der Baustil imitierte die Form des lokaltypischen Bauernhofes, vor allem des Vierkanters der Traun-Enns-Platte. Ein politischer Repräsentationsbau, Parteihalle, HJ-Heim etc, sollte das politische und gesellschaftliche Zentrum der Siedlung bilden. Die notwendige

Infrastruktur, von Schulen über Geschäfte bis zu Arztpraxen, sollte die neuen Stadtteile zu selbständigen Einheiten machen. Diese Konzeption wurde allerdings nur in der Siedlung Bindermichl ansatzweise realisiert; in den anderen Fällen wurde der Bau der Infrastruktureinrichtungen bis nach Kriegsende zurückgestellt.

Die Planung der Wohnungen erfolgte zum Teil schon nach den Richtlinien, die im Führererlaß zur Vorbereitung des deutschen Wohnbaues nach dem Krieg vom 15.11.1941 festgelegt wurden. Die Wohnungsgröße sollte demzufolge 62, 74 oder 86 m² betragen (Wohnküche, 2-3 Schlafzimmer, Vorraum, Bad/Dusche, WC).[62] Hitler betonte in Unterredungen mit Reichsbaurat Fick bzw mit Gauleiter Eigruber immer wieder den absoluten Vorrang des Linzer Wohnbauprogramms.[63] So wurde 1942 trotz allgemeinen Baustopps der Neubau von 100 Wohneinheiten der „Führersiedlung" genehmigt.[64] Voraussetzung für die Zuteilung einer Wohnung in der „Führersiedlung" war ein entsprechendes erbbiologisches Gutachten.

Bis 1944 wurden von den verschiedenen Bauträgern 10.873 Wohnungen fertiggestellt, in Bau befanden sich zu diesem Zeitpunkt 1.197.[65] Allerdings wird diese Bilanz bei einer Betrachtung des Gesamtzusammenhangs um einiges weniger eindrucksvoll. Die Wohnungsnot nahm nicht ab, sondern wuchs durch die Zuwanderung nach Linz ständig an. Die Entwicklung des „nichtbereinigten Wohnungsbedarfs" zeigt dies deutlich: 1943 existierte laut Bericht des Stadtbaudirektors Franz Schmuckenschläger ein Fehlbestand von 15.485 Wohnungen.[66] Letztlich sollte es der neuen Stadtverwaltung erst zwanzig Jahre nach Kriegsende gelingen, das Wohnungsproblem halbwegs in den Griff zu bekommen; die letzte Wohnbaracke wurde Anfang der siebziger Jahren abgetragen.[67]

Resümee

„Auch das menschliche Erkenntnisvermögen hat ein moralisches Fundament". Dieser abschließende Satz der Rede, die Jan Philipp Reemtsma bei der Eröffnung der Wehrmachtsausstellung in Linz hielt, bringt es auf den Punkt: Wer damals, in der Zeit des Nationalsozialismus, das Unrecht und das Verbrechen als Normalität einzuschätzen gelernt hatte, weil es vom herrschenden Regime so definiert worden war, der wird sich auch heute mit der Erinnerung daran schwer tun. Mir kommt vor, daß diese Ausblendung bestimmter Bereiche der Erinnerung in Linz noch immer besonders weit verbreitet ist. Die „Hitlerbauten" werden von vielen Bewohnern von Linz immer noch, keineswegs abwertend, so genannt, immer noch sagt man hierzulande zu einem Kleinkind, das hinfällt, „Bumstinazi", ein Wort, das „aus den dreißiger Jahren in Erinnerung ist, als man auf diese Weise Sprengstoffattentate der illegalen Nationalsozialisten, leicht verschlüsselt, zustimmend kommentierte"[68] man spielt Karten „bis zur Vergasung" oder ist bei der Postenvergabe „durch den Rost gefallen", chiffrierte Hinweise auf die subkutane Existenz von Wissensrudimenten, die nicht eingestanden werden können.

Die Normalität der Jahre 1938 bis 1945 beinhaltete für Linz folgendes: In den ersten Wochen nach der Okkupation Österreichs wurden auch in Linz alle politischen Gegner, derer man habhaft werden konnte, verhaftet und in die Konzentrationslager gebracht. Linzer Nationalsozialisten begannen sofort auf eigene Faust mit der Arisierung jüdischer Geschäfte und Betriebe und legten dabei solchen Eifer an den Tag, daß von übergeordneten Parteistellen auf die „ordnungsgemäße Abwicklung" gedrängt werden mußte.

Die Linzer mittelständische Wirtschaft arrangierte sich bald mit dem neuen Regime – durch Zulieferaufträge für die neue Großindustrie partizipierte auch sie an der Rüstungskonjunktur. Auch direkt an der „Ausmerzung minderwertigen Lebens" ließ es sich verdienen: die Urnen, in denen die Asche der in Hartheim Ermordeten den Angehörigen übersandt wurde, wurden in einem Linzer Betrieb gefertigt. Die städtische Sozialbürokratie – Gesundheitsamt und Fürsorgeamt – war mit der Durchführung der Maßnahmen zur Realisierung des „Gesetzes zur Verhütung erbkranken Nachwuchses" betraut, die Ärzte des städtischen Allgemeinen Krankenhauses führten auf dieser Basis die Sterilisationen durch.

Durch Linz fuhren ab 1941 die Busse der „GEKRAT", der „Gemeinnützigen Kranken-Transport-Gesellschaft", die die Todeskandidaten aus der „Zwischenanstalt" Niedernhart in die „Euthanasie-Anstalt" Hartheim brachten. Der ärztliche Leiter von Hartheim, der Linzer Arzt Dr. Rudolf Lonauer, war auch im AKH tätig und betrieb eine Praxis für Nerven- und Gemütskrankheiten. Das Personal der „Euthanasie-Anstalt" Hartheim, Bürokräfte, Heizer, Fotografen, Bewacher, bestand zu einem großen Teil aus LinzerInnen. Tausende Zwangsarbeiter, Kriegsgefangene und KZ-Häftlinge, arbeiteten in der Stadt, waren für alle LinzerInnen zu sehen. Sie durften bei Bombenalarm nicht in die Luftschutzkeller, Kontakte zur einheimischen Bevölkerung waren ihnen strikt verboten.

Diese Streiflichter sollen illustrieren, daß die nicht erinnerten Seiten der gesellschaftlichen Realität im Nationalsozialismus nicht verdeckt und verborgen existierten, sondern im Gegenteil für alle sichtbar. Erst jetzt, mehr als fünfzig Jahre nach dem Ende des NS-Regimes, ist es möglich, einerseits die Ereignisse, die Verstrickungen, die Beteiligung von LinzerInnen an der Realisierung nationalsozialistischer Gesellschaftspolitik zu dokumentieren, andererseits den Diskurs darüber zu führen. In diesem Sinne wurde auch der Ort der Wehrmachtsausstellung gewählt. Das „Brückenkopfgebäude West", wie es seit 1945 genannt wird, ist wie kein zweiter Ort in dieser Stadt geeignet, den inneren Zusammenhang von Vernichtungskrieg und Konstituierung der „Donaumetropole Linz" zu demonstrieren, wäre doch diese ohne jenen nicht möglich gewesen.

1 Vgl hierzu Christian Gerbel: Provinzieller Patriotismus: Ein deutschnationaler Wahrnehmungshorizont in Linz zur Jahrhundertwende. In: Gerbel/Kannonier/Konrad/Körner/Uhl (Hg): Urbane Eliten und kultureller Wandel. Bologna-Linz-Leipzig-Ljubljana. Wien 1996, S. 189-235
2 A. Fredberg: Behind the Steel Wall: A Swedish Journalist in Berlin, S. 187. Zit. bei: Evan B. Bukey: „Patenstadt des Führers". Eine Politik- und Sozialgeschichte von Linz 1908-1945. Frankfurt/Main/New York 1993, S. 267
3 Heinz R. Unger: Proletenpassion. Wien 1977
4 Siehe hierzu etwa: Peter Weingart/Jürgen Kroll/Kurt Bayertz: Rasse, Blut und Gene. Geschichte der Eugenik und Rassenhygiene in Deutschland. Ffm 1992, sowie Stephen Jay Gould: Der falsch vermessene Mensch. Ffm 1988
5 Siehe Götz Aly/Karl Heinz Roth: Die restlose Erfassung. Volkszählen, Identifizieren, Aussondern im Nationalsozialismus. Berlin 1984, S. 36 ff
6 Karl Heinz Roth (Hg): Erfassung zur Vernichtung. Berlin 1984
7 Siehe hierzu Ulfried Geuter: Die Professionalisierung der deutschen Psychologie im Nationalsozialismus. Frankfurt/Main 1988
8 Siehe etwa Götz Aly/Susanne Heim: Vordenker der Vernichtung. Auschwitz und die deutschen Pläne für eine neue europäische Ordnung. Hamburg 1991
9 Zur Rolle der intellektuellen „Macher" siehe exemplarisch: Ulrich Herbert: Best. Biographische Studien über Radikalismus, Weltanschauung und Vernunft 1903 - 1989, Bonn 1996
10 Siehe hierzu: Entnazifizierung in Linz. Historisches Jahrbuch der Stadt Linz 1995, Linz 1996
11 Eine der profundesten neueren Arbeiten zu diesem Thema ist sicherlich Brigitte Hamanns Buch „Hitlers Wien", in dem sie auch ausführlich auf Hitlers Sozialisation in Linz eingeht.
12 Diese Besuche wurden von vielen LinzerInnen offenbar mit Stolz und Genugtuung zur Kenntnis genommen und führten zur Bildung einer Anzahl von lokalen Hitler-Mythen. So

z. B. hieß es, daß Hitler des öfteren inkognito in seine Jugendstadt kam. Ein Zeichen seiner Anwesenheit sei gewesen, daß das Fenster des Zimmers im Hotel Weinzinger, in dem er abzusteigen pflegte, erleuchtet war. Auch wollten etliche LinzerInnen Hitler nächtens auf der Nibelungenbrücke oder auf einem Treppelweg an der Donau begegnet sein. Diese Berichte wurden mir im Anschluß an verschiedene Vorträge zum Thema Nationalsozialismus von älteren Linzer BürgerInnen gemacht, die sich auch durch die Tatsache nicht beirren ließen, daß zu den erinnerten Zeitpunkten Hitler nicht in Linz gewesen sein konnte.

13 Archiv der Stadt Linz, Gemeinderatsprotokolle, Ratsherrensitzung am 20. 11. 1943

14 Hitler 1945 vor einem Modell von Linz. Bildarchiv Hoffmann, in: J. Dülffer/J.Thies/J.Henke: Hitlers Städte. Baupolitik im Dritten Reich. Eine Dokumentation, Köln-Wien 1983, S. 280

15 Adolf Hitler. Monologe im Führerhauptquartier 1941 - 1944. Die Aufzeichnungen Heinrich Heims, hg. von Werner Jochmann, Hamburg 1980, S. 74 (1.10.1941)

16 Stadtbaudirektor Kurt Kühne – auf ihn gehen so markante Bauten wie die Siedlung Scharlinz, die Fleischmarkthalle, das Parkbad, die Diesterwegschule oder die Dorfhalle (Volkshaus Franckviertel) zurück – wurde 1938 außer Dienst gestellt und durch Anton Estermann ersetzt.

17 Auf dem Gebiet der Ortschaft St. Peter (eingemeindet 1915) wurden die „Reichswerke Hermann Göring" errichtet.

18 Siehe hierzu Ingo Sarlay: Stadtplanung Linz 1938-1945. In: W Rausch (Hg): Die Städte Mitteleuropas im 20. Jahrhundert. Linz 1984, S.167-175

19 Hermann Giesler: Ein anderer Hitler. Leoni am Starnberger See 1977, S. 216

20 Ein Denkmal für Bismarck war der Wunschtraum der Linzer Deutschnationalen der Jahrhundertwende. Hier wurde die Bismarck-Verehrung besonders intensiv betrieben, wie dieser selbst 1879 auf seiner Fahrt nach Wien zum Abschluß des Zweibundvertrages erfahren konnte: „In Linz war die Masse so groß und ihre Stimmung so erregt, daß ich aus Besorgnis, in Wiener Kreisen Mißverständnis zu erregen, die Vorhänge meines Wagens vorzog, auf keine der wohlwollenden Kundgebungen reagierte und abfuhr, ohne mich gezeigt zu haben." Zit. bei: Brigitte Hamann: Hitler gegen Bismarck oder das Ende einer Liebe zu Deutschland. In: Kristian Sotriffer (Hg): Das größere Österreich. Wien 1982, S. 334-339, hier: S. 338

21 Adolf Hitler, Monologe, S. 285 f (20./21. 2. 1942)

22 Hamann, Hitlers Wien S. 324. Die Welteislehre Hörbigers gibt Erklärungen für alle Phänomene der Entwicklung der Galaxis und der Erde, auch der Geschichte der Menschheit. Ihre Kernaussage besteht darin, daß die Galaxis aus Eis entstanden sei, auch die Erde verdanke ihre Existenz einem solchen Prozeß. Ebenso wie solche eruptiven Prozesse die Grundlage der Existenz des Seins bilden, manifestieren sich auch in der Geschichte der Erde und der menschlichen Gesellschaft Umwälzungen in großen Katastrophen. Die Welteislehre, 1913 erstmals publiziert, erhielt in den krisengeschüttelten zwanziger Jahren viele Anhänger. Siehe Hamann, Hitlers Wien, S. 322 f

23 Siehe Willi Weinert: Zu den Versuchen der Errichtung einer Technischen Hochschule in Linz (unter besonderer Berücksichtigung des Zeitraums 1938 - 1945), in: Oberösterreichische Heimatblätter 40 (1986, S. 38-52, hier: S. 41)

24 Das Projekt Technische Hochschule wurde letztlich im Stift Wilhering realisiert; im Oktober 1943 wurde der aufgrund des Kriegsverlaufs sehr eingeschränkte Studienbetrieb eröffnet. Siehe Weinert (wie Anm. 21), S. 49 f

25 Volksstimme, 1. 2. 1941. Der Schöpfer der Plastiken, Bernhard Graf Plettenberg, äußerte

sich 1987 über diese seine Tätigkeit: „Es war die schönste Zeit meines Lebens, als Mensch, wie als Künstler! (…) Ja und die beiden bereits 6,5 m großen, vorhandenen Figuren haben unsere jetzigen Freunde, die Amis, in die Donau geworfen, diese Kulturbringer!" Brief von Graf Plettenberg an Georg Wacha vom 9. 7. 1987, zit. in: Georg Wacha: Denkmale aus der NS-Zeit. In: Historisches Jahrbuch der Stadt Linz 1995, S. 373-410, hier: S. 397

26 Siehe Wacha, Denkmale, S. 398 f

27 Siehe Sarlay, Stadtplanung Linz, S. 171

28 "Kraft durch Freude" (KdF) hieß die Freizeitorganisation der Deutschen Arbeitsfront, dem nationalsozialistischen Gewerschaftssurrogat. Vor allem die Veranstaltung preisgünstiger Urlaubsreisen war es, die das Programm von KdF attraktiv machten.

29 Siehe Charles de Jaeger: Das Führermuseum. Esslingen/München 1988

30 David Roxan/Ken Wanstall: Der Kunstraub. Ein Kapitel aus den Tagen des Dritten Reiches. München 1966, S. 158, zit. bei: Gerhard Marckghott: Das Projekt „Führerbibliothek" in Linz. In: Entnazifizierung und Wiederaufbau in Linz. Historisches Jahrbuch der Stadt Linz 1995, Linz 1996, S. 411-434, hier: S. 425 f

31 Albert Speer schreibt: Hitler „argumentierte … ganz nüchtern und rechnerisch: seine weitreichenden Pläne für Linz seien auf Dauer nur möglich, wenn die Stadt selbst die Unterhaltungskosten für die Neubauten tragen könne. Mit den steuerlichen Einkünften aus den Hermann Göring-Werken sei die Zukunft von Linz für alle Zeit gesichert." Albert Speer: Spandauer Tagebücher. Frankfurt/Berlin/Wien 1975, S. 261

32 Völkischer Beobachter (Wiener Ausgabe) Nr. 59, 14. Mai 1938

33 Norbert Schausberger: Rüstung in Österreich 1938-1945, Wien 1970, S. 35 Die Reichswerke waren aber darüber hinaus durch die Übernahme der Mehrheitsbeteiligungen der Creitanstalt zum dominierenden Konzern in der Ostmark und in Oberdonau geworden.

34 Helmut Fiereder: Reichswerke „Hermann Göring" in Österreich (1938–1945), Wien/Salzburg 1983, S. 193

35 Schausberger, Rüstung, S. 47

36 Ebenda, Anlage 11, S. 197

37 Ebenda, S. 83

38 Ebenda, S. 76, Anm. 87

39 Harry Slapnicka: Oberösterreich, als es „Oberdonau" hieß (1938-1945), Linz 1978, S. 133f

40 Siehe Josef Moser: „Die Vereinigten Staaten von Oberdonau". Zum Wandel der Wirtschafts- und Beschäftigungsstruktur einer Region während der nationalsozialistischen Herrschaft am Beispiel Oberösterreichs. Dissertation, Linz 1991, S. 207

41 H. Denz: Von der Gruppenbefragung zur Gruppendiskussion: Arbeitslose in einer Mühlviertler Kleingemeinde 1936 bis 1939, in: G. Botz/J. Weidenholzer (Hg): Mündliche Geschichte und Arbeiterbewegung, Wien-Köln 1984, S. 391-407, hier: S. 396

42 Wirtschaftsbericht über den Reichsgau Oberdonau 1938 - 1943, hg. von Oskar Hinterleitner, Linz 1943, Punkt 19 (Ausländer und Fremdvölkische)

43 Ebenda

44 Arbeitswissenschaftliches Institut der Deutschen Arbeitsfront (Hg): Die Wohnungsfrage. Ohne Orts- und Jahresangabe (1941), S. 5

45 Ebenda, S. 5f

46 Wohnungszählung des Kommunalstatistischen Amtes. Zit. bei: Paul Geppert: Das Wüstenroter Eigenheim Nr 1/1937 (Linzer Sonderheft), S. 41

47 Es handelte sich vor allem um ehemalige Kriegsgefangenenlager, wie z. B. in Kleinmünchen, in der Katzenau zwischen Lederergasse und Derfflingerstraße, in Wegscheid und in Urfahr am Donauufer. Siehe hierzu Helmut Lackner: Von der Gartenstadt zur Barackenstadt und retour. In: Historisches Jahrbuch der Stadt Linz 1986, Linz 1987, S. 217-273, hier: S. 223 f

48 Arbeitersturm Nr. 4/15.3.1938

49 Arbeitersturm Nr. 37/23.4.1938

50 Siehe hierzu Wolfgang Ayaß: Asoziale im Nationalsozialismus, a.a.O.

51 Archiv der Stadt Linz, Neue Registratur, NS-Zeit, B 24, Wolkerstorfer an Hitler (1938). Zit. in: Helmut Schuster, Entnazifizierung, S. 110

52 WAG und GWG existieren heute noch, mit unwesentlich geändertem Namen.

53 Volksstimme Nr. 232/24.8.1939: Protektorats-Arbeiter in der Gauhauptstadt.

54 Wirtschaftsbericht des Wehrwirtschaftsamtes Wehrkreis XVII, September 1939, zit. bei: Michael John: Bevölkerung in der Stadt. ‚Einheimische' und ‚Fremde' in Linz, 19. und 20. Jahrhundert. (MS, erscheint 1997)

55 Lackner, Gartenstadt (wie Anm. 45), S. 233

56 Archiv der Stadt Linz, Gemeinderatsprotokolle, Ratsherrensitzung am 5. März 1943, fol. 29. Zit. bei: Schuster, Entnazifizierung, S. 111

57 Basis sei eine Intervention Hitlers gewesen: „Stadtrat Wainke berichtet, daß der Gauleiter auf Drängen des Führeres angeordnet hat, daß sofort für die fremdländischen Arbeiter neue Freudenhäuser gebaut werden". Schuster, Entnazifizierung, S. 11, Anm. 144

58 Florian Freund/Bertrand Perz: Industrialisierung durch Zwangsarbeit. In: Emmerich Talos/ Ernst Hanisch/Wolfgang Neugebauer: NS-Herrschaft in Österreich 1938 - 1945. Wien 1988, S. 95-115, hier: S. 107

59 Zur Dimension und der Bedeutung dieser Maßnahmen im Kontext nationalsozialistischer Gesellschaftsplanung siehe Götz Aly: „Endlösung". Völkerverschiebung und der Mord an den europäischen Juden. Ffm 1995

60 Ulrich Büge: Gemeinschaftssiedlungen. Handbücherei des Wohnungs- und Siedlungswesens. Eberswalde/Berlin/Leipzig 1939, S. 1

61 Kurt Jeserich: Sozialpolitik. In: Grundlagen, Aufbau und Wirtschaftsordnung des national-sozialistischen Staates. Band III, Berlin o.J., Beitrag Nr. 58, S. 20

62 Erlaß des Führers und Reichskanzlers zur Vorbereitung des deutschen Wohnbaues nach dem Kriege vom 15. 11. 1940, RGBl 1940 I, S. 1495

63 Aktennotiz Dr. Sturma über die fernmündliche Unterredung mit Reichsbaurat Prof. Fick am 27. April 1942, Archiv der Stadt Linz, Sch b 21

64 Schmuckenschläger: Aktennotiz über die mündliche Unterredung mit dem Gauleiter am 6. Mai 1942, Archiv der Stadt Linz, Sch B 21, A 25

65 Franz Schmuckenschläger: Die Neugestaltung der Stadt Linz a.D. in den Jahren 1938 - 1945. Archiv der Stadt Linz, Sch B 21

66 Stadtratssitzung vom 1.8. 1943: Der Wirtschaftsplan von Groß-Linz. Berichterstatter: Dr. Franz Schmuckenschläger. Archiv der Stadt Linz, Sch B 21 67 Siehe Lackner, Baracken-stadt, S. 261

68 Karl Fallend: „Im Kölla hängan zwoa." Die Presse/Spectrum, 29./ 30. 3. 1997, S. VI

„Ich habe es immer geahnt …"
Erinnerungspolitische Reflexionen über das Bild der Wehrmacht und die Ausstellung „Vernichtungskrieg. Verbrechen der Wehrmacht 1941 bis 1944" in Österreich

Walter Manoschek

„Ich habe es immer geahnt" – so lautete eine Eintragung im Gästebuch, als die Ausstellung in Wien im Herbst 1995 erstmals in Österreich zu sehen war. Die fünf Worte waren nicht signiert: stammte dieser Satz von einem Mann oder einer Frau, einem Kriegsteilnehmer oder einer Nachgeborenen, einem Opfer, einem Täter oder einem Mitläufer? Je nachdem, welcher Person wir ihn zuordnen, löst er völlig verschiedene Assoziationen aus, lassen sich unterschiedlichste Geschichten phantasieren: War es ein Wehrmachtssoldat, der nach fünfzig Jahren erschüttert sah, daß sein persönliches Erleben des Vernichtungskrieges keine Einzelerfahrung gewesen ist? Oder hatte hier eine „Nachgeborene" erstmals bestätigt bekommen, daß sich hinter den Kriegsgeschichten des Großvaters vom fliegenden Vor- und vom zähen Rückmarsch, von Stalinorgeln und verwundeten Kameraden, buntgekleideten ukrainischen Bauernmädchen und endlosen Weizenfeldern auch noch eine andere Wirklichkeit verbarg, die abgespalten und beredt verschwiegen blieb?

Was fünfzig Jahre nach Kriegsende nur mehr als Ahnung vorhanden war, hatte unmittelbar nach dem Krieg durchaus zum Wissen über den Krieg gezählt. Der Nürnberger Prozeß gegen die sogenannten „Hauptkriegsverbrecher", in dem Alfred Jodl und Wilhelm Keitel als Vertreter des Generalstabs und des Oberkommandos der Wehrmacht wegen Kriegsverbrechen zum Tode verurteilt wurden, erfuhr auch in Österreich eine ausführliche Rezeption. Wurden OKW und Generalstab in Nürnberg aus juristischen Gründen auch nicht – wie etwa die Waffen-SS – als „verbrecherische Organisationen" eingestuft, so stand dennoch außer Frage, daß die Wehrmacht als „zweite Säule des Nationalsozialismus" tief in die Regimeverbrechen verstrickt gewesen war. Das Urteil von Nürnberg war alles andere als ein Freispruch für die Wehrmacht, als das es heute oftmals dargestellt wird. So hieß es in der Urteilsbegründung: „Die Wahrheit ist, daß sie (die Wehrmachtsspitzen, W.M.) an all diesen Verbrechen teilgenommen haben oder in schweigender Zustimmung verharrten, wenn vor ihren Augen größer angelegte und empörendere Verbrechen begangen wurden, als die Welt je zu sehen das Unglück hatte ... Wo es der Sachverhalt rechtfertigt, sollen diese Leute vor Gericht gestellt werden"[1].

Dies war nur die gerichtliche Bestätigung dessen, was viele der etwa 1,2 Millionen österreichischen Wehrmachtsangehörigen selbst erlebt, gesehen oder zumindest gehört hatten: Daß der Vernichtungskrieg gegen Juden, Bolschewisten und Slawen nicht an der Wehrmacht vorbeigemogelt worden war, sondern unter aktiver Teilnahme der Wehrmacht geführt wurde[2].

Tabuisierung und Mythologisierung

Daß dieses Wissen um Wehrmachtsverbrechen nach fünfzig Jahren zur Ahnung verkommen konnte, ist kein Resultat simplen Vergessens, sondern bedurfte gezielter erinnerungspolitischer Anstrengungen. Die Konstruktion der Erinnerungsfigur „saubere Wehrmacht" erfolgte in Österreich in einem zeitlichen Zweischritt: auf die Tabuisierung folgte die Mythologisierung.

In den unmittelbaren Nachkriegsjahren hatte die Etablierung der österreichischen Opferthese oberste staatspolitische Priorität. Innerhalb dieses Geschichtsbildes wurde die Integration von Österreichern in der Wehrmacht ausschließlich als zwangsweise Teilnahme interpretiert. In einem Memorandum für die Außenministerverhandlungen in London Anfang 1947 liest sich diese Geschichtsversion so: „Österreich ist der Ansicht, daß die Österreicher zum Dienst in der deutschen Kriegsorganisation ebenso wie die Angehörigen anderer besetzter Gebiete gezwungen wurden". Umso gewichtiger sei daher die Tatsache, daß „die Mehrheit der Österreicher (…) unter erschwerten Umständen mitgewirkt (hat), die Fähigkeit Deutschlands, gegen die Alliierten Krieg zu führen, herabzumindern"[3].

Vor den von außen- und staatspolitischen Interessen bestimmten Geschichtsinterpretationen hatten die Kriegserinnerungen der Soldaten vorerst zurückzutreten. Zumindest im öffentlichen Raum wurde das österreichische Wehrmachtskollektiv mit einem Erinnerungsverbot an den Krieg belegt. Prototypisch läßt sich dies an der Denkmalkultur ablesen: bis Ende der 40er Jahre dominierte etwa in der Steiermark die Errichtung von Denkmälern für die Opfer des österreichischen Freiheitskampfes; erst danach setzte eine „Denkmalbewegung" für den Aufbau von Gedenkstätten für die Gefallenen des 2. Weltkrieges ein[4].

Die Phase der öffentlichen Tabuisierung des Kriegsdienstes in der Wehrmacht war bereits nach wenigen Jahren ausgelaufen. Der Gründungsmythos vom ersten Opfer Nazi-Deutschlands hatte sich zwar im Umgang mit der internationalen Staatengemeinschaft als politikfähig erwiesen, doch für die Konstituierung eines österreichischen Wir-Kollektivs war er weder repräsentativ noch ausreichend identitätsstiftend. Die kognitive Dissonanz zwischen staatlicher Opferthese und dem kollektivem Gedächtnis an Nationalsozialismus und Krieg drängte auf eine Überbrückung. Anders ausgedrückt: mit der Opferthese allein ließ sich kein österreichischer Staat machen.

„Helden der Heimat"

Bereits Ende der 40er Jahre erfuhr das Erinnerungsfeld Wehrmacht eine spezifisch österreichische Enttabuisierung. Zu diesem Zeitpunkt setzte die mythische Umdeutung der Kriegsvergangenheit ein. Sie diente sehr realen gesellschaftspolitischen Interessen, deren primäre Ursachen nicht zuletzt in einem noch keineswegs stabilisierten National- und Demokratiebewußtsein in den ersten Jahren der Zweiten Republik zu suchen sind. Denn der Elitenkonsens von der „Stunde Null" stand auf wackeligen Beinen und bedurfte einer gesellschaftlichen Absicherung: so etwa hielten laut einer Langzeit-Umfrage zwischen 1946 und 1948 weniger als die Hälfte der Befragten den Nationalsozialismus für eine schlechte Idee, während zwischen einem Drittel und der Hälfte den Nationalsozialismus als gute Idee, die schlecht durchgeführt wurde, bezeichneten[5]. Angesichts dieser ideologischen Prägungen in der österreichischen Nachkriegsgesellschaft stellte sich die Frage, wie es gelingen sollte, die mehr als 1 Million ehemals großdeutscher Wehrmachtssoldaten, die nunmehr das personelle Rückgrat der österreichischen „Wiederaufbaugeneration" bildeten, in den österreichischen Staat einzubauen und ihre Erinnerungen an den Krieg für die österreichische Nationsbildung fruchtbar zu machen. Dabei galt es ein zweifaches Problem zu bewältigen. Erstens mußte – analog zur Bundesrepublik – die Legende von der „sauberen" Wehrmacht, als neutraler, von der Ideologie des Nationalsozialismus und den Verbrechen gereinigter historischer Ort etabliert werden. Doch auch ohne Nationalsozialismus bleibt die Wehrmacht eine deutsche Institution, die nicht für österreichische, sondern für großdeutsche Ziele gekämpft hat. Auf die in der Bundesrepublik dominierende Erinnerungsstrategie konnten österreichische Wehrmachtssoldaten nicht zurückgreifen, ohne gegen die staatstragenden nationalen

Erinnerungsvorgaben zu verstoßen. In Österreich läßt sich die patriotische Formel der vom NS-Regime mißbrauchten Soldaten, die im nationalen, nicht aber im nationalsozialistischen Sinn für die deutsche Heimat und das deutsche Vaterland ihr Leben eingesetzt haben, schwerlich anwenden. Aus diesem Grund war es notwendig, nicht nur das nationalsozialistische, sondern auch das (deutsch-)nationale Element aus dem Erinnerungsfeld Wehrmacht zu eliminieren. Um diesen sozialpsychologischen Kraftakt zu meistern, mußte auf pränationale Identifikationsobjekte zurückgegriffen werden. Hier bot sich der vage entpolitisierte Begriff von der Heimat an: Nicht für den Nationalsozialismus und Großdeutschland, sondern für die Verteidigung der Heimat hätten die österreichischen Soldaten gekämpft. Und als „Heimatverteidiger" konnten sie auch den Anspruch auf den Heldenstatus geltend machen. Wie präsent die Verbrechen der Wehrmacht trotz dieser Umdeutungen dennoch blieben, verdeutlichen etwa die Muster aggressiver Schuldabwehr in diversen Festansprachen zur Einweihung von Kriegerdenkmälern: Von „selbstzerfleischender Anklage und grausamer Selbstbeschuldigung", von der Diffamierung „soldatischer Pflichterfüllung als Verbrechen" und von Kriegsheimkehrern, die „wegen der Zugehörigkeit zur deutschen Wehrmacht als Kriegsverbrecher gebrandmarkt"[6] wurden, ist dort die Rede. Mit der Errichtung von Kriegerdenkmälern war nicht nur symbolisch die „Ehre der Gefallenen" wiederhergestellt; vielmehr dienen diese kultischen Gedächtnisorte zur Identitätsstiftung für die Überlebenden, die hier eine kollektive Absolution erfahren und zu geschlagenen und unschuldigen Helden mutieren.

Zwischen dem österreichischen Wehrmachtskollektiv und den gesellschaftlichen und politischen Eliten der Zweiten Republik wurde ein erinnerungspolitisches Kommunikationsbündnis geschmiedet. Heidemarie Uhl faßt dieses agreement treffend zusammen: „Die Ehrenerklärungen führender Repräsentanten des öffentlichen Lebens waren aber kein einseitiges Entgegenkommen und sind auch nicht nur aus wahltaktischen Gründen erklärbar. Vielmehr war auf dieser Ebene eines der zentralen Integrationsangebote der Zweiten Republik angesiedelt: Vertreter der Parteien, der Behörden und der Kirchen würdigten die Pflichterfüllung für das Vaterland als überzeitliche staatsbürgerliche Tugend, ungeachtet des Regierungssystems, und vermittelten damit den ehemaligen Wehrmachtssoldaten das Gefühl, in vollem Umfang rehabilitiert zu sein, ohne sich von ihrer Vergangenheit gänzlich distanzieren zu müssen. Gewissermaßen als symbolische Gegenleistung versicherten die Vertreter der Kameradschaftsverbände, nun mit ebensolcher Treue der Republik Österreich zu dienen"[7].

Dieser strategische Pakt zur Stabilisierung des österreichischen Nationalbewußtseins bei gleichzeitiger positiver Sinnstiftung der Kriegserlebnisse produzierte über Jahrzehnte eine geradezu paradoxe Gedächtniskultur: Mit der Selbststilisierung Österreichs als erstes Opfer Nazi-Deutschlands gelingt die Externalisierung des Nationalsozialismus auf staatlicher Ebene. Bis zu Beginn der 90er Jahre wurde die Verantwortung für die Verbrechen des NS-Regimes allein den Deutschen überlassen. Von der historischen und moralischen Verantwortung für den Nationalsozialismus selbst befreit, wird die Herauslösung des österreichischen Wehrmachtskollektivs aus dem ideologischen und nationalen Rahmen des „Dritten Reiches" erst möglich. Am Endpunkt dieser Gedächtniskonstruktionen stehen die „Helden der Heimat".

Während in der BRD der Kult um den gefallenen Soldaten angesichts der Totalität der Niederlage nicht revitalisiert wurde[8], feierten in Österreich Totenkult und pathetische Heldenverehrung eine Renaissance und schlossen nahtlos an die Gedächtnistraditionen des Ersten Weltkrieges[9] an. Bei den allermeisten Kriegerdenkmälern wird unterschiedslos den Soldaten des Ersten und des Zweiten Weltkrieges mit derselben Inschrift gedacht. Damit werden symbolisch die beiden Kriege gleichgesetzt und das Spezifikum des nationalsozialistischen Vernichtungskrieges aus dem Gedächtnis abgespaltet.

„Schweigt von euren Heldentaten und wir wollen von euren Verbrechen schweigen"[10], so etwa lautete ein stillschweigender Gesellschaftsvertrag, der in der BRD zwischen den staatstragenden Eliten und dem Wehrmachtskollektiv geschlossen wurde. In Österreich hingegen gehören Ehrenerklärungen für die Wehrmachtssoldaten und der Dank für ihre Treue und Pflichterfüllung gegenüber der Heimat durch die kirchlichen und politischen Repräsentanten – quer durch die staatstragenden Parteien – seit Jahrzehnten zum fixen Bestandteil kollektiver Erinnerungskultur[11]. Lautet in der BRD die Kompromißformel: weder Helden noch Verbrecher[12], so gilt für Österreich die Regel: sowohl Opfer als auch Helden.

Wehrmacht und Gedenken

Wer mit den erinnerungspolitischen Spielregeln in Österreich nicht vertraut ist, kann kaum nachvollziehen, wie es möglich ist, daß zwei einander ausschließende Geschichtslegenden parallel existieren können, ohne miteinander in Konflikt zu geraten. Während im offiziösen Funktionsgedächtnis die österreichischen Wehrmachtsangehörigen zu den Opfern des Nationalsozialismus gezählt werden, sind sie in der plebiszitären Erinnerung als geschlagene Helden der Heimat fest verankert.

Es ist bemerkenswert, daß die Waldheim-Affäre Mitte der 80er Jahre diese Gedächtniskultur nicht erschüttert hat. Die Auseinandersetzung um Waldheims Kriegsvergangenheit hatte zwar den Staatsmythos vom ersten Opfer des Nationalsozialismus ins Wanken gebracht und eine Korrektur der offiziellen österreichischen Geschichtsinterpretation notwendig gemacht, die 1991 mit der Erklärung des damaligen Bundeskanzlers Vranitzkys vor dem Nationalrat erfolgte. Darin unterschied der Bundeskanzler zwischen dem österreichischen Staat als Opfer der militärischen Aggression des „Dritten Reiches" und der österreichischen Gesellschaft, in der „es nicht wenige Österreicher gab, die im Namen dieses Regimes großes Leid über andere gebracht haben, die Teil hatten an den Verfolgungen und Verbrechen dieses Reiches"[13]. Diese modifizierte Opferthese, die 46 Jahre nach Kriegsende erstmals eine moralische Mitverantwortung Österreichs für die NS-Verbrechen eingestand, wurde in der österreichischen und internationalen Öffentlichkeit weitgehend positiv aufgenommen. Dieses Eingeständnis der Mitverantwortung drückte sich in einer verstärkten Berücksichtigung von Opfergruppen des Nationalsozialismus in der vergangenheitspolitischen Praxis aus[14]. Es bedeutete aber keineswegs einen differenzierten Umgang mit der Täterseite der österreichischen NS-Gesellschaft und „dem uneingestandenen Wissen, der Welt der „Täter" näher gestanden"[15] zu sein. Die Verbrechen des Nationalsozialismus blieben in Österreich auch weiterhin Taten ohne (österreichische) Täter. Dem offiziellen Gedenken lag noch immer ein generalisierender Opferbegriff zugrunde, der sich auf alle gesellschaftlichen Gruppen erstreckte und sowohl rassisch und politisch Verfolgte, als auch die Zivilbevölkerung und nicht zuletzt die Wehrmachtssoldaten inkludierte.

So gedachte Bundespräsident Klestil in seiner staatspolitischen Rede zur 50jährigen Republiksfeier im April 1995 neben anderen Opfergruppen auch der „ungezählten Österreicher, die gegen ihren Willen in eine fremde Uniform gesteckt wurden"[16]; Verteidigungsminister Werner Fasslabend wiederum bezeichnete die Kriegsveteranen sowohl als „Helden im besten Sinne des Wortes"[17] als auch als „Opfer eines verbrecherischen Systems, welches sie zwang, die besten Jahre ihres Lebens in einem unmenschlichen Krieg zu kämpfen und die dies getan haben, ohne eine persönliche Schuld auf sich zu laden"[18]. Bei der Feier zum 50jährigen Kriegsende in Moskau wurde die Geschichtsversion von den in die Wehrmacht gepreßten österreichischen Soldaten auch ins Ausland exportiert und auf höchster symbolischer Ebene zelebriert: Während sich der deutsche Kanzler Kohl vor russischen Kriegsveteranen zur Verantwortung der Deutschen für die Verbrechen des Zweiten Weltkriegs bekannte, feierte zur gleichen Zeit Kardinal König im Beisein von Bundespräsident Klestil einen ökumenischen Gottesdienst für die in der Sowjetunion gefallenen österreichischen Wehrmachtssoldaten[19]. Was mit einem Gottesdienst begonnen hatte, wurde ein Jahr später an einem symbolträchtigen Gedächtnisort fortgesetzt: im Frühjahr 1996 errichtete ein „Österreichisches Stalingradkomitee", das von den höchsten politischen und gesellschaftlichen Repräsentanten des Landes unterstützt wurde, in Stalingrad/Wolgograd ein Denkmal für die bei der Schlacht um Stalingrad gefallenen österreichischen Wehrmachtssoldaten.

Noch bei den Gedenkfeiern 1995 fiel in Österreich kein Schatten auf das Bild von der „sauberen Wehrmacht", die – so die Legende – abseits vom NS-Regime mit Anstand und Würde ihre soldatische Pflicht erfüllt hatte. Entsprechend wurde dem österreichischen Wehrmachtskollektiv im österreichischen Gedächtnisraum auch nach 50 Jahren alternierend und je nach Anlaß und Zielpublikum ein Platz als Zwangsrekrutierte, als Opfer des Krieges oder als Helden der Heimat zugewiesen:

Die zahlreichen Gedenkveranstaltungen zum 50jährigen Kriegsende waren im Frühjahr 1995 ohne politische Skandale und polarisierende geschichtliche Deutungskämpfe über die Bühne gegangen; die Kriegsgeneration hatte sich noch einmal ausführlich zu Wort gemeldet und die politischen Repräsentanten des Landes hatten nicht vergessen, in ihren Gedenkreden jeweils den Nebensatz einzuflechten, daß Österreicher nicht nur Opfer, sondern auch Täter gewesen waren. Die Zeit des Nationalsozialismus schien gesellschaftlich abgehakt, erinnerungspolitisch bewältigt und zur Historisierung freigegeben. An der zeitlichen Schnittstelle vom Übergang des kommunikativen zum kulturellen Gedächtnis hatte es den Anschein, als ob die Aufsplittung in eine

„saubere Wehr- und Volksgemeinschaft" und in eine Randgruppe „fanatischer Regimeverbrecher" und damit die gesellschaftliche Externalisierung der NS-Verbrechen gelungen wäre.

Die Ausstellung in Österreich

Nachdem die Ausstellung im März 1995 in Hamburg eröffnet wurde und im Anschluß in mehreren deutschen Städten zu sehen war, kam sie im Oktober 1995 nach Wien. Die breite Berichterstattung in den bundesdeutschen Medien hatte zu diesem Zeitpunkt bereits nach Österreich ausgestrahlt. Die ersten Berichte in den österreichischen Medien im Frühjahr 1995 ließen schon erkennen, daß die Ausstellung auch in Österreich das Schweigen über den Vernichtungskrieg der Wehrmacht aufbrechen könnte. Es war das politisch-mediale Tandem Jörg Haider und die „Kronen-Zeitung", das frühzeitig zur Wehrmachtsausstellung öffentlich Stellung nahm. In der „Kronen-Zeitung" meldete sich Hans Dichand – selbst ehemaliger Marineangehöriger – persönlich zu Wort: „Wir, die wir Krieg und Gefangenschaft erlebt haben, sind frei von Rachegefühlen. Aber gegen die satanische, kollektive Verleumdung, die Soldaten des 2. Weltkriegs seien Verbrecher gewesen, wollen wir uns zur Wehr setzen. Wir wollen die Wahrheit nicht ins Grab nehmen. Unsere Nachkommen, unsere Töchter und Söhne, sollen für uns eintreten können, wenn wir weiter zu Unmenschen verurteilt werden. Sieger sind schlechte Richter, und die Geschichte ist auch die Geschichte ihrer Fälschungen. Wir waren keine Mörder, sondern Menschen, die durch ein unentrinnbares Schicksal dazu bestimmt wurden, Soldaten zu sein"[20].

Dichands flehentlicher Ruf nach „Söhnen und Töchtern", die ihr legendäres Wehrmachtserbe würdig verwalten mögen, wurde von Jörg Haider umgehend erhört. In seiner Grundsatzrede für eine Dritte Republik übernahm Haider auch die Rolle als Gralshüter der Kriegsgeneration: „Wir lassen es auch nicht zu, daß für die Gefallenen auch noch der Begriff „Helden" verboten werden soll. Wir werden dafür sorgen, daß alle gefallenen Sowjets in Österreich weiterhin auf „Heldenfriedhöfen" ihre letzte Ruhe finden. Aber wir werden es verhindern, daß die Gräber unserer Väter und Großväter daneben in „Verbrecherfriedhöfe" umbenannt werden! … Und nun geht man daran, mit Scholtens Hilfe, die gesamte Wehrmacht zu kriminalisieren, eine entsprechende Ausstellung nach Wien zu bringen. Wohl nach dem Motto: Großväter, ihr habt eure Schuldigkeit getan, ihr habt den Wiederaufbau in der Zweiten Republik geleistet, ihr habt uns Rote uns Schwarze brav gewählt, ihr habt uns mit dem Fleiß eurer Hände getragen und finanziert. Aber jetzt seid ihr nur mehr wenige. Wir brauchen euch nicht mehr: Habt also Verständnis dafür, daß wir, um eure Enkel zu verängstigen, euch nun den Fußtritt geben. Das, meine Freunde, lassen wir nicht zu!"[21]

Bereits die Reaktionen von Dichand und Haider ließen eine brisante Debatte erwarten. In ihren statements findet sich eine ganze Palette hochemotional besetzter Vokabel: satanische Verleumdung und Geschichtsfälschung, Schicksal und Verrat, Mord und Rache, Helden und Verbrecher – Begriffe, die einem Shakespeare-Drama entnommen sein könnten. Es war eine Kampfansage an eine Ausstellung, die sie noch nicht gesehen hatten, Monate bevor sie in Österreich dem Publikum präsentiert worden war.

Bereits im zeitlichen Vorfeld wurde die Ausstellung als eine Erschütterung des über Jahrzehnte aufgebauten und verfestigten Selbstbildes der Frontgeneration wahrgenommen. Der Eckpfeiler dieses Geschichtsbildes basiert auf der stillschweigenden Annahme, der Krieg im Osten und Südosten wäre von der Wehrmacht als „normaler" Krieg gegen einen militärischen Gegner im Rahmen kriegsrechtlicher Normen geführt worden. Der Nachweis, daß dieser Krieg nicht nach zivilisatorischen Normen, sondern nach dem rasseideologischen Wertesystem des Nationalsozialismus von der obersten Wehrmachtsgeneralität als Vernichtungskrieg geplant, und vor Ort von der Truppe auch umgesetzt wurde, führt zu einem radikalen Perspektivenwechsel in der Bewertung des Krieges und seiner Krieger. Wenn Barbarei nicht mehr als Normabweichung angesehen werden kann, sondern selbst zur Norm werden konnte, müssen Begriffe neu definiert und mit anderen Inhalten gefüllt werden. Der Schriftsteller Johannes Mario Simmel hat in seiner Rede zur Eröffnung der Ausstellung in Wien dafür plastische Beispiele gefunden:

„Und es liegt ja auch eine gewisse Logik darin, wenn einer sagt: Befehl ist Befehl. Schade, daß in der Regel niemand weiterfragt und sagt, ich nehme Sie jetzt einmal beim Wort, konkret gesprochen heißt das also zum Beispiel: Kommissarbefehl ist Kommissarbefehl!

Und was befiehlt der Kommissarbefehl? Alle politischen Funktionäre der sowjetischen Armee sind sofort, oder nach durchgeführter Absonderung, zu ermorden. Der Befehl, nicht arbeitende sowjetische Kriegsgefangene haben zu verhungern, ist der Befehl, nicht arbeitende sowjetische Kriegsgefangene verhungern zu lassen.

Dasselbe gilt natürlich für diejenigen, die immer nur sagen – das *nur* fehlt nie –, sie hätten *nur* ihre Pflicht getan. Sie sollen doch einmal sagen, *was* ihre Pflicht war! Die Frage kam nicht, die Antwort kam nicht, sie hätte aber etwa so lauten können:

Wir haben gegenüber diesen Juden aus dem Dorfe X, die alle heute erschossen werden mußten, nur unsere Pflicht getan. Wir hatten nichts persönlich gegen sie. Nachdem wir die Leute zusammengestellt hatten, marschierten wir mit ihnen nur ein paar Minuten bis zu einem Sumpf. Jeder von uns gab nur zehn Schüsse ab. Auch ich habe pflichtgemäß nur zehn Juden erschossen. Ein paar Tage später haben wir eine ähnlich große Zahl in einem anderen Dorf erschossen, und auch hierbei habe ich nur meine Pflicht getan‘‘[22].

Simmel führt uns hier vor Augen, was Befehl und Pflichterfüllung im Rahmen der Wehrmacht für jeden der 19 Millionen Wehrmachtsangehörigen potentiell bedeuten konnte. Nicht nur die Vorstellung des Verbrechens, sondern insbesondere die Vergegenwärtigung der Täter erschreckt: es sind Männer aus der Mitte der Gesellschaft. Nicht genug, wirft die Ausstellung darüberhinaus auch einen Blick auf deren Mentalität. Sie zeigt, daß sich die Beteiligung am Massenmord nicht auf subjektiv empfundenen Zwang, auf Befehl und Pflichterfüllung reduzieren läßt. Die uneingeschränkte Tötungsmacht, mit der jeder Soldat gegenüber den „jüdisch-bolschewistischen Untermenschen im Osten‘‘ ausgestattet war, erzeugte eine Vernichtungsmoral, deren Dimension über die ausgestellten Privatfotos und Feldpostbriefe deutlich wird. Die Ausstellung aktiviert eine über Jahrzehnte abgespaltene Gegenerinnerung an den Krieg und seine Ziele im Osten und Südosten, die neben der Bekämpfung des militärischen Gegners darin bestanden, einen Teil der Bevölkerung – die Juden – auszurotten, den anderen Teil zu dezimieren und zu versklaven. Mit dem Überfall auf die Sowjetunion im Juni 1941 war jeder Soldat des Ostheeres mit dem rassistischen Feindbild vom „jüdischen Bolschewismus‘‘ und den Regeln seiner Bekämpfung vertraut gemacht worden, die auf eine Formel gebracht lautete: Kriegsnotwendigkeit geht vor Kriegsrecht.

Die Aufhebung aller kriegsrechtlichen Begrenzungen und deren Ersetzung durch nationalsozialistische Normen und Wertmaßstäbe produzierte entsprechende Opferzahlen: im – pauschal gesprochen – Osten war die Wehrmacht direkt oder indirekt an der Ermordung von weit über einer Million Juden, von zumindest fünf Millionen Zivilisten und über drei Millionen sowjetischer Kriegsgefangener beteiligt oder allein verantwortlich. Diese Verbrechen wurden über Jahrzehnte verschwiegen, aus dem individuellen und kollektiven Gedächtnis abgespalten oder mit Deckerinnerungen – etwa von der „Härte des Partisanenkampfes" – überlagert. Wie breit der gesellschaftliche Konsens der Tabuisierung reichte, läßt sich am deutlichsten an der nicht stattgefundenen gerichtlichen Verfolgung von Straftaten ablesen: weder in der BRD noch in der ehemaligen DDR und in Österreich wurden Verbrechen von Wehrmachtsangehörigen rechtlich geahndet: „Eine systematische Verfolgung fand nicht statt, obwohl das Ausmaß der völkerrechtswidrigen Handlungen zumindest in den Kreisen der Justiz bekannt war"[23]. Im Kampf um die Erinnerung hatte die Wehrmacht gesiegt: „Der größte Sieg der deutschen Armee wurde auf dem Feld der Politik errungen, denn hier gelang es, aus dieser mörderischsten Militäraktion der deutschen Geschichte so gut wie unangefochten zurückzukehren"[24].

Die Ausstellung in Österreich: Reaktionen und Rezeptionen

Doch war dieser erinnerungspolitische Sieg endgültig? Oder basierte er nicht vielmehr auf einer umfassenden Tabuisierung, auf der öffentlichen Nicht-Beschäftigung mit diesem Gewaltkomplex? War das Thema Wehrmacht nach fünfzig Jahren bereits historisiert, ein kaum beachtetes Betätigungsfeld akademischer Forschung, oder existierte noch eine Präsenz der Wehrmachtserfahrung im öffentlichen Bewußtsein? Die Reaktionen auf die Ausstellung sollten es zeigen.

Was sich bereits im Frühjahr 1995 mit den Reaktionen von Haider und Dichand angedeutet hatte, setzte sich mit Ausstellungsbeginn in Österreich fort. Von Anfang an erreichte die Ausstellung einen Grad an Aufmerksamkeit, der weit über das übliche Maß hinausging. Die Heftigkeit der Reaktionen bewies, daß mit dem Thema ein zentraler Nerv der Gesellschaft getroffen war.

Drei Wochen vor Ausstellungsbeginn gab die „Kronen-Zeitung" den medialen Startschuß. Unter dem Titel „Ausstellung verleumdet ehemalige Soldaten! Veteranen empört – Proteste erwartet" rief sie zu Protestaktionen gegen die Ausstellung auf[25]. In seltener Einigkeit mit dem Konkurrenzblatt „Kronen-Zeitung" bezeichnete der Chefredakteur von „Täglich alles" die österreichischen Wehrmachtsangehörigen als ehemalige „Sklaven", die in einer „in Deutschland ausgebuhten Ausstellung" nunmehr „unter dem Beifall einer linken Schickeria" auch in Österreich „pauschal als Verbrecher abgestempelt werden sollen"[26].

Die Polarisierung in den Medien lief entlang der Schlagworte: „Verleumdung und Pauschalierung" versus „Enttabuisierung". Während die Rezeption der Ausstellung in den beiden größten Boulevardzeitungen des Landes nicht überraschen konnte, war die breite positive und informative Berichterstattung in den meisten anderen Printmedien keineswegs vorhersehbar: „Blutige Flekken auf weißer Weste", „Das letzte Tabu", „Das Ende des Mythos", „Meilensteine auf dem Weg nach Stalingrad", „Streitfall Wehrmacht", „Anteil der Wehrmacht am Holocaust", „Begeisterte Mörder, bedrückte Zuschauer", „Stählener Garant des NS-Systems", „Sauberer Waffenrock?" – so lauteten einige der Überschriften[27]. Den eindrucksvollsten Kommentar verfaßte der Chefredakteur des „Kurier"; er endet mit den Sätzen: „Das ganze Gefasel von „pauschaler Besudelung unserer Soldaten" nützt nichts. Die Wahrheit ist zumutbar. Und sie macht frei"[28].

Der breiten bis differenzierten Zustimmung zu den Thesen der Ausstellung im redaktionellen Teil stand von Beginn an eine ebenso breite Ablehnung in den Leserbriefspalten gegenüber. Hier artikuliert sich mehrheitlich das kollektive Gedächtnis der Frontgeneration, wobei sich einige durchgängige Argumentationsmuster ausmachen lassen, die – exemplarisch skizziert – etwa so zusammengefaßt werden können:

* Relativierung durch Universalisierung:

– „Daß der Krieg als Ganzes ein Verbrechen war, ist unbestritten, aber das dürfte wohl für alle Angriffskriege, von Alexander dem Großen bis Dschingis-Khan und Milosevic, gelten. Jetzt aus der Deutschen Wehrmacht eine mit dem Holocaust belastete Mörderbande zu machen geht weit über das erträgliche Maß hinaus"[29].

– „In jeder Armee der Welt gibt es einen Bodensatz von einberufenen Soldaten mit krimineller Veranlagung"[30].

– „Lassen wir doch das Milliardenheer von Kriegstoten in Frieden ruhen, egal aus welchem Land, von welcher Nationalität, aus welcher Zeit, von welcher Konfession sie stammen, ob hochdekoriert oder nicht! Ehre ihrem Andenken. Und mit dem Lateiner: De mortuis nihil nisi bene (Von Toten nur Gutes)"[31].

* Das Verbrechen als Ausnahme:

– „Negative Ausnahmefälle … wie in jeder anderen Armee der Welt … Der deutsche Selbsthaß treibt die tollsten Blüten"[32].

– „Von über 10 Millionen Angehörigen der deutschen Wehrmacht (plus Waffen-SS) waren die West-Sieger bei 2442 der Meinung, sie haben Kriegsverbrechen unterschiedlichen Grades verübt. Das sind 0,024 Prozent aller Kriegsteilnehmer auf deutscher Seite"[33].

– „Gewiß hat es auch auf deutscher Seite (wie nun einmal in allen Armeen der Welt) Übergriffe gegeben. Aber das war nicht die Regel"[34].

– „Wo bleiben die Hinweise auf die Greuel der anderen Seite? Eine halbe Wahrheit ist eine ganze Lüge. Alle Kriegsverbrechen gehören neutral aufgezeigt"[35].

* Pauschalierung, Diffamierung, Verleumdung: die die Wahrheit kennen …

– „… erahnen, was den Verlierern des Zweiten Weltkrieges noch alles angedichtet werden wird, wenn die Kriegsgeneration, die die Wahrheit kennt, ausgestorben ist"[36].

– „… wird die gesamte Soldatengeneration des II. Weltkrieges, ob Überlebende, Gefallene oder in Gefangenschaft Verstorbene, auf das Übelste pauschal diffamiert und gröblich verunglimpft … pauschales Trommelfeuer von Lügen, Verleumdungen und offensichtlichen Manipulationen"[37].

– „… Spitzensegler im Wind eines tendenziösen Zeitgeistes, die jene Zeit nicht erlebt haben und ihr Wissen nur dem Hörensagen, Büchern, Filmen, Zeitungen usw. verdanken. Leider waren sie damals selber nicht dabei. Wir hätten ihres Rates in den Schützengräben und bei der Partisanenbekämpfung dringend bedurft"[38].

– „Ständig meldeten sich in den letzten Jahren Leute in Ton und Schrift zu Wort, um über unsere Vätergeneration herzuziehen, meistens ohne selbst je mit der damaligen tristen Situation konfrontiert gewesen zu sein. Heute, 50 Jahre danach, über eine Kriegsgeneration den Stab zu brechen, ohne deren Not und Elend mitgemacht zu haben, ist unfair … Deshalb verwahre ich mich davor, auch als ehemaliger Wehrmachtsangehöriger pauschal mit Kriegsverbrechern auf eine Stufe gestellt zu werden"[39].

– „… nach altbewährtem Stasi-Strickmuster provozierte pauschale Diskriminierung unserer leidgeprüften Kriegsveteranen"[40].

* Rechtfertigungen und Täter-Opfer-Umkehr

– „Wenn Sie damals gelebt hätten, wären Sie genauso eingezogen worden und hätten mitmachen müssen. Wir haben uns aber alle nach besten Kräften bemüht, vor unserem Gewissen bestehen zu können"[41].

– „Hätten wir das einzige Märtyrervolk der Weltgeschichte sein sollen? …

Würden Sie Befehle verweigern, wenn es Sie den Kopf kosten würde?"[42].

– „Gewiß hatte der Krieg im „Osten" andere Gesetze. Aber es waren (klammert man die Verfolgung der Juden durch sogenannte „Einsatzgruppen" einmal aus) die „Sowjets" und die Tito-Partisanen, die mit ihrer völkerrechtswidrigen und grausamen Kampfweise die Wehrmacht zu harten Vergeltungsmaßnahmen herausforderten und ihr einen Kampfstil aufzwangen, der ihren Traditionen völlig fremd und auch zuwider war"[43].

– „Der Krieg und seine Ziele waren das Verbrechen. Selbstverständlich kann nicht bestritten werden, daß zahllose Greueltaten und Kriegsverbrechen auch von Wehrmachtsangehörigen begangen wurden. Unter dem Druck der Verhältnisse konnte das geschehen, und vor allem aus der Tatsache heraus, daß wir alle keine „Jägerstätter" waren"[44].

* Ehrenerklärungen:

– „Viele ehemalige Kriegsgegner haben seit 1945 laufend die faire Kriegsführung der Wehrmacht bestätigt"[45].

– „… hunderte Aussagen seitens der Siegermächte, die der Wehrmacht und der Waffen-SS anständiges diszipliniertes Verhalten bescheinigen"[46].

– „Die Soldaten der ehemaligen Wehrmacht waren keine kriegslüsternen Mordbrenner, sondern Soldaten, die ihre Pflicht getan haben, den Befehlen gehorchen mußten, wie es Soldaten in Jahrhunderten zuvor getan haben und wie es Soldaten zu allen Zeiten und aller Völker tun müssen. Sie standen unter einem Gesetz, das keinen Ausweg kennt"[47].

* „Die anständigsten Soldaten der Welt":

– „… ein Produkt von Fälschungen, Lügen und Halbwahrheiten"[48].

– „Greueltaten, die das nationalsozialistische Regime aus politischen oder rassistischen Gründen an Zivilisten verübt hat, heute generalisierend als „Verbrechen der Wehrmacht" hinzustellen, ist – gelinde gesagt – eine Niedertracht besonderer Art"[49].

– „Eine unglaubliche Perfidie dieser Ausstellung besteht wohl auch darin, daß sich die Besudelungskampagne insbesondere gegen die sechste Armee richtet, die bekanntlich im Kessel von Stalingrad geopfert wurde"[50].

– „Im Namen des Österreichischen Stalingrad-Bundes, Stützpunkt Feldbach, protestiere ich schärfstens gegen die Verbreitung von Lügen und Verleumdungen … Der deutsche Soldat, erst recht die in der Wehrmacht dienenden Österreicher, waren die anständigsten der Welt"[51].

Das Gemeinsame an diesen Erzähltypen ist die vehemente Schuldabwehr.

Die Bandbreite der dafür gewählten Erzählstrategien reicht von der klassischen Täter-Opfer-Umkehr bis zur kategorischen Leugnung der Wehrmachtsverbrechen. Selbst dort, wo das Verbrechen thematisiert ist, gerinnt es zur rhetorischen Floskel, wird zum Spielmaterial für Auf- und Gegenrechnungen. Es ist ein höchst emotional geführter Kampf gegen die Erinnerung, in dem Empathie für die Opfer des Vernichtungskrieges keinen Platz finden kann.

Dennoch spricht hier nicht *die* Frontgeneration. Für viele ehemalige Wehrmachtssoldaten bietet die Ausstellung erstmals die Möglichkeit, ihre Erlebnisse, Erfahrungen und Traumatisierungen zu artikulieren. Nach über fünfzig Jahren entsteht mit der Ausstellung ein virtueller Gedächtnisort, der Raum bietet für die bislang abgespaltenen und gesellschaftlich tabuisierten individuellen Erinnerungen. Dieses Angebot wird auf vielfältige Weise genutzt. In den Gästebüchern finden sich Eintragungen ehemaliger Soldaten, die über ihr Erleben des Vernichtungskrieges Zeugnis ablegen; den Gestaltern der Ausstellung werden von Besuchern Fotoalben präsentiert, in denen ähnliche Szenen wie die in der Ausstellung Gezeigten festgehalten sind; und es erreichen uns zahlreiche Briefe ehemaliger Soldaten, die detailliert Verbrechen der Wehrmacht beschreiben, die sie selbst miterlebt haben. Die Ausstellung produziert damit bereits ihre eigenen historischen Quellen. Allein aus diesen Materialien ließe sich eine Folgeausstellung gestalten. Sie sind eindrucksvolle Belege dafür, daß die Ausstellung nicht ausgewählte Fallbeispiele von Verbrechen zu Generalisierungen hochrechnet, sondern im Gegenteil nur die Spitze eines viel umfangreicheren Gesamtverbrechens markiert.

Die Ausstellung aktiviert Gegenerinnerungen zum sorgsam gepflegten Bild von der „sauberen Wehrmacht". Mit jeder dieser öffentlich gemachten Erinnerungen verändert sich das bisherige Bild, wird zum Zerrbild und gibt den Blick frei auf eine Wirklichkeit, in der Verbrechen zum Wehrmachtsalltag zählten.

Als eines von zahlreichen Beispielen soll aus einem Brief an die Ausstellungsverantwortlichen zitiert werden, in dem ein Augenzeuge über einen Massenmord eines Wehrmachtsbataillons in Serbien berichtet. Als Hintergrundfolie vergegenwärtige man sich, daß im Sommer 1997 der SS-Hauptsturmführer Erich Priebke wegen eines 1944 durchgeführten Massakers an 335 Zivilisten in den Adreatinischen Höhlen in Italien zu 15 Jahren Haft verurteilt wurde:

„Sehr spät, aber hoffentlich nicht zu spät, möchte auch ich meinen Beitrag zur Ausstellung bringen. Ich beziehe mich auf die Erschießung von über 400

Zivilisten in Draginac, einem Dörfchen auf dem Wege zwischen Sabac und Valjevo in Serbien. Ich war Angehöriger des 3. Bataillons-Stabes im Regiment 698 der 342. Infanteriedivision und Augenzeuge. Wir wurden von Frankreich (Auxerre) nach Serbien im September 1941 versetzt und sollten das von den serbischen Freischärlern (Tschetniks) besetzte Land wieder freikämpfen. Nachdem wir in Sabac eintrafen, wurde die gesamte Bevölkerung per Flugblätter aufgefordert, sich umgehend bei vorgegebenen Sammelstellen einzufinden, anderenfalls sie sonst erschossen würden. Beim Vorgehen der Truppen wurde ein alter Mann vorgefunden und aus dem Hause geschleppt. Kniend bat er um Gnade, er wurde jedoch von einem OFW (Oberfeldwebel, W.M.) mit Genickschuß getötet. Wir kamen bis Draginac und am nächsten Tag sollte der Vormarsch fortgesetzt werden. Das Bataillon stand unter dem Kommando eines Major Strauß aus Wien, einem österreichischen 1.-Weltkriegsoffizier, welcher in die Wehrmacht integriert war. Unverständlicherweise ordnete dieser eine normale Marschordnung ohne Flankenschutz an und so geriet das ganze Bataillon beim Übergang über eine Brücke in einen Hinterhalt von etwa 10-15 Freischärlern, die auf den Anhöhen postiert waren. Wir boten uns als Zielscheiben nur so an und so fielen in kurzer Zeit 24 Soldaten und es gab zahlreiche Verwundete. Wir mußten uns wieder nach Draginac zurückziehen. Es kam der Befehl: für jeden Gefallenen sollten 20 Partisanen getötet werden. Da wir jedoch keinen gefangen hatten wurden kurzerhand die männlichen Zivilisten aus der Sammelstelle herbeigeholt. Sie mußten ein Massengrab ausschaufeln. Dann wurden sie in Holzscheunen eingepfercht und anschließend jeweils 10-15 Mann herausgeholt und mit dem Gesicht zur Grube gestellt um erschossen zu werden. Ein Schuß zielte zum Körper, einer auf den Kopf. Es war grausam zu sehen, wie die Schädel zerbarsten und das Hirn verspritzte. So ging es Salve auf Salve. Die neu Heraustretenden mußten die leblosen Körper der Erschossenen in das Grab werfen, um dann selbst erschossen zu werden. Tagelang konnte man die entsetzten Zivilisten schreien, weinen und um Gnade bitten hören. Sogar „Heil Hitler" riefen sie verzweifelt – aber es nützte ihnen nichts. Viele der Soldaten der Erschießungskommandos bekamen Nervenzusammenbrüche.

Soweit die Tragödie von Draginac und den christlichen Politikern zur Kenntnisnahme: weder der katholische noch der evangelische Militärgeistliche intervenierten! Auf unseren Koppelschlössern aber war eingraviert: „Gott mit uns"!

Gleichwohl aber wehre ich mich gegen den Vorwurf „Soldaten sind Mörder", denn die wahren Mörder, ja Massenmörder, sitzen in den oberen politischen und militärischen Gremien die solche Befehle herausgeben und den einfachen Soldaten durch die gesetzliche Drohung „Befehlsverweigerung wird mit dem Tode durch Erschießen bestraft" in ein unglaubliches Dilemma stürzen!"[52].

Während die einen vehementer denn je ihren Abwehrkampf gegen die Erinnerung führen, legen andere Zeugnis ab über die Realität dieses Krieges und bringen damit das wortreiche Schweigen zum Sprechen. Die kollektive Amnestie durch Amnesie ist durchbrochen, die Isolierschicht von Deckerinnerungen ist zum Schmelzen gebracht und gibt den Blick frei auf eine erschreckende Gewaltgeschichte aus der Mitte der Gesellschaft. Es kann nicht verwundern, daß die Konfrontation mit dem Vernichtungskrieg der Wehrmacht sowohl individuell als auch kollektiv massive Verstörtheit auslöst. Doch die unerwartet hohe Zahl an Ausstellungsbesuchern (die vier bisherigen Ausstellungsorte Wien, Innsbruck, Klagenfurt und Linz zählten insgesamt etwa 50 000 Besucher) zeigt ebenso wie die heftige gesellschaftspolitische Auseinandersetzung um die Ausstellung, daß auch in Österreich große Bereitschaft besteht, den Mythos von den „Opfern und Helden der Heimat" zu hinterfragen und damit einen nachhaltigen erinnerungspolitischen Paradigmenwechsel einzuleiten.

1   Zit. nach Jan Philipp Reemtsma (1997), Krieg ist ein Gesellschaftszustand. Rede zur Eröffnung der Ausstellung in München, in: Mittelweg 36, 2/97, S. 57.

2   Feldpostbriefe von Wehrmachtssoldaten geben dafür ein eindringliches Zeugnis ab; siehe dazu: Walter Manoschek (Hg.) (1995), „Es gibt nur eines für das Judentum: Vernichtung". Das Judenbild in deutschen Soldatenbriefen 1939-1944, Hamburg.

3   Eva-Maria Csáky (1980), Der Weg zur Freiheit und Neutralität. Dokumente zur österreichischen Außenpolitik 1945-1955, Wien, Dok. 51, S. 121.

4   Heidemarie Uhl (1994), Erinnern und Vergessen. Denkmäler zur Erinnerung an die Opfer der nationalsozialistischen Gewaltherrschaft und an die Gefallenen des Zweiten Weltkriegs in Graz und in der Steiermark, in: Stefan Riesenfellner/Heidemarie Uhl, Zeitgeschichtliche Denkmalkultur in Graz und in der Steiermark vom Ende des 19. Jahrhunderts bis zur Gegenwart, Wien-Köln-Weimar, S. 111- 197.

5   Die Umfrage ist zitiert bei Oliver Rathkolb (1986), NS-Problem und politische Restauration: Vorgeschichte und Etablierung des VdU, in: Sebastian Meissl/Klaus-Dieter Mulley/ Oliver Rathkolb (Hg.), Verdrängte Schuld, verfehlte Sühne. Entnazifizierung in Österreich 19451955, Wien, S. 74f

6 Zit. nach Uhl (1994), S. 149.

7 Uhl (1994), S. 151.

8 Siehe dazu George L. Mosse (1990), Fallen Soldiers. Reshaping the Memory of the World Wars, New York-Oxford.

9 Günter Bischof (1 997), Founding Myths and Compartmentalized Past: New Literature on the Construction, Hibernation, and Deconstruction of World War 11 Memory in Postwar Austria, in: Günter Bischof/Anton Pelinka (Ed.), Austrian Historical Memory & National Identity (Contemporary Austrian Studies, Vol. 5, New Brunswick-London), S. 339, A=. 49.

10 Jan Philipp Reemtsma (1997), Krieg ist ein Gesellschaftszustand, in: Hans-Günther Thiele (Hg.), Die Wehrmachtsausstellung. Dokumentation einer Kontroverse, Bremen, S. 62.

11 Heidemarie Uhl (für die Steiermark) und Reinhard Gärtner/Sieglinde Rosenberger (1991), Kriegerdenkmäler. Vergangenheit in der Gegenwart, Innsbruck, (für Oberösterreich führen dafür zahlreiche Beispiele an.

12 Klaus Naumann (1997), Nachkrieg. Vernichtungskrieg, Wehrmacht und Militär in der deutschen Wahrnehmung nach 1945, in: Mittelweg, Heft 3/97, S. 17.

13 Stenographische Protokolle über die Sitzungen des Nationalrates der Republik Österreich (XVIII. Gesetzgebungsperiode), Bd. 3, Wien 1991, S. 3279-3283).

14 Die Einrichtung des „Nationalfonds der Republik Österreich für die Opfer des National-sozialismus" und die Erteilung der Staatsbürgerschaft für vertriebene ÖsterreicherInnen im Gedenkjahr 1995 seien hier als markanteste Beispiele angeführt.

15 Gerhard Botz (1 996), Geschichte und kollektives Gedächtnis, in: Wolfgang Kos/Georg Rigele (Hg.), Inventur 45/55, Wien, S. 61.

16 Wiener Zeitung, 28. 4. 1995.

17 Fasslabend vor ehemaligen österreichischen Wehrmachtsangehörigen, zit. nach „Wirtschafts-woche", 23. 3. 1995.

18 Fasslabend bei der Angelobung von Rekruten des österreichischen Bundesheers, zit. nach „Die Gemeinde", 16.6.1995.

19 Salzburger Nachrichten, 10.5.1995.

20 Kronen-Zeitung, 23.4.1995.

2 1 Jörg Haider (1996), 50 Jahre Zweite Republik – Rückblick und Ausblick, Grundsatzrede vom 26. 4. 1995, in: Freiheitliche Akademie – Politische Akademie der FPÖ (Hg.), Freiheit und Verantwortung. Jahrbuch für politische Erneuerung 1996, S. 13-33.

22 Johannes Mario Simmel (1996), Wir haben nur unsere Pflicht getan. Rede zur Eröffnung der Ausstellung in Wien am 18. 10. 1995, in: Walter Manoschek (Hg.), Die Wehrmacht im Rassenkrieg. Der Vernichtungskrieg hinter der Front, Wien, S. 16-22.

23 Alfred Streim (1995), Saubere Wehrmacht. Die Verfolgung von Kriegs- und NS-Verbre-chen in der Bundesrepublik und in der DDR, in: Hannes Heer/Klaus Naumann, Vernich-tungskrieg. Verbrechen der Wehrmacht 1941 bis 1944, Hamburg, S. 574.

24 Omer Bartov (1991), Brutalität und Mentalität: Zum Verhalten deutscher Soldaten an der „Ostfront", in: Erobern und Vernichten. Der Krieg gegen die Sowjetunion 1941-1945. Essays, hrsg. von Peter Jahn und Reinhard Rürup, Berlin, S. 183

25 Kronen-Zeitung, 28. 9. 1995.

26 Gerd Leitgeb in „Täglich alles", 2. 10. 1995.

27 Die Überschriften stammen von Profil, Kleine Zeitung, Wirtschaftswoche, NEWS, Wie-ner Zeitung, Standard, Salzburger Nachrichten, Falter.

28 Hans Rauscher, Deutsche Wehrmacht: Die Wahrheit ist zumutbar, in: Kurier, 24. 10. 1995.

29 Wirtschaftswoche, 30. 3. 1995 (Ing. Wilhelm Thilo).

30 Wirtschaftswoche, 13. 4. 1995 (Walter Just).

31 Neue Kronen Zeitung, Vorarlberg, 7.11.1995 (Alice Brekling de Bene).

32 Kleine Zeitung Klagenfurt, 4.7.1995 (Gernot Berger).

33 NEWS, 25.10.1995 (Werner H. Bittner).

34 Kärntner Nachrichten, 26.10.1995 (Karl Huber).

35 Neue Kronen Zeitung, 7.11.1995 (Dr. Benno Artner).

36 Truppendienst 4/95 (Walter A. Hamburger).

37 Leserbrief des ÖKB-Landesverband Steiermark, in: Weststeirische Rundschau Deutschlandsberg, 28.10.1995 (Präsident Peter Rieser, Vizepräsident Dr. Helmuth Kreuzwirth).

38 Vorarlberger Nachrichten, 8.11.1995 (Reinhold Gmeiner).

39 Salzburger Nachrichten, 18.12.1995 (Franz Taschwer).

40 Neue Kronen Zeitung, 31.10.1995 (Günter Peis).

41 Wirtschaftswoche, 30.3.1995 (Ing. Wilhelm Thilo).

42 Wirtschaftswoche, 6.4.1995 (Ing. Gert Mallat, Soldat).

43 Kärntner Nachrichten, 26.10.1995 (Karl Huber).

44 Neue Zeit, 31.10.1995 (Anton Guth).

45 Wirtschaftswoche, 13.4.1995 (H. Wankiewicz).

46 Die Presse, 31.10.1995 (Dr. Ernst Kosmath).

47 Täglich Alles, 28.3.1997 (Alois Prommer).

48 Kleine Zeitung Klagenfurt, 4.7.1995 (Gernot Berger).

49 Neue Kronen Zeitung, 28.10.1995 (Dr. O . Hartig).

50 Die Neue Furche, 2.11.1995 (Dr. Siegfried Lorber).

51 Süd-Ost Journal Feldbach, 11/95 (Franz Puntigam).

52 Brief an die Ausstellungsgestalter. Name und Anschrift des Schreibers sind dem Autor bekannt.

Tausend Jahre?
Der Umgang mit Geschichte in der Zweiten Republik[1]

Helmut Konrad

Wie unscharf der Begriff der „politischen Kultur" auch immer sein mag, er hat sich als Hilfskonstrukt für die Verhaltensformen von (politischen) Gruppen zum Staat und für den Umgang dieser Gruppen miteinander eingebürgert. Insbesonders gilt das Verhalten gegenüber Minderheiten und Benachteiligten als Maßstab für die politische Kultur. Und es steht außer Frage, daß Identität und historisches Bewußtsein wichtige Faktoren bei der Konstituierung der politischen Kultur eines Landes sind. Um diesen Teil der politischen Kultur geht es im folgenden Text.

Als 1945 die Zweite Republik Österreich entstand, war das Verankern in einer historischen Tradition ein äußerst problematisches Unterfangen. Zur Auswahl standen: der Nationalsozialismus, der Ständestaat, die Erste Republik und die Habsburgermonarchie. Keine der Optionen war so zu verwenden, daß dem Bemühen um lagerübergreifende Identifikation Rechnung getragen werden konnte. Aber das Konstrukt der „Stunde Null" war ein unbrauchbarer Ersatz, die Menschen mit ihren Bezugsystemen, den Werten und Normen, hatten auch ihre Einbettung in die Geschichte, zogen diese als Rechtfertigung für aktuelle Entscheidungen heran. Die Herausbildung einer für die junge Republik letztendlich typischen politischen Kultur (Konfliktvermeidung durch Elitenkonsens, Versäulungen der politischen Landschaft) mußte sich auch in der Entwicklung des Geschichtsbildes spiegeln. Das Spannungsverhältnis von bewußtem Konsens an der Staatsspitze und dem Weiterleben tradierter Muster an der Basis sorgte für ein höchst eigenartiges Umgehen mit der Vergangenheit, das an der Wechselwirkung von der Berufung auf „Tausend Jahre Österreich" und den gleichzeitig bestehenden Reminiszenzen an das „Tausendjährige Reich" deutlich gemacht werden kann.

Die Entdeckung von Ostarrichi

Jene Urkunde, in der 996 der Name „Ostarrichi" erstmals nachweislich verwendet wurde und die in den letzten Jahrzehnten zumindest den Status eines Namenstages für den österreichischen Staat geprägt hat, hat als nicht übermäßig bedeutsames Dokument bis 1946 wenig Beachtung gefunden. Noch 1936, als sich der Ständestaat als Alternative zum Nationalsozialismus profilieren wollte, war 996 kein historischer Bezugspunkt. Die versuchte historische Legitimation griff weiter zurück, in das römische Österreich. Toleranz, die Verbindung von Antike und Christentum wurden beschworen, die Durchlässigkeit einer Region und die Bündelung der Vorzüge unterschiedlicher Welten waren historische Werte, mit denen der Unterschied und die Überlegenheit zum Deutschen Reich mit seiner barbarischen Vorgeschichte deutlich gemacht werden sollte. In Schulbüchern, in der Forschung und in offiziellen Schriften des Ständestaates war daher die Größenordnung „1000 Jahre" ohne Bedeutung, viel größere Zusammenhänge waren im Blickfeld.

Erst nach 1945 war die Situation grundlegend anders. Der junge Staat mußte einen historischen Bezugspunkt finden, der lagerübergreifend und im Vokabular an Emotionen rührend eine möglichst lange und zumindest einigermaßen ungebrochene Kontinuität zuließ. So boten die Gedenkfeiern zu 950 Jahren Ostarrichi im Oktober 1946 ein deutliches Bild für die Instrumentalisierung von Geschichte. Obwohl auch gezeigt werden könnte, daß etwa zwischen Wien und Niederösterreich ein Ringen um eine lagerspezifische Besetzung öffentlicher Räume im Rahmen dieser Feiern ablief, so kann doch ganz allgemein gesagt werden, daß die politische Vorgabe lautete, konsensual diese Feiern zu einer Demonstration der Einheit der österreichischen Bevölkerung zu machen. Der Bundespräsident legte am 20. Oktober 1946 die Richtung fest, als er ausführte, daß „heute, in der Epoche der Wiederauferstehung Österreichs und der Wiedererhebung seines Volkes der richtige Augenblick sei, an der Hand der tausendjährigen Erfahrungen einer tausendjährigen Vergangenheit den Ausblick in die Zukunft zu gewinnen". Zweimal die tausend Jahre zu beschwören, wie es Karl Renner hier tat, war natürlich kein Zufall. Daß es erst 950 Jahre seit 996 waren, schien kein Grund zu sein, Österreichs Geschichte nicht dem „Tausendjährigen Reich" gegenüberzustellen. Zwei Tage später setzte Renner nochmals nach: „Wir haben zwar keine Wildnis, aber eine durch schwere Kriegsschäden heimgesuchte Landschaft zu bestellen. Wir sind zwar nicht staatenlos wie jene Vorfahren, die Neusiedler von Ostarrichi, aber wir haben unseren Staat von der Gemeinde bis zur Staatsregierung neu aufzubauen." Für Renner gibt es keine Vorgeschichte, sondern es gab vor 996 nur Wildnis. Kein Noricum, keine Christianisierung, keine Integration von Kulturen und Religionen, sondern nur Leere. Als Anfang und nicht als Brücke, so zeichnet er das Bild. Gemeint ist natürlich die Kappung der Kontinuitäten vor 1945, das Verständnis des kompletten Neuanfangs sollte dominieren. Dazu diente die den historischen Tatsachen keinesfalls entsprechende Berufung auf die „Parallele" vor einem Jahrtausend.

Es war aber nicht nur der Bundespräsident, der dieses Bild zu vermitteln trachtete. Bundeskanzler Leopold Figl argumentierte wenige Tage später ganz ähnlich, als am 30. Oktober 1946 der Nationalrat und der Bundesrat zu einer Sondersitzung zusammentraten: „Und so wollen wir heute, wenn wir vor der ganzen Welt die Feier des 950jährigen, also fast tausendjährigen Bestandes unserer Heimat begehen, dies tun im vollen selbstbewußten Glauben an uns selber, im bewußten Verantwortungsgefühl, das uns diese Sendung auferlegt, und vor allem auch im heiligen Glauben, zu dem uns alle die Generationen, die vor uns für dieses Österreich gekämpft, gestritten, gelitten und gearbeitet haben, verpflichtet." Auch hier gibt es keine Vorgeschichte vor 996, keine Kontinuitäten, auch hier geht es um ein Millennium. Dies ist umso bemerkenswerter, als die Betonung des christlichen Erbes, ja der christlichen Mission, so zentral gesetzt wird. Die Sendung Österreichs meint wohl die Verteidigung des christlichen Abendlandes, zumindest klingt dies bei Figl an.

Das „Millennium" war also erfunden. Über Parteigrenzen hinweg, durch den Elitenkonsens von oben verordnet. Es sollte das Selbstbewußtsein des jungen Staates stärken und an die „bessere" tausendjährige Geschichte erinnern. Vor allem Schulen waren die Zielgruppe, in einer ganz besonderen Spielart der „reeducation". Die Feiern, die für die Zeit vom 7. bis zum 13. Oktober 1946 in den Schulen angesetzt waren, liefen aber recht verkrampft ab, es gab keine Vorbilder und keine Tradition, auf die man aufbauen konnte. Unverständnis und Hilflosigkeit bei Lehrern und Schülern kennzeichneten den großen gedanklichen Sprung, der ihnen nunmehr abverlangt wurde. In einem Erlaß des Unterrichtsministeriums wurde angeordnet: „Der Sinn dieses feierlichen Gedenkens liegt nicht nur in der Erinnerung an eine historische Tatsache; es soll dadurch vielmehr in allen Österreichern nach Jahren der Unterdrückung das Bewußtsein erweckt und gefestigt werden, daß sie auf Grund einer langen und ehrwürdigen Geschichte berufen und berechtigt sind, an dem Werk der europäischen Kultur in friedlicher demokratischer Zusammenarbeit mit allen übrigen Nationen teilzunehmen." Die Schulfeiern sollten „nicht bloß dem Gedächtnis der Vergangenheit, sondern dem lebendigen österreichischen Volks- und Staatsbewußtsein Ausdruck geben." Was lebendiges

Volksbewußtsein meinen konnte, wurde nicht ausgeführt. So gab es meist ritualisierte, historisierende Feiern in der Art des Geschichtsverständnisses des Ständestaates. Aufführungen und Kostümierungen historischer bzw. berufsständischer Bräuche, ein wenig Habsburgische Geschichte, vor allem aber christliche Werte, das waren die Eckpfeiler der bemühten Schulfeiern. Dennoch blieben sie im Gedächtnis der damaligen Jugend haften und haben deren Verständnis von Geschichte mitgeprägt.

Die anderen 1000 Jahre

Daneben existierte aber die lebendige Erinnerung an das Dritte Reich mit seiner tausendjährigen Perspektive. Wie sollte, wie konnte man damit umgehen, wie war diese Vergangenheit ins Geschichtsbild integrierbar? Daß die Bundesregierung, in der Opfer, zumindest aber Gegner des Nationalsozialismus, saßen, sich selbst als Antithese zum Nationalsozialismus verstand, war der Konsens, der die drei zugelassenen Parteien zusammenhielt. Im „Rot-Weiß-Rot-Buch", das bezeichnenderweise nicht zur geplanten Fortsetzung geführt wurde, heißt es: „Die Einstellung der österreichischen Bevölkerung zum ‚Hitlerkriege' war von allem Anfang an ablehnend, sofern sie nicht von seinem Ausgange die einzige Möglichkeit einer Befreiung vom Nazijoche erhoffte." Die (gesamte) österreichische Bevölkerung war also gegen den Nationalsozialismus, Österreicher wurden in der Wehrmacht hart und zurücksetzend behandelt, und „tausende Augen" sahen mit „stolzem, freudigen Glanz" die Flammen von Stalingrad als „Totenfackel der Hitler-Tyrannei" und als „Morgenschein einer freien Zukunft", wie es in der Ausstellung „Niemals vergessen" im Begleitband formuliert wurde. Tatsächlich entstanden 1945/46 etliche Denkmäler für die Opfer des Faschismus und der Widerstand wurde ausgezeichnet. Wie aber sollten die 250.000 Toten und die mindestens ebenso große Zahl der Kriegsgefangenen in dieses Geschichtsbild passen? Fast alle Familien waren betroffen. Waren die Söhne und Gatten für ein verbrecherisches Ziel gestorben, waren sie selbst schuldig? Was tun mit den Erinnerungsphotos, den Auszeichnungen, den Briefen von der Front? Wie war dieser Thematik Sinn zu geben?

Der im „Rot-Weiß-Rot-Buch" und in der Ausstellung „Niemals vergessen" angedeutete Weg, den Elitenkonsens des Jahres 1945 zum allgemeinen Geschichtsbild zu machen, konnte unter den Rahmenbedingungen, die einen großen Bevölkerungsteil emotional an die Wehrmacht band, nicht funktionie-

96

ren. Um Leid und Tod nicht sinnlos werden zu lassen, mußte zumindest der Dienst in der Wehrmacht vom Makel des Verbrechens gereinigt werden. Das Reinwaschen der Toten diente aber auch den Überlebenden. Auf den Krieger- denkmälern des Ersten Weltkriegs wurden die Namen der Gefallenen des Zweiten Weltkriegs hinzugefügt. Schon 1914 bis 1918 hatte man nicht „Öster- reich", sondern die „Heimat" verteidigt. Nahtlos fügte sich hier der Zweite Weltkrieg an. Nicht Österreich, nicht ein „Vaterland", also kein Staat, sondern die imaginäre „Heimat", die Familie, Dorf, Wert- und Normensysteme etc. meint, war das, was durch die Soldaten geschützt wurde. Die Kameraden tra- fen sich am Kriegerdenkmal, der männerbündische Kameradschaftsbund be- schwor soldatische Tugenden wie Treue, Tapferkeit, Aufopferung. Der litera- rische Typus des Stalingradromans, vom Schundheft bis zum Leinenband, die Erzählungen am Wirtshaustisch und in den Familien, all das transportierte ein ganz bestimmtes Soldaten- und Wehrmachtsbild, das von Kriegszielen und politischen Systemen abstrahierte und somit weitgehend positive Besetzung zuließ. Die Wehrmacht war damit „sauber" geworden.

Das Durchsetzen und Verfestigen von Bildern

Ohne Zweifel war es zumindest noch bis 1955 außenpolitisch wichtig, die Opferthese aufrechtzuerhalten und das Bild des österreichischen Widerstan- des zu pflegen. Intern begann jedoch ein Prozeß, der diese Thematik politisch dadurch stigmatisierte, daß man ihn mit den Kommunisten verband. Im Kal- ten Krieg war der Antikommunismus zum beherrschenden Leitbild gewor- den, und so war es einfach, Antifaschismus naserümpfend zu einer Pflicht- übung zu degradieren, während hinter vorgehaltener Hand die Opfertheorie verworfen wurde. Nur als ritualisierter Elitenkonsens blieb sie wirkungsvoll, ebenso wie die Bezugnahme auf die lange österreichische Kulturtradition, symbolisiert im Gedenken an die Urkunde von 996. Dieses schmale Band gemeinsamer, offizieller Sichtweisen schlug sogar in den Schulen kaum durch, wo Geschichte weitgehend ein Fach ohne Gegenwartsbezug war, weil die Lehrer aus Unsicherheit die Zeit nach 1918 tabuisierten. So gab es nur wenig Sickerwirkungen dieser Sichtweise, während die mündliche Tradierung direkt in die andere Richtung wirkte. Nur politische Organisationen, vor allem die politi- schen Jugendorganisationen der Linken, aber durchaus auch die christlichen Organisationen, hielten ein antinationalsozialistisches und auch ein wehrmachts- kritisches Bild hoch und gaben es in ihren Bildungsbemühungen weiter.

Aber selbst der Elitenkonsens begann bereits 1946 aufzubrechen. Das Rot-Weiß-Rot-Buch fand keine Fortsetzung und speziell in den nichturbanen Räumen unterstützten Politiker der beiden großen Parteien bereits in diesem Jahr die Veteranenverbände der Wehrmacht. So wurde das Bild der „sauberen Wehrmacht" rasch integrativ. War in politischer Hinsicht, gleichsam als Erbe der konfliktreichen Zwischenkriegszeit, die Kluft zwischen den politischen Lagern an der Basis noch lange ziemlich groß, was in der Aufrechterhaltung von Subkulturen den Ausdruck fand, so gab es eine eigentümliche Übereinstimmung in der Art der Aneignung der nationalsozialistischen Vergangenheit. Das Regime selbst wurde (zumindest in offiziellen Äußerungen) nie positiv besetzt, die Wehrmacht hingegen schon. Es gab Verbrecher, sogar verbrecherische Organisationen, die Wehrmacht zählte aber nicht dazu.

Wohl jeder meiner Generation der kurz nach dem Krieg Geborenen, kennt diese eigenartige Mischung: die Geschichten von Narvik (oder von wo immer), voll von Kameradschaft und den anderen soldatischen Tugenden. Das stand ganz unvermittelt neben den Säulenheiligen der Zweiten Republik, dem Bekenntnis zum Staat und zur Wiederaufbauleistung. Und dann gab es noch die ritualisierten Reste einer segmentierten Subkultur als Relikt von den Jahren vor dem Nationalsozialismus. Bei aller Widersprüchlichkeit bestanden diese Versatzstücke der Geschichte nebeneinander und wurden nicht als unvereinbar begriffen. Da es keine geordnete Vermittlung der Geschichte des 20. Jahrhunderts gab, blieb für etliche Jahre dieses Nebeneinander bestimmend, verfestigte sich generationsübergreifend und wurde über Rituale, vor allem bei Begräbnissen, identitätsstiftend vermittelt. Im Dorf spielen bis heute die Kriegerdenkmäler und die Friedhöfe im ritualisierten Ablauf des Jahres und des Lebens eine ganz entscheidende Rolle.

Die Bruchlinien

In diesem Klima des Verdrängens und des selektiven Umgangs mit der Geschichte, das für etwa zwei Jahrzehnte in Österreich prägend war, konnte sich nicht einmal ein einziges Institut für Zeitgeschichte an den österreichischen Universitäten etablieren. Nur das Dokumentationsarchiv des österreichischen Widerstandes, zwar mit überproportionaler Beteiligung der Kommunisten, aber dennoch überparteilich anerkannt, bemühte sich um die wissenschaftliche Aufarbeitung der jüngsten Vergangenheit. Es wurde zur Anlaufstelle für jene Generation von Studentinnen und Studenten, die um die Mitte der

sechziger Jahre das nationale Meinungsmonopol an den Universitäten aufzubrechen begannen und, ausgehend von ihrer Sozialisation in den Jugendorganisationen, kritische Fragen zu stellen wußten. Schon vor dem Schlüsseljahr
1968 wurden die neuen Bruchlinien deutlich. Der Konflikt um den Professor
an der damaligen Hochschule für Welthandel, Taras Borodajkewycz war das
erste Signal, Straßenkämpfe führten zum ersten politischen Todesopfer nach
1945. Die neue Studentengeneration machte den Widerstand zu einem
Forschungsthema, liberale und konservativ-liberale Professoren machten es
möglich, die Themen im Wissenschaftsbetrieb gesellschaftsfähig zu machen.
Zeitgeschichte begann zu boomen, Institute wurden gegründet und galten
bald als Sammelbecken für kritische, dominant linke Studierende, die auf der
Suche nach dem „anderen Österreich" waren. In den heimkehrenden Emi-
granten wurden neue Vaterfiguren gefunden, die den realen Vätern, jenen, die
in der Wehrmacht gewesen und mit dem Nationalsozialismus zumindest sym-
pathisiert hatten, gegenübergestellt wurden. Der Generationskonflikt wurde
in diesen Jahren auch oder gerade in historischen und politischen Kategorien
ausgefochten. Die neuen Argumente der jungen Generation, vermischt mit
dem generellen Aufbruch der späten sechziger Jahre, stießen auf eine Mauer
des Unverständnisses.

War der Beginn der Zweiten Republik durch den sogenannten Elitenkonsens
gekennzeichnet, dem an der Basis ein Dissens entlang der alten politischen
Trennlinien entsprach, so wurde gut zwei Jahrzehnte später das Bild umge-
kehrt. Eine junge Elite führte eine neue Streitkultur ein, die aber einem weitgehend verfestigten, einheitlichen Bild an der Basis gegenüberstand. Die tausendjährige Kulturtradition Österreichs hatte nur noch beim alten und konservativen Teil der Elite ein bescheidenes Plätzchen im Bewußtsein. Die junge
Elite bekämpfte „den Muff von 1000 Jahren" unter den Talaren der Universitäten, wobei stärker die gerade vergangenen tausend Jahre der nationalsozialistischen Herrschaft gemeint waren als die Ostarrichi-Tradition.

50 Jahre Zweite Republik

Drei Jahrzehnte später hatten sich die Rahmenbedingungen deutlich gewan-
delt. Die Waldheim-Affäre, mit hohen Emotionen ausgetragen, hatte es im
letzten Jahrzehnt immerhin geschafft, Österreichs Anteil am Zweiten Weltkrieg zumindest zu thematisieren. Sie fiel in die Endphase des Kalten Krieges,
und die folgenden Jahre sollten die Rahmenbedingungen für das österreichi-

sche Geschichtsverständnis grundlegend ändern. Unter diesen Änderungen, die sowohl für die Sichtweise auf die Jahre 1938 bis 1945 als auch für den Umgang mit der Ostarrichi-Tradition von Bedeutung sind, seien hier ohne Anspruch auf Vollständigkeit angeführt:

a) In den Jahren des Kalten Krieges hatte Österreich eine bequeme Position als Schaufenster des Westens und als Mittler zwischen den Blöcken einnehmen können. Diese Rolle war ganz wesentlich über die Neutralität des Landes bestimmt. Die Neutralität war das vielleicht am stärksten positive Identität stiftende Merkmal des jungen Staates. Die Nachadaptierung des Nationalfeiertages vom 25. Oktober, als 1955 der letzte fremde Soldat Österreich verließ, auf den 26. Oktober, den Tag des Beschlusses des Neutralitätsgesetzes geschah im breiten, lagerübergreifenden Konsens. Der 26. Oktober 1955 war der entscheidende Gedächtnisort des Staates, viel integrativer als es der 12. November 1918 je in der Ersten Republik werden konnte. Nunmehr hat die Neutralität einen wesentlichen Bedeutungsverlust erlitten, ohne daß dies bisher wesentlich zu einem Einbruch in der Akzeptanz der eigenständigen Identität geführt hat. Dennoch – der wichtigste gemeinsame historische Bezugspunkt geht verloren.

b) Zum Selbstbewußtsein der österreichischen Bevölkerung hat auch der „österreichische Weg" beigetragen. Der Slogan stammt zwar erst aus der Kreisky-Zeit, der österreichische Weg wurde aber bereits mit den Verstaatlichungsgesetzen und den Lohn-Preis-Abkommen eingeleitet, mit der Sozialpartnerschaft sodann fortgesetzt. Diese Konfliktregelungsmechanismen und die Möglichkeit des Staates, stärker lenkend in die Wirtschaft einzugreifen als in jedem anderen westlichen System, führte zu hohen sozialen Standards mit großer Verläßlichkeit. All dies fand hohe Zustimmung, ist aber derzeit als System im Auslaufen begriffen. Sogar der Generationenvertrag scheint nicht mehr gesichert, Privatisierung auch im Bereich der großen Banken, zu Beginn des Jahres 1997 das innenpolitische Thema schlechthin, steht auf der Tagesordnung. Österreich wird zum westeuropäischen Normalfall, ein weiterer identitätsstiftender Faktor fällt also weg.

c) Politisch schien die Große Koalition lange die der österreichischen Situation entsprechende Regierungsform. Selbst die Alleinregierungen ab 1966 trugen noch wesentliche Merkmale der Großen Koalition, damit verbunden eine besondere Konflikt(vermeidungs)kultur, die natürlich eine ganze Reihe außerparlamentarischer Mechanismen eingebaut hatte. „Versäulte Konkordanzdemokratie" wurde dieses System genannt, Versäulung meint natürlich auch Versteinerung. Aber auch hier ist viel in Bewegung geraten, die derzeitige Große Koalition hat intern größere Konflikte als es sie früher zwischen Regierung und Opposition gab. Sicher ist jedenfalls, daß auch die politische Landschaft Österreichs ihre Sonderstellung verloren hat.

d) Einige Jahrzehnte lang war Österreich darum bemüht, Staat und Nation deckungsgleich zu bekommen. War die Zustimmung zur sogenannten Staatsnation bald sehr breit, da sie ja auch notwendiger Bestandteil der Opferthese war, so blieb lange ein guter Teil der Bevölkerung der Meinung, zur deutschen Kulturnation zu gehören. Dies galt für das nationale Lager, aber auch für große Teile der Sozialdemokratie, die dieser Tradition verbunden war. Langsam begann sich die Diskussion um die nationale Identität über den Gegensatz von Staats- und Kulturnation hinwegzusetzen und Österreich insgesamt außer Frage zu stellen. Daher blieb die deutsche Wiedervereinigung auch ohne Auswirkungen auf das österreichische Selbstverständnis. Und sogar das nationale Lager, heute durch die FPÖ repräsentiert, spielt heute eine betont österreichisch-nationale Karte, vor allem in den Diskussionen um den europäischen Vereinigungsprozeß.

e) Die Mitgliedschaft in der Europäischen Union hat nicht nur allgemeine politische Auswirkungen, die mehr oder weniger Zustimmung in der Bevölkerung finden. Sie ist auch wichtig für den Umgang mit Geschichte, obwohl sich so gut wie kein europäisches historisches Bewußtsein erkennen läßt. Die gesamte Forschungspolitik ist technologieorientiert, die Kulturwissenschaften haben keinen Platz. So gibt es auch in der neuen Gemeinschaft die alten Konflikte, in Irland, in Belgien, in Spanien. Keine übergeordnete Identität entschärft die regionalen Problemzonen. Ganz im Gegenteil: die Diskussion zum neuen Europa der Regionen weckt alte Konflikte, die praktisch überwunden waren, wieder auf. Was ist eine Region, wie und durch welche Merkmale wird sie definiert? Was wird das etwa für Tirol bedeuten, aber auch für die anderen österreichischen Länder, deren historische Grenzen sich nicht mit den heutigen decken? Schon 1918 erwiesen sich die Länder als die eigentlichen Kontinuitätsträger, die erst den österreichischen Staat schufen. Nun könnten hier ganz neue Problemfelder entstehen.

Wieder Ostarrichi?

Diese großen politischen Veränderungen machen es notwendig, das Projekt Österreich in der Geschichte neu zu verankern. Das Wissenschaftsministerium hat den Versuch unternommen, im Projekt „Grenzenloses Österreich" eine solche Standortbestimmung zu unternehmen. Auch die wieder aufgeflammte Diskussion um Mitteleuropa, die nach den politischen Änderungen in Osteuropa geänderte Perspektiven erhalten hatte, ist ein solcher Versuch, wenn er auch in eine andere Richtung geht.

Für ein Millennium war 1996 aber jedenfalls der richtigere Zeitpunkt als es 1946 war. Dennoch ging die Rechnung von 1000 Jahren Österreich nicht auf. Weder waren die beiden Ausstellungen in St. Pölten und in Neuhofen an der Ybbs sonderlich erfolgreich, noch griff die Thematik ernsthaft über in die Medien. Die Feiern waren weitgehend entkrampft und kommerzialisiert. Die politischen Bezüge waren gering und von aktuellen Bezügen geprägt. Wenn etwa Bundespräsident Dr. Thomas Klestil die europäische Dimension ansprach, so meinte er nicht jene krampfhafte Verankerung im demokratischen Europa, die 1946 zentral war. „Österreichs Vergangenheit war europäisch, die Zukunft wird es auch sein", führte der Bundespräsident anläßlich einer Buchpräsentation aus. Wenn dies keine banale geographische Aussage sein sollte, so schwingen hier immerhin jene abendländischen Töne mit, die auch Figl (mit religiösen Bezügen) 50 Jahre früher angedeutet hatte. Wie schon 1946 griff das Millennium aber nicht. Schon am Beginn des Jahres 1997 scheint vergessen zu sein, was im Vorjahr ein Thema war. 1000 Jahre Österreich wird wohl eine Episode bleiben.

Die Wehrmachtsausstellung

50 Jahre nach Kriegsende schien es an der Zeit, das Thema Wehrmacht mit der nötigen Distanz anzugehen. Allerdings gab es kontraproduktive Entwicklungen. So waren die gemeinsamen Feiern in Deutschland zum 8. Mai durch eine Mitterand-Rede gekennzeichnet, in der dieser ausführte: „Ich bin nicht gekommen, um den Sieg zu feiern, über den ich mich 1945 für mein Land gefreut habe. Ich bin nicht gekommen, um die Niederlage herauszustellen, weil ich wußte, welche Stärken das deutsche Volk hat, welche Tugenden, welchen Mut, und wenig bedeutet mir seine Uniform und auch die Vorstellung in den Köpfen dieser Soldaten, die in so großer Zahl gestorben sind. Sie waren mutig. Sie nahmen den Verlust ihres Lebens hin. Für eine schlechte Sache,

aber ihre Taten hatten damit nichts zu tun. Sie liebten ihr Vaterland." Die Herausstellung der soldatischen Tugenden, die Trennung ihrer Toten, die nichts mit dem Regime zu tun hatten, all das verstärkte das Bild, das sich in den Köpfen ohnedies schon verfestigt hatte. In Deutschland konnte man von „Vaterland" sprechen, in Österreich hieß dies „Heimat", denn nur so war die Differenz zwischen Täter und Opfer, auf die man abzielte, zu verdeutlichen.

Die Ausstellung zu den Verbrechen der deutschen Wehrmacht kam zur rechten Zeit, um diese falsche Idylle aufzubrechen. Daß sie in Österreich besonders emotional aufgenommen wurde, liegt am ausgeprägten Verweigern eines Diskurses bis zu diesem Zeitpunkt. Die politischen Diskussionen um Ehrenschutz, Eröffnungen und Rahmenprogramme in Wien, Klagenfurt, Linz und Salzburg haben gezeigt, welche Mängel die politische Kultur dieses Landes noch aufweist. Ohne auf die Qualität der Ausstellung näher eingehen zu wollen, ist es vor allem das Umfeld und die Wirkungsgeschichte, die von Interesse ist. Speziell vor Wahlen orientieren sich viele Politiker an der „Basismeinung", die sich in den Leserbriefen der regionalen Zeitschriften spiegeln. Die Gegner der Ausstellung sind eindeutig in der Mehrheit, und als Folge brechen Kooperationen zwischen Parteien im Lichte populistischer Positionierungen. Die Konservativen nähern sich den nationalen, die „Ampel" ist deklariert auf der anderen Seite.

Vielleicht enthält diese Diskussion die Chance für den Beginn eines Klärungsprozesses. Vor den Historikern liegt jedenfalls noch ein gutes Stück Arbeit.

1 Dieser Beitrag, der dem Linzer Vortrag folgt, wurde zuerst gedruckt in der Festschrift für Felix Kreissler, Paris 1997. Er erscheint hier als unveränderter Nachdruck.

Dialog: Wehrmacht – Bundesheer.
Traditionen, Brüche, Erinnerungen
Rudolf Ardelt/Sepp Kerschbaumer/Josef Weidenholzer

Weidenholzer: Sehr geehrte Damen und Herren! Ich darf Sie sehr herzlich zur heutigen Diskussion begrüßen. Es ist die zehnte Veranstaltung im Rahmenprogramm zur Wehrmachtsausstellung, und es ist erfreulich, daß auch bei dieser zehnten Diskussion noch so viele von Ihnen teilnehmen. Das zeigt, wie stark das Interesse ist.

Die heutige Veranstaltung steht unter dem Aspekt eines Dialogs. Dialog heißt, daß zwei unterschiedliche Positionen vertreten werden, daß man versucht, die Gegensätze herauszustellen, miteinander zu diskutieren. Wir werden das auch so abwickeln, daß zunächst beide Herren ca. 15 Minuten ein Statement abgeben, dann noch einmal am Podium einige Unklarheiten ausräumen; dann möchten wir Sie bitten um Ihre Diskussionsbeiträge, und am Schluß wird noch einmal eine Runde am Podium stattfinden. Die Veranstaltung beschäftigt sich mit Tradition und Traditionspflege, mit Brüchen in der Tradition, damit, wie weit Bundeswehr und Wehrmacht in einer Tradition sind, inwieweit nicht, wo liegen die Bruchlinien.

Ich darf die beiden Diskussionsteilnehmer ganz kurz vorstellen. In alphabetischer Reihenfolge: zu meiner Rechten Herr Prof. Ardelt von der Universität Linz. Er ist der spiritus rector dieser Veranstaltung und hat viel dazu beigetragen, daß diese Veranstaltung eine große öffentliche Resonanz gefunden hat. Zu meiner Linken Herr Sepp Kerschbaumer, Präsident des OÖ. Kameradschaftsbundes und als solcher diesen Fragen eng verbunden. Seine Organisation lebt eigentlich von der Pflege der Traditionen und ich bedanke mich bei beiden Herren, daß sie sich für diese Diskussion zur Verfügung gestellt haben.

Ardelt: Danke vielmals. Meine sehr geehrten Damen und Herren. Wenn wir über das Thema Wehrmacht/Bundesheer sprechen, dann ist man als Zeitgeschichtler damit konfrontiert, daß es eine gewisse Kontinuität zwischen diesen beiden Institutionen zweier sehr verschiedener Staatswesen gibt, die einfach durch die persönliche Kontinuität gegeben ist. Als das Bundesheer aufgebaut wurde, griff man natürlich notwendigerweise auf jene Angehörigen der Wehrmacht zurück, die mit entsprechendem Alter und entsprechender Ausbildung vorhanden waren. Auf der anderen Seite stellt sich die Frage für mich als Historiker, wieweit jemals diese Thematik Bundesheer/Wehrmacht öffentlich wirklich explizit diskutiert wurde, wieweit sie ein öffentliches Thema der Auseinandersetzung war ähnlich wie in der Bundesrepublik, wo ja die Bundeswehrgründung doch sehr ausführliche Auseinandersetzungen mit dem Thema Wehrmacht mit sich gebracht hat, bis hin zur Gründung eines militärgeschichtlichen Forschungsamtes der Bundeswehr. Ich glaube, daß diese Auseinandersetzung in Österreich wie so vieles an der ganzen Politik hinsichtlich Landesverteidigung grandios schlampig „fortgewurstelt" wurde, daß eigentlich dieses Thema nie wirklich zu einem zentralen Thema ernsthafter politischer Diskussionen und Auseinandersetzungen in dieser Republik wurde. Ich glaube auch, daß die Aufregung, die teilweise die Ausstellung „Vernichtungskrieg. Verbrechen der Wehrmacht" hervorruft oder hervorgerufen hat, darauf zurückzuführen ist, daß eine solche Auseinandersetzung gefehlt hat. Ich persönlich bin der Meinung, daß es einen klaren Bruch im Leitbild geben muß. Ich glaube, daß das Bundesheer als militärische Organisation einer demokratischen, parlamentarischen Republik eine ganz andere Leitbildformulierung braucht als die Wehrmacht. Nicht nur aus Gründen der Absetzung von dieser Wehrmacht, eines Bruches aus opportunistischen Gründen nach 1945, sondern aus prinzipiellen Gründen. Die Wehrmacht ist Nachfolgerin der Reichswehr des Deutschen Reiches. Sie steht in der Tradition einer Entwicklung des 20. Jahrhunderts, wo für gesellschaftliche Beziehungen zunehmend militärische Verhaltensnormen, militärische Auseinandersetzungsformen charakteristisch waren. Das beginnt schon vor 1914, das steigert sich im Ersten Weltkrieg, wenn wir an Ludendorffs These vom totalen Krieg im Jahr 1917/18 denken. Das findet seine Fortsetzung in einer weitgehenden Militarisierung des Denkens und des Verhaltens in der Gesellschaft der Zwischenkriegszeit, nicht nur in Deutschland, nicht nur in Österreich, sondern durchaus europaweit. Das findet seine Fortsetzung natürlich auch in der Politik, die von der Reichswehr ausgeht und die sie zum Bündnispartner der NSDAP bei der Machtergreifung und nach der Machtergreifung Adolf Hitlers und seiner Ernennung zum Reichskanzler werden läßt. Ich glaube, man kann nicht darüber hinweggehen, daß die Wehrmacht oder vorher die Reichswehr jene Organisation des Dritten Reiches war, die als Koalitionspartner von Adolf Hitler lange Zeit eine ganz wesentliche Stütze des Aufbaus der

Macht der NSDAP und der Stabilisierung nationalsozialistischer Herrschaft war. Das führt so weit, daß Adolf Hitler 1934 die gesamte Spitze der SA mit Röhm ermorden ließ. Die Wehrmacht wird durch diese Aktion der Entmachtung der SA zur entscheidenden Säule des Dritten Reiches. Allerdings ist diese Entmachtung und Enthauptung der SA auch die Geburtsstunde des Aufstiegs der SS, die dann zu einem Parallelinstrument der Herrschaft des nationalsozialistischen Systems wird. Dieses Zusammenspiel von Reichswehr/Wehrmacht und NSDAP ist getragen von der Auffassung, daß die Gesellschaft weitestgehend autoritär organisiert sein müßte, daß die Gesellschaft Deutschlands, wolle es wieder eine Hegemonialposition erlangen, nach militärischen Prinzipien organisiert sein soll, unter Ausschaltung parlamentarischer und demokratischer Strukturen. Hier trifft sich die Wehrmacht ganz eindeutig mit der NSDAP. Diese Militarisierung der Gesellschaft wird also von der Wehrmacht mitgetragen, vorangetrieben und als Ziel gesehen.

Wenn wir dieses Leitbild einer militarisierten Gesellschaft – einer durch und durch militarisierten Gesellschaft – betrachten, wird, glaube ich, auch deutlicher, daß der bruchlose Anschluß an Leitbilder der Wehrmacht in einem demokratischen parlamentarischen Staat nicht möglich ist. Parlamentarismus und Demokratie leben von Bürgersinn, sind Zivilgesellschaft und nicht Militärgesellschaft. Ich glaube, daß bis heute eigentlich die politisch maßgeblichen Kräfte es bisher versäumt haben, dieses Leitbild wirklich durchzudiskutieren, öffentlich zur Diskussion zu stellen: Was heißt Soldatsein in einer zivilen Gesellschaft. In der Bundesrepublik ist es zumindest zu einem Teil geschehen und versucht worden. In Österreich, glaube ich, leidet auch das Bundesheer darunter, daß es eine sehr diffuse und ambivalente Stellung hat. Das hängt viel mit den verschiedenen Positionen im politischen Spektrum zusammen, das hängt damit zusammen, daß Teile dieses politischen Spektrums in gewisser Weise die Frage des Bundesheeres, des Soldaten in der Bürgergesellschaft eher als eine marginale Frage angesehen haben. Damit haben wir heute ein Bundesheer, wo ich es durchaus verstehe, daß viele Soldaten und Offiziere über die periphere Existenz des Soldaten in dieser Bürgergesellschaft klagen. Das ist jetzt nicht ein Plädoyer für eine Aufrüstung Österreichs, sondern ein Plädoyer für eine klare Standortbestimmung des Bundesheeres in unserer Gesellschaft, aber auch ein Plädoyer dafür, bei aller Hochachtung der Leistungen jener Wehrmachtssoldaten, die hier Aufbauarbeit geleistet haben, daß die personelle Kontinuität nicht eine Kontinuität des Leitbildes sein kann.

Kerschbaumer: Ich darf allen einen schönen Abend wünschen. Ich darf mich kurz vorstellen, warum ich als Zivilist das Bundesheer vertrete. Ich bin als Präsident des OÖ. Kameradschaftsbundes nicht legitimiert, für das Bundesheer zu sprechen. Ich habe mich mit dem Militärkommando in Verbindung gesetzt, das mir in Absprache mit der Abteilung Wehrpolitik im Bundesministerium die Genehmigung erteilt hat und daher darf ich heute hier sitzen. Dies bitte zur Aufklärung. Es ist, glaube ich, eine Selbstverständlichkeit, daß ich für unser Bundesheer, für unsere Soldaten im Bundesheer, eintrete, weil ich selbst 33 Jahre Angehöriger des Bundesheeres war und 29 Jahre davon dort als Unteroffizier gedient habe. Ich möchte das Wort „gedient" aus einem ganz einfachen Grund betonen: Unser Bundesheer hat überhaupt keine Verbindung zur Deutschen Wehrmacht, auch von der Tradition her nicht. Und das möchte ich schon kurz aus einem Verlautbarungsblatt des Bundesministeriums für Landesverteidigung zitieren. Für die Überlieferungspflege kommen nur die ehemaligen österreichisch-ungarischen Streitkräfte, die alte Armee des Bundesheeres der Ersten Republik, die ehemalige B-Gendarmerie und das jetzige Bundesheer der Zweiten Republik von seinen Anfängen an in Betracht. Hiemit ist der Rahmen für die Überlieferungspflege festgelegt. Es ist erlaßmäßig geregelt, daß zwischen dem Bundesheer und der ehemaligen Deutschen Wehrmacht in keiner Form eine Verbindung besteht. Es ist auch die Gestaltung des Bundesheeres und die Organisation des Bundesheeres wesentlich anders. Es ist, glaube ich, selbstverständlich und jedem klar, daß in einer Demokratie ein Sicherheitsinstrument, und so ist auch das Bundesheer zu sehen und zu verstehen, anders aufgebaut ist als in einer Diktatur. Wie bereits in meiner Fernsehdiskussion besprochen, wurde von Hitler ein Angriffskrieg geführt, der von unserer Regierung und vom Bundesheer nie angestrebt wurde. Die Aufgabe des Bundesheeres ist immer eine defensive, und wenn man das Logo von unserem Bundesheer kennt – „Schutz und Hilfe, wo andere nicht mehr können" – dann glaube ich, daß unser Bundesheer ja weit eher zu Humanität neigt als zu Aggression. Und das ist schon, glaube ich, eine ganz wesentliche Sache im Rahmen eines Militärs in einer Demokratie und einer Diktatur. Das Resultat, daß das Heer in der pluralistischen Gesellschaft an eine andere Funktion, vielleicht ein anderes Ansehen hat, ist auch selbstverständlich. Der Soldat des Bundesheeres muß sich heute in der Bevölkerung anders zur Kenntnis bringen als es damals der Soldat getan hat. Damals hat der Soldat von der Hierarchie her die Macht gehabt. Heute ist der Soldat, so hoffe ich zumindest, Bestandteil unserer Gesellschaft. Das ist auch ein ganz wesentlicher Unterschied. Es wäre auch wünschenswert, wenn der Soldat Bestandteil des Volkes und der Bevölkerung wäre. Ich glaube kaum, daß sich die Angehörigen unseres Bundesheeres damit schwertun. Sie sind schließlich auch in einer Generation geboren, in der die Demokratie vorherrschend war und sicherlich nicht die Diktatur, weil diese manche, Gott sei Dank, nur vom Hörensagen kennen. Seien wir froh, daß das so ist. Wir müssen uns alle glücklich schätzen, daß wir in einer freien Demokratie leben dürfen. Man kann natürlich Demokratie überbeanspruchen und dann fragt man sich natürlich schon, wie es mit der Demokratie ausschaut. Und daher bin ich schon der Meinung, daß sich da jeder in unserem Heimatland die Pflicht auferlegen muß, die Demokratie wohl zu nützen, aber nicht auszunützen. Ich bin jetzt gerne bereit, mit Prof. Ardelt darüber zu diskutieren.

Ardelt: Herr Kerschbaumer, Sie haben sich jetzt auf eine Position zurückgezogen, die ganz klar die formale, institutionelle Position ist. Auf der anderen Seite kann man nicht übersehen, daß im und um das Bundesheer Menschen leben, die natürlich auch ihre Gedanken, ihre Normen, ihre ideologischen Positionen haben, wobei ich jetzt Ideologie nicht abwertend meine, sondern daß wir alle unsere Werthorizonte haben. Hier kommt mir vor, daß Sie doch eigentlich in der anderen Diskussion an Realitäten vorbeigehen.

1. Die Tatsache, daß ein Divisionär des Bundesheeres, Divisionär Trauttenberg, Adjutant des Bundespräsidenten, hier zur Eröffnung der Ausstellung „Vernichtungskrieg" eine Rede gehalten hat, ist ja nun im Bundesheer zum Teil auf Empörung bis hin zu versteckten Beschimpfungen gestoßen. Es ist ja nicht so, daß der Herr Divisionär Trauttenberg irgendwo auch nur ernstgenommen und angehört worden wäre, weil es ja offenbar doch ein Problem ist für viele Bundesangehörige, diese Ausstellung unvoreingenommen sich anzuschauen und mit uns zu diskutieren. Wir werden das sehen, wir werden jetzt mit ungefähr 80 Angehörigen des Bundesheeres mehrere Führungen haben, darunter auch mit dem Militärkommando Oberösterreich. Außerdem gibt es natürlich um das Bundesheer herum eine Reihe von Traditionsverbänden, wo sich Alt und Jung treffen, vereinen, und wo mir ganz klar vorkommt – ich stelle das einmal so in den Raum – daß hier die Abgrenzung, der klare Bruch schon viel weniger deutlich ist. Diese Traditionsverbände bemühen sich auch um junge Angehörige des Bundesheeres. Sie selbst sind ja auch kein Weltkriegsteilnehmer und bauen hier sozusagen neue Traditionen

auf. Wenn ich mir vorstelle, was im Vorfeld hier – ich habe hier ein Papier aus dem niederösterreichischen Kameradschaftsbund bekommen – z. B. über die Geschichte der Wehrmacht in einer – wie heißt es so schön – Aufklärungsschrift steht, die von einer Organisation „Arbeitsgemeinschaft für Kameradenwerte und Traditionsverbände" e. V. in Stuttgart herausgegeben wurde, offenbar vom Kameradschaftsbund übernommen wird. Wenn ich mir vorstelle, daß die Äußerungen dieser Kameradschaftsverbände zur Geschichte des Zweiten Weltkrieges heute weitgehend von einer Literatur bestimmt werden, die wissenschaftlich marginal und höchst umstritten ist, dann kann ich also nicht sagen, daß man hier so ohne weiteres von einem Bruch sprechen kann. Ich stelle auch die Frage, wie weit sich der Kameradschaftsbund von Kameradschaftsvereinigungen, die ziemlich rechts stehen wie z. B. K 4,[1] distanziert und abgrenzt.

Wenn wir in Gesprächen und in Papieren des Kameradschaftsbundes Positionen finden, die genau so in der Aula Monat für Monat heruntergebetet werden, wo ich dann das Gefühl habe, bei allem Respekt, man betet diese gebetsmühlenartig vorgetragenen Argumente einfach nach und sucht nicht einmal das Gespräch und die Auseinandersetzung. Dann habe ich, ehrlich gesagt, meine Bedenken und meine Sorgen als jemand, der in einer bestimmten Lehrerposition in diesem Staat tätig ist, weil hier sehe ich diesen Bruch nicht, sondern eine sich verwischende Zone.

Weidenholzer: Ich schlage jetzt vor, daß wir zunächst über die ganze Problematik der Traditionsverbände eingehender diskutieren und das Bundesheer nicht ausklammern, sondern dann später noch einmal darauf zurückkommen, um das jetzt nicht zu verwischen.

Kerschbaumer: Zu den Traditionsverbänden darf ich folgendes sagen. Der Traditionsverband, zu dem ich sprechen kann, ist der OÖ. Kameradschaftsbund im Globalen gesehen, der Österreichische Kameradschaftsbund, weil ich dort Vizepräsident bin. Im Kameradschaftsbund – vielleicht kennen Sie unsere Dokumentationen nicht – wird aber sicherlich nicht in diese Richtung gearbeitet und dieser Herr Müller, der diese Broschüre – ich kenne sie – ausgeschickt hat, gegen ihn läuft ein Ausschlußverfahren im Österreichischen Kameradschaftsbund, weil ich mich mit solchen Aussagen nicht identifizieren möchte, aber auch nicht kann. Die angesprochene K 4 ist nicht Mitglied im Kameradschaftsbund und daher steht diese Organisation für mich nicht zur Diskussion. Es wurde auch an uns nie der Antrag gestellt, daß sie dem

Kameradschaftsbund beitreten können, daher ist auch diese Organisation für mich nicht relevant, um Gespräche zu suchen. Ich glaube, daß ich doch ein Beispiel bin für jemanden, der Gespräche sucht und daher sitze ich auch hier und nicht nur da sondern auch anderswo und diskutiere mit, weil ich mich als Demokrat schon irgendwo verpflichtet fühle, mich in den Wind zu stellen. Das ist doch eine Selbstverständlichkeit. Wenn einem das nicht angenehm oder unbequem ist, dann sollte man solche Funktionen nicht annehmen und schon gar nicht ausüben. Das dazu.

Divisionär Trauttenberg ist sicherlich in manchen Kreisen nicht gut angekommen. Ich habe von ihm die Ausstellungsrede gehört, weil ich selbst bei der Ausstellung war, weil ich der Meinung bin, man kann nur über etwas diskutieren, das man selbst miterlebt und selbst gesehen hat. Ich kann mich mit manchen Aussagen von Divisionär Trautenberg schon identifizieren, mit manchen natürlich nicht. Aber das ist ja auch eine Sache der Demokratie und des Demokrat-Seins, daß man auch Andersdenkende anhört, mit ihnen diskutiert, unter Umständen auch mit ihnen die Meinung teilen kann. Das ist für mich kein Problem. Ich bin kein Radikalist und kein Extremist.

Ardelt: Die zweite Frage, die mich interessieren würde, um es vielleicht einmal auf den Punkt zu bringen: Wie steht eigentlich der Kameradschaftsbund zur Traditionspflege, wenn es um die Frage von Deserteuren der Deutschen Wehrmacht geht, wenn es um die Frage von Wehrdienstverweigerern geht. Wie stellt sich der Kameradschaftsbund zu diesen Problemen, wie sie in dieser Broschüre z. B. als feiger Verrat an den Kameraden bezeichnet werden.

Kerschbaumer: Prinzipiell muß man einmal sagen, daß ein Soldat anderen Kriterien unterliegt als eine Zivilperson. Das ist einmal festzulegen, weil ein Soldat für sein Vaterland den Eid ablegt. Das ist einmal ein prinzipieller Unterschied zwischen Zivilisten und Soldaten. Es kommt natürlich dann darauf an, wie Divisionär Trauttenberg gesagt hat, es ist auch eine Frage des Gewissens. Wie weit geht der Gehorsam und wann kann ich meinem Gewissen folgen. Diese Entscheidung bleibt natürlich jeder Person überlassen. Es ist aber nicht die beste soldatische Tradition, wenn er für sich selbst entscheidet, weil er für sich selbst z. B. einen militärischen Abschnitt nicht abschätzen kann, da er nicht den Einblick des Kommandanten hat. Prinzipiell ist der Kommandant für seine Soldaten verantwortlich, das ist auch ganz deutlich zu sagen. Daher ist auch im Militär die Hierarchie ganz streng geregelt, das ist keine Frage.

Zur Frage der Deserteure. Diese Deserteure haben sich für die Desertion entschieden, aus welchen Gründen immer, mag es Feigheit sein, mögen es Gewissensgründe sein, mag es sein, daß sie sich durch die Desertion mehr versprechen als vom Bleiben. Hier gibt es auch verschiedene Kriterien, warum einer seinem Eid untreu wird. Das muß man ganz streng auseinanderhalten und nicht globalisieren.

Die Traditionspflege im Kameradschaftsbund ist für mich ein sehr Leichtes, weil sie im besten Wissen und Gewissen gehandelt haben und das respektieren wir aus einem ganz einfachen Grund. Es waren sehr wenige, die freiwillig eingerückt sind. 98 % hatten zur Zeit Hitlers einrücken müssen, ob es ihnen recht war oder nicht. Und wenn man über diese Menschen urteilt, sollte man die Geschichte auch einmal in der Form betrachten. Man muß die große Not der 30er Jahre auch in Betracht ziehen. Damals hat es nur für eine gewisse Zeit Arbeitslosenbezug gegeben, nicht so wie heute, sondern damals hat es nur 6 Wochen Arbeitslosenbezug gegeben, dann waren diese Männer ausgesteuert, wie man damals sagte, haben keinerlei weitere Unterstützung bekommen. Sie sind dann mit ihren Familien betteln gegangen. Das muß man auch einmal ganz deutlich sagen. Daß es in einer so schwierigen Zeit ein Diktator wesentlich leichter hatte als heute in einer Demokratie, ist doch auch ganz klar. Dieser Herr Hitler war in der Lage, Arbeit zu schaffen. Daß ihm diese Leute nachgelaufen sind, ist für mich voll zu verstehen und ich mache diesen Menschen daraus keinen Vorwurf. Ich möchte nicht wissen, wenn wir heute in diese Situation kämen, wie die Leute reagieren würden. Sie haben das einmal in einem Rundfunkinterview sehr gut gesagt – nicht sehr viele wären Jägerstätter. Das habe ich an Ihnen sehr geschätzt, weil Sie genau wissen, daß nicht alle so reagieren würden, und ich bin überzeugt davon, daß 98 oder 99 % nicht so reagiert hätten wie Jägerstätter. Das muß man auch sagen. Und man muß auch die Informationspolitik dieser Zeit wissen. Damals hat es den Volksempfänger gegeben, und was dort gesendet wurde, weiß jeder. Da hat jede Objektivität gefehlt. Die Zeitungen, wenn sich jemand eine Zeitung leisten konnte, weiß man auch ganz genau, was darin geschrieben wurde. Und daß man diesen Leuten heute, aus der Not, die sie damals hatten, und aus der Gewissensnot, die sie nach dem Krieg hatten, die ihnen bis zum Sterben niemand abnimmt, darf man diesen Leuten wohl sicherlich nicht zum Vorwurf machen. Daß man heute, wo man die Geschichte wesentlich besser kennt als früher, über diese Leute urteilt, finde ich eigentlich ungerecht.

Ardelt: Herr Kerschbaumer, Sie schildern hier die Mehrheit der Bevölkerung als Menschen, die in diese Diktatur quasi hineingeschlittert sind – das ist von mir durchaus noch zu akzeptieren. Die Tatsache aber, daß man vielleicht nachher darüber nachdenken könnte, in welchem System man drinnen war, um es auch zu verhindern, das kann man doch nur als eine zentrale Aufgabe unserer Demokratie anschauen. Denn, wenn wir jedes Nachdenken darüber, jedes Sprechen darüber als Vorwurf, als Verurteilung anschauen, dann können wir überhaupt nicht mehr über diese Zeit sprechen. Ich möchte nur eines sagen, bei allem Verständnis dürfen wir nicht übersehen, daß gleichzeitig Tausende auch von Gerichten verurteilt wurden, daß Tausende im KZ saßen, daß 2500 Österreicher in dieser Zeit hingerichtet wurden. Da rechne ich jene, die im sogenannten Altreich hingerichtet wurden, noch gar nicht dazu. Sie sagen, man hat nur den Volksempfänger gehabt. Es haben unzählige Leute versucht, ausländischen Rundfunk zu hören. Das war verboten, sie haben es trotzdem gemacht. Und wenn wir hier diese Mentalität des nicht Sehens, nicht Hörens, nicht Redens, diese drei Affen, zum Leitbild einer Bürgergesellschaft machen, schlittern wir jedesmal hinein in eine Diktatur, in Verbrechen, dann wird das Mitläufertum, der „Herr Karl", wirklich zum Leitbild des österreichischen Demokraten erhoben.

Ich kann auch überhaupt nicht das teilen, was Sie hier verschleifen. Sie sprechen vom Eid aufs Vaterland – bitte. Als Wehrmachtssoldat haben Sie einen Eid auf Adolf Hitler geleistet. Als Soldat beim Bundesheer leisten Sie ein Gelöbnis, das einen ganz anderen Inhalt hat. Ich persönlich finde dieses Gelöbnis noch immer unzureichend gegenüber dem Gelöbnis, das Soldaten in der Bundeswehr leisten, weil in Österreich die Verfassungsmäßigkeit einer Regierung oder die Rechtmäßigkeit der Anordnungen von Vorgesetzten überhaupt nicht irgendwo thematisiert wird, weil in Österreich das Widerstandsrecht bei rechtswidrigen Anordnungen nicht thematisiert wird im Unterschied zur Bundeswehr. Man kann auf jeden Fall eines nicht machen, über beide Eide zu sagen, das sind beide Eide fürs Vaterland. Das eine Mal war es ein Eid, der die persönliche Bindung an den Führer und Reichskanzler dieses Deutschen Reiches bedeutet hat, was für viele ein Gewissenskonflikt wurde. Das andere Mal ist es ein Gelöbnis auf eine demokratische Republik und in beiden Fällen nicht auf das Vaterland. Und ich glaube, man muß einfach in das Soldatsein endlich auch das hineinbringen, welchen Werten ist ein Soldat oder soll ein Soldat verpflichtet sein. Das Vaterland, das ist ein abstrakter

Wert, der alles zudeckt, vom Stalinismus bis zum Nationalsozialismus, die Demokratien genauso wie Diktaturen. Das glaube ich, darf nicht geschehen.

Kerschbaumer: Dazu möchte ich Sie, Herr Professor, schon eines fragen. Wie hätten Sie reagiert 1938/1939? Wenn man sich wirklich erlaubt, über eine Generation zu urteilen, dann hat man schon die Aufgabe, sich mit diesen Menschen und ihrem Umfeld auseinanderzusetzen, weil sehr leicht über jemanden gerichtet ist, aber es ist sehr schwer wieder gutzumachen. Und ich lasse über diese Generation, wo man weiß, daß 16jährige bis 50jährige einrücken haben müssen und die das nicht gewollt haben – das muß man auch sagen, das ist heute ganz anders – einrücken haben müssen und ihre Jugend, ihre Gesundheit zum Markt getragen haben, aus welchen Gründen immer – ich stelle mich immer auf die Seite des kleinen Soldaten. Natürlich wäre es vielleicht klug gewesen – das weiß man leider auch erst heute und nicht zu dieser Zeit – die Widerstandskräfte, die es damals gegeben hat, zu unterstützen. Damals hat man sie verurteilt, was auch nicht richtig war, aber heute glorifiziert man sie und das empfinde ich auch nicht für richtig, das muß man auch ganz klar sagen. Und die Verurteilungen – die Kriegsverbrecher sind verurteilt worden in den Nürnberger Prozessen, das ist auch eine ganz klare Sache und nicht bestreitbar. Die Kriegsverbrechen, die begangen wurden – normal verjähren Verbrechen nach 30 Jahren – werden heute noch verfolgt und nach Möglichkeit verurteilt, ob das richtig oder falsch ist, steht auf einem anderen Blatt. Aber das sind auch Tatsachen. Daß man heute natürlich andere Informationen hat, überhaupt jetzt, wo im Osten die Archive aufgegangen sind und man von dort auch die Informationen hat, daß man heute über eine Geschichte leicht urteilt, die jetzt 55 - 58 Jahre alt ist, glaube ich, ist sehr leicht, aber ich glaube, man sollte es sich nicht so leicht machen.

Ich vermisse bei Ihnen einfach, daß Sie sich in die Situation dieser Menschen damals hineinversetzen können. Sie betrachten es als heutiger Wissenschaftler, der äußerst gut belesen und natürlich gut fundiert ist, das ist ja überhaupt keine Frage, das erwartet man sich auch von einem Universitätsprofessor, nur fehlt mir doch ein wenig die Menschlichkeit an dem Ganzen. Sie sind ein klarer Historiker, der sich einliest und zu seiner Sache steht. Ich würde mir wünschen, daß Sie das Ganze mehr von der menschlichen Seite betrachten würden.

Ardelt: Herr Kerschbaumer, ich habe durchaus Verständnis für den 16jährigen, der hineingehetzt wird und der für mich wirklich das furchtbarste Opfer in diesem Krieg ist. Jene jungen Burschen und Buben, die in den letzten Kriegstagen verzweifelt versucht haben, irgendwie nach Hause zu kommen und von der SS noch in Treffling, bei Enns, in Freistadt erschossen wurden. Ich habe auch Verständnis für die tiefe Scheiße, entschuldigen Sie, daß ich das so sage, in der viele Wehrmachtssoldaten mit ihren Gewissenskonflikten da draußen gesessen sind. Aber bitte machen wir doch nicht aus der Wehrmacht einen Verein von HJ-Jünglingen, die in den letzten Kriegsphasen an die Front gejagt worden sind. Die Wehrmacht ist auch in den Jahren ab 39, 40, 41, 42 zu sehen. Die Wehrmacht ist auch so zu sehen, daß auch überzeugte Anhänger des Nationalsozialismus drinnen waren. Die Wehrmacht besteht nicht nur aus dem einfachen Soldaten, der das alles auslöffeln konnte, sondern besteht aus einem Offizierskorps, die besteht aus unterschiedlichsten Organisationsteilen, da gehört z. B. auch die Verwaltung der Gefangenenlager dazu, und die sich in einer Situation gefunden haben, wo sie nicht ein noch aus gewußt haben und die nach dem Krieg versucht haben, ein Stück Sinn dem Ganzen abzugewinnen. Aber wir können nicht daran vorbeigehen, daß die Wehrmacht immerhin eine der mächtigsten Organisationen dieses Reiches war und daß die Stäbe, die ganze Bürokratie der Wehrmacht es z. B. in einer Zeit, 1943/44, als es an Transportraum mangelte, durchaus zustande brachte, den Transportraum für die Reichsbahn bereitzustellen, daß diese die Transporte von Juden 1943/44 zu Tausenden und Abertausenden in die Vernichtungslager führen konnte. Wir können nicht darüber hinweggehen, daß die Wehrmacht kooperiert hat mit SD und SS. Das ist ja nicht so, da haben wir einen Jungmädchenverein auf der einen Seite, auf der anderen Seite die bitterböse SS. Das hat doch perfekt zusammengespielt. Über all das kann man nicht hinweggehen und Sie können mir das also zwanzig Mal auf den Kopf werfen, gescheiter wird es deshalb auch nicht, was Sie sagen.

Dort, wo ich glaube, wo wirklich ein Problem unserer Gesellschaft liegt, das wird dort sichtbar, wenn Sie von der Glorifizierung des Widerstandes sprechen, die wir heute machen. Verdammt, was ist denn da glorifiziert. Wo sind denn die Widerstandsleute, oder sagen wir so, die Verfolgten, die Verurteilten durch 50 Jahre in der Republik glorifiziert worden. Die sind doch nicht glorifiziert worden. Wie wir aus den Landesgerichtsakten die dicken Bände „Widerstand und Verfolgung in Österreich" ausgegraben haben, da ging ja auch der Sturm, sozusagen, jetzt fangen die Zeitgeschichtler zum „Stierln" in der Vergangenheit an, was machen sie denn, das war auch schon ein Skandal.

Ich möchte eines sagen: Da geht es gar nicht um die Heroen. Wir können doch nicht darüber hinweggehen, daß tausende und abertausende Österreicherinnen und Österreicher, Deutsche und weiß Gott wer aller verurteilt wurde, weil sie ein Stück Brot einem russischen Kriegsgefangenen zugesteckt haben, weil sie denunziert wurden. Wir müssen uns doch einmal mit dieser Gesellschaft auseinandersetzen, mit der gesellschaftlichen Realität, die hier und überall war. Das ist nicht nur in der Wehrmacht so, das ist auch hier am Hauptplatz so. Wir haben hier eine Gesellschaft, die in sich Strukturen aufweist, die zum Teil schreckenerregend sind in ihrer Banalität. Wenn Denunziation in tausenden von Gerichtsakten sichtbar wird. Wenn wir heute wissen, daß die Gestapo so effizient ihren Terror überhaupt ausüben konnte, weil es die Denunzianten gegeben hat, dann müssen wir uns doch mit dieser Gesellschaftsstruktur, wie immer man da hineingekommen ist, auseinandersetzen. Dann müssen wir uns natürlich auch mit den Ursachen und den Gründen auseinandersetzen. Aber wir können nicht sagen, das ist ein altes menschliches Gesetz, wenn man hungrig ist, dann geht das halt so automatisch. Wir müssen doch schauen – und da spreche ich jetzt auch als Vater – ich habe das Glück gehabt in einer Zeit zu leben, wo ich als im Jahr 1944 Geborener das alles Gott sie Dank nicht erlebt habe, aber ich möchte auch nicht, daß meine Kinder so etwas erleben und ich möchte – und das betrachte ich unter Zivil- und Bürgergesellschaft – daß wir eine Gesellschaft haben, wo wir so wach und so sensibel sind und auch dialogfähig, daß wir nicht in solche Dinge hineinschlittern. Und da gehört die Zivilcourage dazu. Die Zivilcourage ist heute etwas, was sehr leicht geht. Aber ich denke, wir haben mehr Traditionspflege beim Widerstand, bei den Verfolgten nötig – bei allem Respekt vor dem einfachen Wehrmachtsangehörigen. Wir sollten aber nicht vergessen, die Wehrmacht hat vorbeigeschaut, was da passiert ist. An den KZ's hat sie vorbeigeschaut, sie hat an der Ermordung Schleichers vorbeigeschaut, sie hat an der Entmachtung von Plomberg und Fritsch vorbeigeschaut, sie hat an der Judenvernichtung vorbeigeschaut. Sie hat überall vorbeigeschaut und ist danebengestanden. Da kann ich wirklich nicht sagen, daß man in der Traditionspflege sagen kann, der Soldatenrock ist sauber geblieben.

Kerschbaumer: Weil Sie die Gewissenskonflikte angesprochen haben, Herr Professor. Ich sage Ihnen, und das sage ich aus Erfahrung, weil ich mit sehr vielen alten Herren zu tun habe und mich mit ihnen auch beschäftige und mir die Zeit nehme und mit ihnen rede. Weil ich es auch als eine meiner Pflichten sehe, daß ich mich mit dieser Generation auseinandersetze und nicht so einfach darüber hinwegfahre, weil man auch sagen muß, daß diese Generation es war, die unsere Heimat wieder demokratisiert hat und unsere Heimat wieder aufgebaut hat und wir alle heute von diesem Wohlstand leben. Das möchte ich auch ganz deutlich sagen. Und ich bin ein Jahrgang 1941 und habe noch mitgekriegt, was Hunger leiden heißt. Mein Vater ist aus dem Krieg heimgekommen und hat keine Arbeit bekommen und hat noch 45 Jahre als Holzknecht gearbeitet, das muß ich auch sagen. Er ist 1939 freiwillig eingerückt und nicht deswegen, weil er Nazi war, sondern weil er einer der wenigen Männer in Spital am Pyhrn war, der noch zu Hause war. Er hat sich geschämt, daß er noch zu Hause war, darum ist er freiwillig eingerückt und nicht, weil er Nazi war. Er ist 1953 aus russischer Gefangenschaft nach Hause gekommen. Das hat es auch gegeben.

Weidenholzer: Ich würde jetzt sagen, daß wir wirklich genug Stoff haben, um Fragen an das Podium zu stellen, damit die Diskussion nicht eine einseitige Sache wird. Ich bitte Sie nur, sich in Ihren Wortmeldungen sehr kurz zu halten und ich möchte auch, daß wir uns eher auf den Bereich des heutigen Abends beschränken und keine allgemeine Diskussion über die Wehrmachtsausstellung wiederum beginnen, sondern daß wir uns eher um den Fragenkomplex, der jetzt in diesen beiden Beiträgen angerissen wurde, zunächst einmal kümmern. Wir haben die ganze Frage des Bundesheeres jetzt ein bißchen auf die Seite geschoben. Aber ich glaube, das ist momentan so brennend und aktuell, auch an Ihren Reaktionen, daß wir einmal darüber diskutieren sollen. Das Bundesheer, habe ich auch versprochen, sollten wir zu einem späteren Zeitpunkt noch ausführlich diskutieren. Ich habe jetzt vier Wortmeldungen.

Wortmeldung: Welche Chancen hat ein einfacher Mann gehabt, der Wehrmacht zu entkommen? Herr Professor, hat Ihr Vater die Chance gehabt, der Wehrmacht zu entkommen?

Ardelt: Schauen Sie, es geht nicht um die Frage, welche Chance hat jemand, der Wehrmacht zu entkommen. Sondern es geht um die Tatsache, daß alle Menschen zu dieser Zeit in einem Regime gelebt haben, wo soziale Beziehungen gespenstisch grotesk sind. Da gibt es die Kameradschaft, da gibt es die Hilfe füreinander, da gibt es die Denunziation und das Mißtrauen im eigenen Haus gegeneinander. Da gibt es Lauschen an Türen und Denunzieren als alpenländische Sitte und Brauchtum – eine Aufforderung an die Volkskundler, sich damit zu beschäftigen – da gibt es so viele Facetten nebeneinander in einer Gesellschaft, die für mich in vielem zutiefst unmenschlich und krank ist. Aus dieser Gesellschaft kann man die Wehrmacht nicht herausnehmen und aus dieser Gesellschaft konnte niemand herauskommen. Punkt. Das ist einmal der Ausgangspunkt und damit kann man dann die Differenzierung – was, wer, wo reagiert hat – beginnen. Die Wehrmacht ist für mich kein besonderer Ort der nationalsozialistischen Gesellschaft. Sie ist aber auch nicht die Insel der Seligen, die von der nationalsozialistischen Gesellschaft abgekoppelt worden ist, sondern ist ein integraler Teil dieser nationalsozialistischen Gesellschaft und in ihrer Führung, in ihren Traditionen eine ganz wichtige Stütze dieser nationalsozialistischen Gesellschaft.

Gustav Moser: Verehrte Herrn Professoren, verehrter Herr Kameradschaftsbundführer, liebes Publikum. Ich spreche heute zu Ihnen als Zeitzeuge. Ich habe hier einige Sachen vorzubringen, die kein Wehrmachtssoldat von ganz Deutschland hat. Zuerst folgendes. Ich war ein kleiner Obergefreiter in Rußland, und ich muß feststellen, so wahr mir Gott Zeuge ist, ich habe in meiner ganzen Wehrmachtszeit nicht einen Schuß abgegeben. Und noch etwas, ich habe die Russen unterstützt. Sie werden staunen, ich habe hier ein Dokument, das kein deutscher Soldat hat. Bitte ich lese vor: Ortskommandantur (unverständlich) am 16. 6. 1943. Bescheinigung. Der Gefreite – ich war ein kleiner Gefreiter, nicht einmal ein Obergefreiter, ich war ein kleiner Gefreiter – Der Gefreite Gustav Moser hat die Genehmigung oben angeführter Dienststelle, in der (unverständlich) zu fischen. Ortskommandant Mayr usw.

Ich habe Fische gefangen und die Russinnen, die hatten Hunger, es waren so viele junge Russinnen da, die haben mir gefallen. 1/2 kg, 1 kg Barsche habe ich gefangen. Eine Russin, eine alte Babutschka, hat mir einen Rubel geschenkt, den habe ich als Andenken aufgehoben, hier ist er, bitte sehr.

Weidenholzer: Danke schön für Ihren biographischen Beitrag. Ich würde Sie nur bitten, daß wir die eigenen Erlebnisse so kurz wie möglich halten.

Anton Hubauer: Mein Name ist Anton Hubauer. Ich bin Jahrgang 1913, also 83 Jahre alt. Ich möchte ein paar Worte als Zeitzeuge sagen, wenn Sie mir gestatten. Ich bin Pensionist. Ich bin bei der Landesregierung Sportkonsulent, heute noch. Ich bin bei keiner Partei, möchte ich sagen, ausgenommen dem Gewerkschaftsbund, da bin ich seit 70 Jahren – ich bekomme in 2 Jahren das 70jährige Abzeichen. Ich war auch bei keiner Partei und werde in meinem Alter zu keiner mehr gehen, das ist verständlich. Aber ein paar Worte möchte ich zu Ihnen, Herr Professor, sagen. Sie sind ein großartiger Wissenschaftler.

Sie wissen ungeheuer viel und Ihre Aussagen stimmen in vieler Hinsicht, aber in mancher nicht, und zwar in der menschlichen Hinsicht nicht. Ich möchte sagen, ich war von 1938 bis 1945 in der Deutschen Wehrmacht. Ich möchte sagen, ich habe den gesamten Westfeldzug mitgemacht als Kompanie- und Batterieführer bis an den Atlantik und ich habe den gesamten Rückzug der Nordarmee von Leningrad bis Danzig miterlebt. Ich bin über tausende Tote gestiegen – nicht nur Österreicher und Deutsche, auch Russen. Ich möchte Ihnen folgendes sagen: Ich war nicht nur Kompanie- und Batterieführer, ich war auch Beisitzer beim Kriegsgericht. Und was Sie da gesagt haben, das stimmt nicht. Ich habe Todesurteile miterlebt. Aber die Todesurteile waren, wenn einer vergewaltigt hat oder nach Hause geflüchtet ist, dafür gab es auch Todesstrafen. Ich habe für einen Soldaten, einen Wiener, gekämpft, damit er nicht zum Tod verurteilt wird, weil er zu seiner Frau, die ein Kind bekommen hat, nach Hause gefahren ist. Ich möchte ein Beispiel von der Hitler-Jugend sagen, weil Sie von der Jugend gesprochen haben. Ich habe vor Königsberg den Auftrag bekommen, eine zweite neue Schneise in die Stadt hineinzuhauen, um die Zivilisten und Kinder zu retten, die noch drinnen waren. Ich habe von meiner Division nur 300 Leute gehabt, aber ich habe aus der Heimat, 1944/45 im letzten Kriegsjahr Hitlerjugend bekommen, 14-18jährige Jungen, die sind nicht gezwungen gewesen, die haben mit mir die Bresche geschlagen und haben die Befreiung der Zivilisten und Frauen und Kinder gemacht. Ich sage Ihnen, wieso wir das geschafft haben. Es waren nicht die unzähligen Toten, Deutsche, Soldaten wie Zivilisten. Es waren die Kinder, denen man bewußt die Augen ausgestochen hat und es waren Frauen, denen man Eisenstangen in die Scheide getrieben hat. Das muß man auch einmal gesehen haben. Wenn Sie das gesehen haben, dann können Sie darüber sprechen. Entschuldigen Sie, daß ich so weit ausgeholt habe, aber ich möchte zum Schluß noch sagen. Ich war nicht blöd, aber ich habe im Jahr 1938 bis 1945 nichts gewußt vom KZ Mauthausen. Ich habe mit vielen Leuten gesprochen, ich habe nie während meiner 8jährigen Tätigkeit bei der Deutschen Wehrmacht von KZ's erfahren. Nie. Ich habe erst in der englischen Gefangenschaft, weil ich geflüchtet bin, davon erfahren. Abschließend möchte ich sagen, ich habe einen Herrgott gehabt. Ich bin von Danzig in einem Boot geflüchtet, 4 Tage auf der Ostsee und habe mich in die englische Gefangenschaft begeben, weil ich nicht in die russische wollte. Ich bin erst an dem Tag, an dem der Krieg zu Ende war, geflüchtet. Ich habe dann die Kameraden auf einer Bahre ins Krankenhaus befördert und dort haben mich die Engländer in das Totenkammerl gesperrt ohne Essen und Trinken. Ich bin vom Bürgermeister von (unverständlich) gerettet geworden, weil ich seinem Sohn zweimal vor Leningrad das Leben gerettet habe. Er ist auf eine Mine gestiegen und hat den Fuß verloren. Ich habe ihn in das Lazarett, auf das Schiff und nach Hause gebracht. Und der hat mich bei seinen Besuchen im Spital aus dem Totenkammerl herausgeholt. Ich habe 34 kg gehabt und weiße Haare. Ich wollte Ihnen eines sagen, man soll die Menschlichkeit nicht vergessen, Herr Professor. Sie sind ein Wissenschaftler, ein guter Wissenschaftler, aber Sie vergessen die menschliche Situation, die in dieser Zeit war.

Ardelt: Ich finde, ich muß mich da schon zur Wehr setzen. Es ist jetzt das vierte Mal, daß immer das Argument kommt, ich säße hier, als wäre ich der SS-Offizier und ein Lagerkommandant. Die Menschlichkeit hat es da gegeben und die Unmenschlichkeit daneben. Und ein Bundeskanzler Alfons Gorbach, der ist im KZ gesessen und in einem KZ, das alle kannten, denn 1938 schreiben die Linzer, die Salzburger und die Steyrer Zeitungen, was mit denen geschieht, die gegen das Regime sind. Man wird es ihnen in Dachau zeigen. Und daß Mauthausen ein KZ ist, das wußten viele. Was drinnen geschieht, wußten nicht alle. Aber über Dachau hat man sehr offen gesprochen und KZs gab es seit 1933 und es soll mir bitte niemand aus der Generation kommen, in dieser Zeit nie etwas von einem KZ in der Zeitung gelesen zu haben.

Das zweite: Ihr Erleben ist geprägt von diesen schrecklichen Dingen des Rückzuges. Aber bitte, es ist ein Rückzug, und da hat es vorher einmal einen Vormarsch gegeben. Und da muß man sich fragen, ist das alles so schicksalsmäßig gekommen, daß wir plötzlich unten in Afrika, daß wir plötzlich am Schwarzen Meer standen, daß wir oben bei Murmansk waren, in Narvik standen und überall. Und überall haben uns die Menschen gehaßt, überall gab es Widerstandsbewegung und überall gab es Partisanen, Resistance usw. Da hat man nie die Idee bekommen, daß man irgendwo am falschen Ort steht. Das frage ich mich immer wieder. Ich hoffe nur, daß ich nicht auch so ein falsches Bewußtsein gehabt hätte. Ich gestehe durchaus zu, so wie ich groß war und blond war und ausgeschaut habe, nehme ich an, wäre ich irgendwo mit diesem falschen Bewußtsein herumgerannt. Dann stellen wir uns doch dem und sagen auch, um Gottes Willen, in was sind wir da hineingeschickt worden und was haben wir nicht bemerkt. Um nichts anderes bemüht sich Zeitgeschichtsforschung.

Wortmeldung: Das ist ja, das macht immer so betroffen. Daß die ältere Generation so redet, als ob es hier um Pauschalverurteilungen geht. Das ist es ja nicht, das finde ich so arg.

Kerschbaumer: Dazu darf ich gleich etwas sagen. Ich glaube, daß wir aus der Vergangenheit mehr gelernt haben als Sie, weil diese Generation war imstande, aus einer Diktatur eine Demokratie zu machen und einen Wohlstand zu erarbeiten, ohne zu wissen, wie sich die Zukunft gestaltet. Das muß man auch einmal sagen, lieber Herr.

Große Aufregung im Publikum.

Weidenholzer: Entschuldigen Sie, meine Damen und Herren, es hat überhaupt keinen Sinn. Sie können sich gerne zu Wort melden. Sie haben in Ihrem Beitrag, glaube ich, auf Tugend gepocht, die also darin besteht, eine gewisse Disziplin an den Tag zu legen und ich ersuche Sie herzlich, das auch hier zu tun, sich zu Wort zu melden, dann kommen Sie auch der Reihe nach dran. Die Dame mit dem Hut, dann Sie ganz hinten, dann der Herr mit Bart und dann die Dame mit der Brille, so habe ich es in Erinnerung.

Wortmeldung: Hier wurde angesprochen, daß das Bundesheer in der Tradition vom Vorkrieg angegriffen wurde. Ich muß sagen, das Bundesheer hat in der Zwischenkriegszeit auch auf Arbeiter und auf Zivilisten geschossen im eigenen Land. Und zweitens zur Tradition: Für mich ist Tradition überhaupt lächerlich und sumperhaft. In der Wehrmacht gibt es keine Tradition, denn das ist eine hierarchische Institution, die kann man nicht anders machen. Was mir bei diesen Wortmeldungen auffällt. Der Österreicher hat kein Unrechtbewußtsein, das hört man aus den Wortmeldungen.

Kerschbaumer: Daß in den 30er Jahren die Soldaten aufeinander geschossen haben, wissen Sie, warum das war?! Da muß man einmal wissen, daß es eine Heimwehr und einen Schutzbund gegeben hat, beide Soldaten waren aus Österreich, aber unter der Einflußsphäre von politischen Parteien. Und deswegen sind wir dagegen, daß wir heute – was so angestrebt wird – ein Berufsheer bekommen, denn dann wird es wieder so. Daher stellen wir uns für die allgemeine Wehrpflicht in Österreich. Das ist eine wesentliche Sache. Sobald wir ein Berufsheer haben, werden sich die politischen Parteien sehr bemühen, darauf Einfluß zu bekommen und genau das ist schlecht. Was Sie vorher gesagt haben, ist sehr gut gewesen.

Birgit Hebein: Herr Kerschbaumer, Sie reden von der Kriegsgeneration. Es kommen in die Ausstellung sehr viele Kriegsteilnehmer, die ihre Lebensgeschichten erzählen, sehr viele alte Menschen, die erzählen, daß sie sehr viele Verbrechen gesehen haben, daß sie froh sind, daß sie nach 50 Jahren endlich darüber reden können, sich mit den Jugendlichen darüber unterhalten. Das zweite ist … Traditionspflege am Ulrichsberg in Kärnten … (Rest unverständlich)

Kerschbaumer: Ulrichsberg, Militärmusik. Als erstes muß man einmal feststellen, daß der Ulrichsberg kein SS-Treffen ist, sondern, hierher kommen die Franzosen, Engländer, Deutschen, Italiener und natürlich auch Österreicher.

Die Militärmusik spielt bei sehr vielen Veranstaltungen, nicht nur bei solchen, sondern auch bei anderen. Das einmal zur Rechtfertigung der Militärmusik. Militärmusiken spielen Benefizkonzerte z. B. für „Licht ins Dunkel" und dergleichen. Warum der Kärntner Kameradschaftsbund sich nicht der Diskussion gestellt hat, bewegt mich sehr wenig. Ich bin in Oberösterreich Präsident und ich stelle mich der Diskussion. Genügt das?

Wortmeldung: Es ist die Rede davon, wie schwer es war, Widerstand zu leisten und von der Glorifizierung des Widerstands. Für mich gibt es nichts Glorreicheres als Widerstand zu diesem Zeitpunkt.

Kerschbaumer: Ich habe überhaupt nichts dagegen. Ich bin ein Demokrat und nehme auch das zur Kenntnis. Das ist für mich überhaupt keine Frage. Das möchte ich schon klar und deutlich sagen, denn wenn es nicht so wäre, dann würde ich nicht hier sitzen.

Wortmeldung: Sie haben in der Eingangsphase gesagt, daß Sie die Glorifizierung falsch finden.

Kerschbaumer: Hier hat Prof. Ardelt gesagt, es ist zu wenig gemacht worden. Und ich sage, es ist zu viel gemacht worden.

Ardelt: Sie haben zuerst von der Glorifizierung des Widerstandes gesprochen.

Weidenholzer: Lassen wir es so stehen.

Wortmeldung: Liebe alte Herren. Eine Sache, die Sie nie aufgearbeitet haben: "Es ist uns ja nichts anderes übrig geblieben, wir mußten ja gehorsam sein." Und genau das ist das Problem, das wurde ja am Anfang angesprochen. Was haben Sie getan in Ihrer Aufbauarbeit, um der Jugend klarzumachen, es gibt Grenzen des Gehorsams. Da dürft ihr nicht mehr gehorsam sein. Und für mich ist es traurig, daß Sie jetzt noch diesen Gehorsam verteidigen und nicht traurig darüber sind, daß Sie so gehorsam waren. Das ist für mich das Kernproblem.

Kerschbaumer: Das ist sicher nicht der Faschismus, sondern das ist die Erziehung aus dieser Zeit.

Wortmeldung: Von der Ausstellung wurde folgendes gesagt: Die Ausstellung sei eine Provokation und eine geistige Umweltverschmutzung. Worin sehen Sie die geistige Umweltverschmutzung?

Ardelt: Eine Frage möchte ich nur anschließen. Ich wollte das umgehen, aber Herr Präsident Kerschbaumer, Sie haben von der geistigen Umweltverschmutzung gesprochen gehabt. Bin ich also in Ihren Augen ein geistiger Umweltverschmutzer?

Kerschbaumer: Wenn wir wieder auf diese Ausstellung zurückkommen, dann habe ich einmal vordergründig die Verallgemeinerung kritisiert. Das ist nicht gerecht – und das ist geistige Umweltverschmutzung – wenn man sich nicht bemüht, auch die andere Seite darzustellen. Es ist ja nicht so, daß nur die Deutsche Wehrmacht Verbrechen begangen hat und den Krieg geführt hat. Mir ist schon klar, es gibt keinen gerechten Krieg und es gibt keinen menschlichen Krieg. Es ist unmenschlich und ungerecht. Das ist für mich keine Frage. Daß Hitler den Angriffskrieg geführt hat, ist auch nicht wegzudiskutieren, ist eine klare Sache. Darüber braucht man nicht zu sprechen, das sind Tatsachen. Aber mir fehlt bei dieser Ausstellung die Darstellung von der Gegenseite. Und das ist es auch, was unseren alten Soldaten sehr weh tut, die auch anderes kennengelernt haben, nicht nur die Verbrechen, die sie angeblich begangen haben, sondern die auch andere begangen haben.

Herr Hubauer: Darf ich nur kurz etwas sagen. Ich habe nämlich zur Ausstellung noch nichts gesagt.

Weidenholzer: Wir haben eigentlich vereinbart, daß wir zur Ausstellung nicht mehr diskutieren.

Herr Hubauer: Ich habe noch nichts gesagt. Wenn Sie den Ausstellungstitel gewählt hätten „Verbrechen in der Deutschen Wehrmacht", dann wären wir gerne mitgegangen, denn es stimmt, es waren Verbrechen. Aber Sie schreiben für das Konzept der Ausstellung – der rote Faden ist – alle Wehrmachtsangehörigen waren Verbrecher. Und an dem scheitert es. Herr Professor, Ihre Ausstellung ist gut, aber sie hat einen falschen Titel gewählt.

Ardelt: Also wenn man von der Deutschen Wehrmacht spricht, dann spricht man von einem institutionellen Gefüge dieses Deutschen Reiches. Es gibt eine klare Politik der Aushungerung der Zivilbevölkerung durch die Abschöpfung der Lebensmittelressourcen in der Ukraine im Winter 1941. Das ist die Heeresführung, die das vorgibt, was auch dazu führt, daß zigtausende Menschen in den Großstädten der Ukraine krepierten. Es gibt gleichzeitig Wehrmachtseinheiten und Kommandantenrunden, die versuchen, angesichts dieser Verhungernden diesen Nahrungsmittel zukommen zu lassen. Verbrechen der Wehrmacht ist das Aushungernlassen und unten haben die Offiziere, die einfachen Soldaten oder Landser oder wie immer Sie es nennen, einen Spielraum gehabt, damit umzugehen. Trotzdem ist die Wehrmacht für diese Repressionspolitik und für diese Hungerpolitik mitverantwortlich. In der Ausstellung werden Bereiche überhaupt nicht angesprochen, die ich als ebenso zentral empfinde. Da gibt es das große Euthanasieprogramm im Deutschen Reich. Da werden Zigtausende von Behinderten aus Kliniken, aus Kinderheimen, aus Pflegeheimen für Alte geholt und Priester stellen sich dagegen – der Bischof von Münster äußert sich öffentlich dagegen – und die Deutsche Wehrmacht als Institution mit dieser Tradition zurück in das Deutsche Kaiserreich, dieses stolze Offizierskorps rührt keinen Finger, während Priester, Nonnen usw. ihr Leben riskiert haben, ins KZ gehen mußten, wenn sie Widerstand leisteten. Der Widerstand gegen die Euthanasieaktion ist von katholischen Priestern und Nonnen getragen worden.

Wo ist da die Wehrmacht? Ist es nicht auch Aufgabe und Ehre eines Soldaten, im Inneren eines Staates zu schauen, was passiert?

Herr Hubauer: Wo ist der Papst geblieben. Der hat unheimlich viele Aufforderungen bekommen zum Einschreiten in diesem furchtbaren Krieg. Wo ist der Papst geblieben?

Zwischenruf: Der hat ja mitgemacht!

Weidenholzer: Wer meldet sich noch zu Wort?

Herr Hubauer: Weil der Trauttenberg im Gespräch war: Es war mir doch etwas unheimlich, was er bei der Eröffnung gesagt hat. Ich habe mich deswegen an den Bundespräsidenten gewandt, der hat mich aufgeklärt. Der Herr Trauttenberg ist ein begeisterter Mann und es war sein Wunsch, nicht der des Herrn Bundespräsidenten, dabei zu sein. Er hat am Schluß seines Briefes geschrieben, er würde nie einen Ehrenschutz oder sonstwas für die Ausstellung abgeben.

Weidenholzer: Gibt es noch Wortmeldungen? Anschließend wollen wir in die Schlußrunde gehen, um noch stärker den Zusammenhang mit dem Bundesheer herauszuarbeiten. Ich habe noch zwei Wortmeldungen.

Wortmeldung: Herr Ardelt: Ich weiß nicht, habe ich überhört oder haben Sie die Frage nicht beantwortet – war Ihr Vater eingerückt?

Ardelt: Er war eingerückt wie wahrscheinlich die meisten der Väter meiner Generation und er war in Gefangenschaft.

Wortmeldung: Etwas, das ganz wichtig ist. Die Weigerung der zwei großen politischen Parteien, die Ausstellung, die ich am letzten Tag anschauen werde, zu unterstützen. Es wäre den großen Parteien nicht eine Perle herausgefallen, hätten sie diese Wehrmachtsausstellung finanziell unterstützt. Es ist der kleinen grünen Partei vorbehalten gewesen, hier etwas beizusteuern. Das ist das erste.

Und zum zweiten, lieber Herr Kerschbaumer. Bei aller Traditionspflege, die ich auch in irgendeiner Form – ich will nicht sagen, sehr schätze – aber doch anerkenne, bitte ich Sie, einmal die Massengräber zwischen Gunskirchen – in der Gegend von Wels – zu betreten, wo tausende Menschen, wie Sie sicher wissen, hingekommen sind, dort gibt es ein bescheidenes Denkmal in der Nähe von St. Florian für die KZler, die von Ungarn heraufmarschiert sind …

Kerschbaumer: Selbstverständlich ist mir das bewußt. Das ist keine Frage. Und wenn wir schon über Traditionen, Brüche und Erinnerungen sprechen, dann möchte ich schon sagen, daß das Bundesheer einer der größten Förderer des Schwarzen Kreuzes ist. Das muß man auch einmal sagen. Das Bundesheer und der Kameradschaftsbund führt die Sammlungen um Allerheiligen durch, damit das Schwarze Kreuz die Kriegsgräber pflegen kann.

Wortmeldung: Ich habe die Argumentation von Herrn Kerschbaumer nicht ganz verstanden in Zusammenhang mit den Deserteuren. Sie haben nicht beantwortet, ob Desertion gut oder schlecht ist …

Kerschbaumer: Desertion kann sicherlich etwas Gutes sein, nur muß sich das jeder mit seinem Gewissen ausmachen. Damit muß jeder mit sich ins Reine kommen.

Fortsetzung Wortmeldung: Ich habe gelesen, vielleicht ist es falsch, daß Sie die Desertion eher ablehnen. Sie haben gesagt, sie haben einen Eid geleistet, sie haben den Eid gebrochen, das ist dann eher etwas Negatives. Es gibt Leute, die mit 16, 17 Jahren einrücken mußten. Ich weiß von meinem Vater, der ist auch 17 Jahre gewesen, der ist zum Volkssturm eingezogen worden, d.h. daß man es machen mußte, mehr oder weniger. Meine Frage ist, wo hört diese Pflichterfüllung auf.

Kerschbaumer: Das ist dann die Gewissensentscheidung. Man muß selbst in die Situation kommen, dann kann man entscheiden. Man kann nicht so einfach über Menschen den Stab brechen oder sagen, das ist gut. Da muß man in der Situation sein. Wenn Sie mich als Soldat fragen, dann kann ich dazu nicht ja sagen.

125

Wortmeldung: Dazu eine Frage. Wie steht es mit dem Befehl der obersten Heeresführung, das mit der Sippenhaftung …

Kerschbaumer: Das ist sicher ein Blödsinn, weil man Angehörige nicht verantwortlich machen kann für sich.

Ardelt: Wenn man dazu sagt, das ist ein Blödsinn – Herr Kerschbaumer, Sie verwenden dauernd Ausdrücke – als Soldat kann man nicht für Desertion sein. Entschuldigen Sie, Sie sind einem völlig abstrakten Soldatenkonzept verpflichtet, wo es nicht darum geht, für welche konkreten Werte trete ich mit der Waffe ein. Das ist ein Soldatenkonzept, das offenbar irgendwo von der Urhorde mit dem Knüppel bis herauf reicht und immer ist es gerechtfertigt. Das ist eine Sprache, Herr Kerschbaumer, wenn Sie nicht merken, daß es etwas anderes ist, ob jemand beim Bundesheer „davonrennt" oder bei der Deutschen Wehrmacht desertiert – in der Bundesrepublik sind die Deserteure übrigens bis heute nicht rehabilitiert. Wenn das nicht klare Grenzziehungen bringt, dann weiß ich nicht, dann kann ich nur sagen, offenbar pflegt der Kameradschaftsbund ein „Wischiwaschi"-Soldatenbild, um nirgends anzuecken, um sich nirgends unbeliebt zu machen, weil gegen die geistigen Umweltverschmutzer kann man immer mit öffentlichem Applaus hinspucken. Nur, wo die geistige Umweltverschmutzung liegt, das frage ich mich. Geistige Umweltverschmutzung liegt dort, wo nicht aufgeklärt wird.

Kerschbaumer: Wo heute jemand vom Bundesheer desertiert – erstens gibt es das heute nicht, denn das ist unerlaubte Entfernung von der Truppe, das muß man einmal sehr wesentlich unterscheiden, meine lieben Damen und Herren! Vom Bundesheer braucht niemand zu desertieren, denn dort wird man menschlich, demokratisch und normal behandelt. Das ist einmal eine Tatsache. Was bei der Deutschen Wehrmacht nicht gewesen ist. Das ist, was ich in meinem Statement eingangs gesagt habe, da ist ein großer Unterschied, ob ich bei einem Heer bin, welches demokratisch geführt ist oder eine demokratische Regierung hat, oder ob es einem Diktator unterliegt.

Weidenholzer: Ich würde vorschlagen, wir haben jetzt die letzte Diskussionsrunde und dann haben die beiden Herren noch Gelegenheit zu einem Schlußwort. Ich möchte Sie aber noch bitten, in der Vorbereitung zu überlegen, wie wir das Bundesheer auch noch entsprechend im Schlußwort einbeziehen.

Ardelt: Ich glaube, diese Diskussionen über das Thema Wehrmacht in den letzten zwei Wochen wie auch diese Diskussion hier zeigt, was ich am Anfang gesagt habe: Soldat sein in Österreich war nie ein Thema öffentlicher Diskussion. Dadurch hat sich so viel so ungenau, so schwammig fünfzig Jahre in diesem Bereich gehalten. Für mich war es am prägendsten, den Haß zu sehen, der einem zum Teil entgegenschlägt, den Haß zu sehen, der dem Divisionär Trauttenberg in Briefen oder in persönlichen Attacken so entgegengeschlagen ist und da frage ich mich schon, ob wir nicht nur ein großes Defizit mitschleppen, sondern es ist für mich auch die Frage, wenn ich mir Personalvertretungswahlen so anschaue, wenn ich mir Auseinandersetzungen um Abgrenzung zur K 4 z. B. anschaue, ob wir nicht unter Umständen auf neuen Wegen sind. Ich möchte nur hinweisen und ich hoffe, daß es ein Einzelfall ist, daß es entsprechend im Bundesheer geahndet wird. Wenn ein Oberstleutnant in Oberösterreich sagt, die Ausstellung sei auf eine jüdische Lobby zurückzuführen und das in der Öffentlichkeit. Da sind bei einem Mann in einer bedeutenden Stellung als Kasernenkommandant wahrlich Traditionen vorhanden.

Darf ich noch eines sagen. Ich finde, und ich bin sozusagen ein alter Linker, wenn man will, was wahrscheinlich die These von der „linken roten Zelle" von Messerschmidt über Reemtsma bis Trauttenberg, vom „roten Baron" zum „roten Ardelt" bestätigen wird. Als alter Linker halte ich es auch für einen fatalen Fehler von uns Linken, daß wir uns um dieses Bundesheer und um den demokratischen Einbau – die Entwicklung eines demokratischen Soldatenbildes nicht gekümmert haben. Wir waren gegen das Bundesheer, man hat das Bundesheer in dieser Gesellschaft auch nicht gerade besonderes nobel behandelt. Ich meine, was Unterbringung von Soldaten betrifft, was Hochachtung gegenüber Soldaten betrifft. Ich glaube, das soll ein Anstoß sein hier und möchte das auch an dieser Stelle sagen. Ich finde, das ist auch eine Bringschuld von uns. Da meine ich jetzt, die wir vielleicht manchmal diesem Bundesheer etwas negativ bis abfällig gegenüber gestanden sind. Aber ich finde, es ist ganz notwendig, diesen Traditionsbruch klar zu machen, auch Leitbilder für das Bundesheer und eine klare Position des Militärs in unserer Gesellschaft zu definieren, öffentlich zu diskutieren. Ich halte überhaupt nichts von dem fatalen jahrzehntelangen „Nichtgespräch" zwischen Zeitgeschichtsforschung und jenen Traditionsverbänden, die Traditionsverbände sind und wo wir sicher immer irgendwo auf Kollisionskurs auch sind. Aber was ich mir wünsche ist, daß wir gemeinsam zu Veranstaltungen, gemeinsam zu Diskussionen, gemeinsam zu Projekten auch zu Überlegungen des Gedenkens vielleicht einmal kommen und nicht immer sprachlos an verschiedenen Orten und an verschiedenen Plätzen, aber weit voneinander entfernt jeweils Festreden halten.

Noch ein letztes Wort: Warum haben Deutsche die Ausstellung gemacht. Ich kann nur sagen, mir ist es erst in den letzten Jahren bewußt geworden, daß wir uns mit diesem Bereich auch als Zeitgeschichtler nicht beschäftigt haben. Es haben österreichische Zeithistoriker an dieser Ausstellung mitgearbeitet. Von fünf wissenschaftlichen Ausstellungsgestaltern sind drei Deutsche und zwei Österreicher. Aber wir haben natürlich uns auf andere Themen konzentriert und diesen Komplex vernachlässigt. Wie wir überhaupt das Militär als eine ziemliche Nebensächlichkeit in unserer heutigen Zeit angeschaut haben, was es an sich sein sollte, leider noch nicht ist.

Kerschbaumer: Es ist sicherlich nicht nur uns, sondern sehr vielen aufgefallen, daß die Linken das Bundesheer nicht beachtet hatten, sondern gegen das Bundesheer und gegen die Exekutive gearbeitet haben. Aber ich möchte Ihnen beipflichten, daß es an der Zeit ist, daß man sich zusammensetzt und diskutiert. Was mir persönlich sehr leid tut ist, daß die Diskussion über unser Bundesheer heute zu kurz gekommen ist. Das ist aber Sache des Diskussionsleiters und nicht meine. Und es wäre wirklich schön, wenn sich die Linken um unser Bundesheer im positiven Sinn kümmern würden, weil unsere Soldaten wirklich verdienen, daß sich alle um sie kümmern, nicht nur eine Seite unserer Gesellschaft. Und wenn man es in Wahrheit anschaut, hat unser Bundesheer leider in der Öffentlichkeit ohnehin nicht das Ansehen, das ihm eigentlich zukommen würde. Ich habe eine ganze Seite hier, was unser Bundesheer in Österreich Positives leistet. Das muß man auch einmal erörtern. Man soll nicht immer nur die negativen Dinge bringen sondern auch die positiven. Angefangen von den Katastropheneinsätzen, von den Flugeinsätzen mit den Transplantaten. Für diese positiven Dinge und für unser Bundesheer steht hier der Kameradschaftsbund.

Weidenholzer: Ich finde es wichtig, daß man hier in einer doch sehr emotionellen Diskussion Dinge ausreden konnte, daß sich einiges auftut an künftigen neuen Betätigungsfeldern – mein Kollege Ardelt wird sich da offensichtlich in nächster Zeit sehr viel mit dem Militär und mit diesen ganzen Fragestellungen beschäftigen. Das ist auch sehr wichtig. Ich bedanke mich bei Ihnen sehr herzlich für Ihre Bereitschaft zu diskutieren.

Disposition und Situation.
Überlegungen zur Mentalität des deutschen Landsers im Rassenkrieg

Hannes Heer

Seit dem Tag, da die Ausstellung „Vernichtungskrieg. Verbrechen der Wehrmacht 1941 – 1944" in der Welt ist, lautet die am häufigsten gestellte Frage: Wie viele Wehrmachtssoldaten waren an Massenverbrechen beteiligt?

Ein Brief an den Autor vom Juni 1995 scheint darauf eine Antwort zu geben: „Habe Ihren Artikel ‚Killing Fields' sorgfältig und mehrmals durchgelesen. Als Jahrgang '53 hätte ich gern genauere Prozentzahlen über den Anteil an Gehorsam und Verweigerung innerhalb der Ostfront-Etappen Truppe bezüglich der sogenannten Partisanenjagden bis Winter '41 gehabt. Das wird wohl nicht mehr möglich sein. Bitte Sie deshalb um Stellungnahme zum folgenden Spruch eines Ex-Kombattanten. '80% haben alles mitgemacht, weniger als 1% haben sich geweigert und der Rest waren unsichere Kantonisten.' Kann man das so stehen lassen?"[1] So verlockend die darin gegebene Formel von 80% – 19% – 1% auch ist: selbst wenn sie stimmen würde beantwortet sie nicht die viel entscheidenderen Fragen – was denn die Soldaten gedacht haben bzw. warum sie das getan haben, was die Ausstellung in Text- und Bilddokumenten zeigt.

Es bleibt also kein anderer Weg, als den des mühsamen Rekonstruierens und Deutens von subjektiven Zeugnissen, Befehlen, Prozeßmaterialien, zeitgenössischen Quellen. Manfred Messerschmidt hat schon 1969 mit seinem Band „Die Wehrmacht im NS-Staat. Zeit der Indoktrination" dazu eine Pionierarbeit vorgelegt.[2] Er diagnostiziert eine „Teilidentität" von Zielen zwischen Wehrmacht und NS-System, abzulesen an der Übereinstimmung in außenpolitischen Belangen – Aufkünden des Versailler Vertrages, Wehrhaftmachen des Volkes, Wiedergewinnung der verlorenen Gebiete – wie in der innenpolitischen Zielsetzung – Ersetzung des parlamentarischen durch ein autokratisches System, Verbot von linken Parteien und Gewerkschaften usw.

Bernhard Kroener hat in einem Aufsatz 1991 diesen Befund zum Ausgangspunkt einer weiterführenden Überlegung gemacht: Der Teilidentität der Ziele stellt er eine „Teilidentität von Erfahrung und Erinnerung" zur Seite.[3] Er meint damit die je nach Altersgruppe unterschiedlich erfahrene Zeitgeschichte und die daraus gewonnenen Deutungs- und Lebensmuster. So diagnostiziert er bei den 1880-1890 geborenen Offizieren eine weitgehende Übereinstimmung mit der NS-Außen- und -Militärpolitik bei fortbestehendem „mentalitätsmäßigem Gegensatz". Die Gruppe, die den Ersten Weltkrieg als Stabsoffiziere erlebt hatte, stellte ab 1939 das Gros der Generalität. Die Angehörigen der folgenden Gruppe, die 1890-1900 Geborenen, die 1914-1918 als Frontoffiziere gedient und oft als Freikorpsmänner weitergekämpft hatten, wurden im Zweiten Weltkrieg Stabsoffiziere. Hier sieht Kroener eine weitgehende Identifizierung „mit den sozialdarwinistischen Vorstellungen vom Kampf als Daseinsform und seine daraus abgeleiteten Wertmaßstäbe und Ausleseprinzipien"[4]. Bei den 1900-1913 Geborenen war die Nähe zum Nationalsozialismus noch größer: Sie hatten den Zusammenbruch 1918, die Wirren der Weimarer Republik als Jugendliche oder junge Männer erlebt und sahen, meist durch die Jugendbewegung geprägt, in Volksgemeinschaft und charismatischem Führer das einzige Modell politischen Handelns. Das NS-System belohnte sie mit Blitzkarrieren, Statusgewinn und Führungspositionen im Krieg. Schließlich die vierte Gruppe, die 1914-1927 Geborenen: Von diesen Offizieren, die die Erfolgsstory des nationalsozialistischen Deutschland als Jugendliche erlebt bzw. in der HJ groß geworden waren, konnte man erst recht keine Kritik am Nationalsozialismus erwarten. Sie waren seine treuesten Knappen.

So fruchtbar beide Ansätze für das Verständnis von Mentalitäten ehemaliger Wehrmachtssoldaten auch sind, so groß sind gleichzeitig die Mängel: Messerschmidt beschränkt sich – mit reichem empirischem Material – auf die Maßnahmen der Reichswehr bzw. der Wehrmachtsführung in der Zeit von 1933-1939. Kroener analysiert nur das Offizierskorps und er bleibt jeden Beleg für seine sehr plausiblen Thesen schuldig.

Beide Defizite scheint die 1995 in Deutsch erschienene Studie von Omer Bartov zu „Hitlers Wehrmacht" auszugleichen: Er stützt sich im wesentlichen auf das Quellenmaterial dreier Kampfdivisionen an der Ostfront und auf Feldpostbriefe ehemaliger Wehrmachtssoldaten. Ausgehend von der „Entmodernisierung der Front" nach dem Scheitern des Blitzkrieges im Winter 1941 und der Zerstörung der regional strukturierten und daher so etwas wie Heimat bietenden „Primärgruppe" in den verlustreichen Kämpfen des Vormarsches spitzt er seine Überlegungen zu auf die Frage nach der inneren Kohärenz der Truppe in einer spätestens seit 1943 aussichtslosen Lage.[5] Seine Antwort ist bestechend und liefert erstmals genaueres Material zum "Thema Mentalität der Großdeutschen Wehrmacht im Krieg": Der Wille, weiterzukämpfen und die Überzeugung von der Sinnhaftigkeit dieses Kampfes resultierten aus einer „Pervertierung der Disziplin" und einer totalen „Verzerrung der Wirklichkeit".

Die Pervertierung der Pflicht resultierte aus der ideologisch bedingten und politisch gewünschten „Verwilderung" der Truppe, d.h. ihre Beteiligung an Massenverbrechen, die verzerrte Wahrnehmung der Wirklichkeit wird vor allem als das Ergebnis einer intensiven propagandistischen „Indoktrination" an der Front geschildert. So wichtig diese Phänomene zur Erklärung der massenhaften Beteiligung von Wehrmachtssoldaten an Großverbrechen auch sind, so lassen sich doch zwei grundsätzliche Einwände formulieren: Omer Bartov überschätzt die Wirkung der Propaganda. Die Wirklichkeit des Krieges selbst – der Befehle, der inneren und äußeren Situation, der sozialen Formen – war viel prägender. Zudem verschiebt er die Verantwortung für die „Verwilderung" auf die Führungsebenen der Wehrmacht. Sie erlaubten der Truppe ihre gnadenlosen Aktionen gegen Kriegsgefangene und Zivilisten als „Ventil" für die aufgestaute Frustration in einem aussichtslos gewordenen Krieg und sie intensivierten die Propaganda, weil sie ihren vom Tod bedrohten Soldaten etwas geben wollten, „woran sie glauben konnten"[6].

Ein dritter Einwand ergibt sich aus unserer Themenstellung: Bartov interessiert die Motivlage der Soldaten des Ostheeres in der zweiten Phase des Krieges, also ab 1942. Wir aber möchten eine Auskunft gewinnen über die mentale Verfassung der Truppe in der Zeit der größten Verbrechen, also beim Vormarsch in die Sowjetunion 1941. Ich werde daher im folgenden versuchen, in Anwendung eines anderen Koordinatensystems das Material zu ordnen und die genannten Mängel auszugleichen. Die Kategorien, die mir dafür tauglich zu sein scheinen, sind Disposition und Situation.

Disposition meint die Einstellungen und Prägungen, die die Soldaten – Offiziere wie Mannschaften – aus der „Friedenszeit" mitbrachten in den Krieg. Disposition ist also das Ergebnis bisheriger Erfahrungen und stellt ein Feld für künftige Entscheidungen zur Verfügung. Sie werden unmittelbar gespeist aus der neu erfahrenen Wirklichkeit des Krieges – aus der Makrowelt von Krieg im Unterschied zu Frieden wie aus der Mikrowelt des Frontalltags im Vernichtungskrieg. Diese Situation aktiviert und akzentuiert das mitgebrachte Dispositionsmaterial zu den für das Handeln entscheidenden Aktionsmustern.[7]

Die Begriffe Disposition und Situation bilden ein Koordinatensystem, mit dem sich das vorhandene Material neu strukturieren und deuten läßt. Ich wähle als Ausgangspunkt wahllos zusammengestellte Auszüge aus Tagebüchern deutscher Wehrmachtsangehöriger. Die Eintragungen stammten alle aus dem ersten Monat des Krieges gegen die Sowjetunion.[8]

Aus dem Tagebuch des Gefreiten Rudolf Lange vom 27. 6. 1941: „Baranowitschi. Eine motorisierte Einheit überholt uns. Die zerstörte Stadt bietet einen schlimmen Anblick. Ruinen längs der Straße von Mir nach Stolpci. Wir fühlen kein Mitleid, nur eine große Lust zu zerstören. Meine Finger jucken meine MPi in das Menschengewimmel zu halten und den Bügel durchzuziehen. … Es gibt für uns Deutsche kein Zusammenleben mit diesen Asiaten, Russen, Kaukasiern und Mongolen.“[9]

Aus dem Tagebuch des Gefreiten Werner Bergholz: „Krieg mit Rußland. 31. 6. 41. Als wir am 29. Juni durch Rowno kamen, wurden alle Geschäfte geplündert, jeder schleppte mit, was ihm unter die Finger kam … 1. 7. Heute schlachteten wir ein Schwein. Wir konnten auch ein Faß Bier auftreiben. Was kann man sich besseres wünschen? … 2. 7. Nachts wurden zwei unserer Wachen erschossen. Hundert Menschen wurden dafür an die Wand gestellt. Es dürften alles Juden gewesen sein.“[10]

Aus dem Tagebuch des Obergefreiten Richter: „1. 7. 41. Wir erschossen 60 Gefangene beim Regimentsstab… 7. 7. Matula und ich stöberten ein bißchen in unserm Quartier herum. Es gab fette Beute: 25 Eier und einen Sack Zucker… 19. 7. Uto erwischte einen Partisanen in den Wäldern und hing ihn auf.“[11]

Aus dem Tagebuch von Major Reich: „2. 7. 1941. Juden erschossen. 3. 7. Wir brechen auf. 22 russische Soldaten, einige von ihnen verwundet, werden in dem Hof eines Bauern erschossen. Fruchtbares Tal. Windmühlen. 6. 7. Rast bei einem ukrainischen Bauernhaus. Luftangriff, später noch mehrere Angriffe. Wir machen uns ein Omelette. Aufbruch (hell, Mondnacht). 7. 7. Bomber. 9. 7. Kommissar von einer MG-Abteilung erledigt. 10. 7. Verlegung nach Norden mit dem Zug. (Alte Frau mit Kindern Kontakt zu Partisanen). Zwei Leichen in einem Haus. Verstärktes russisches Artilleriefeuer. 12. 7. Hübsche, ordentliche Dörfer. Ein Streifschuß von hinten auf meinen Stahlhelm. Dafür sterben drei Dorfbewohner. Ich liege in einem Obstgarten, als plötzlich eine Handgranate explodiert, ganz in meiner Nähe. 13. 7. Ein deutscher Luftwaffensoldat getötet, 50 Juden erschossen.“[12]

Was in diesen Texten sofort ins Auge springt, ist die Tatsache präfixierter

Feindbilder – der Jude, der Partisan, der Asiate, der Kommissar. Greifen wir das antisemitische Feindbild heraus.[13]

Der Judenhaß war eine Reaktion auf die tiefe Krise, in die der rasante Umbruch des sozialen Gefüges und der ökonomischen Verhältnisse seit den 70er Jahren große Teile der Bevölkerung gestürzt hatte. In Verbindung mit dem triumphalistischen Nationalismus des neugeschaffenen Kaiserreiches und unter Rückgriff auf das Arsenal der politischen Romantik wurde der Jude zur Symbolfigur der verhaßten, auf das Jahr 1789 datierten Moderne und zum Kontrastbild allen deutschen Wesens: wurzellos und geschäftstüchtig, oberflächlich und spitzfindig. Gestützt auf die pseudowissenschaftlichen Begründungen der grassierenden „Rassenlehren" konnten solche Zuschreibungen rasch das Genre wechseln: aus Menschen wurden „Trichinen und Bazillen", Zurückdrängen mutierte zu „Vernichtung" (Paul de Lagarde). Das Bestürzende war, daß das so gezeichnete Judentum sich in einem Frontensystem wiederfand, das mit der geballten Energie einer traumatisch erfahrenen Nationalgeschichte aufgeladen war: deutsche Kultur statt westeuropäischer Zivilisation, Gemeinschaft statt Gesellschaft, Volk statt Nation. Diese Ladung und die Tatsache, daß die akademischen Eliten die Zündschnur in Händen hielten, verhießen nichts Gutes.

Der Explosivstoff entlud sich erstmals in der politischen und militärischen Krise von 1916, als das preußische Kriegsministerium dem öffentlichen Druck nachgab und im Heer eine „Judenzählung" veranlaßte, eine Aktion gegen jüdische „Drückeberger" und „Kriegsgewinnler". Hier erscheint, wie in Rohform, Hitlers politisches Konzept, das er nach der Niederlage von 1918 radikaler und totaler ausmodellieren wird. Norbert Elias hat in seinen „Studien über die Deutschen" auf eine „Grundstörung" im deutschen Nationalcharakter aufmerksam gemacht – auf die Phantasie eines durch inneren Zwist geschwächten und in die Hände der Feinde gefallenen Imperiums.[14] Dem Trauma entsprechend sieht er eine idealisierende Sehnsucht nach „Einheit" des Volkes und Rückkehr des „Reiches" am Werk. Realpolitisch sei dieser Traum mit dem verlorenen Weltkrieg ausgeträumt gewesen. „Was immer sonst noch für die Barbarei der Hitlerzeit verantwortlich war", schreibt er, „einer ihrer Gründe war sicherlich die Weigerung, diese Entwicklung zu sehen und zu akzeptieren. Die Kraft des Abwärtstrends spiegelt sich in der extremen Roheit der Mittel, mit denen man ihn aufzuhalten versuchte."[15]

Hitlers Programm wie seine praktische Politik, der Holocaust und seine grausige Exekution lassen sich zutreffend nur in diesen Parametern deuten: das Ziel, die Wiederherstellung des Reiches, war nur zu erreichen durch Krieg; er mußte geführt werden als Kampf auf Leben und Tod; nur so ließen sich die unerläßlichen Bedingungen für den Endsieg realisieren – der Mord an den Juden und die radikale Blutauslese der Volksgemeinschaft. Typisch dafür ist etwa Generalmajor Wöhler, 1941 Stabschef von Mansteins 11. Armee, der die Ermordung von 90.000 Juden in seinem Befehlsbereich auf der Krim damit begründete, er habe „das jüdisch-bolschewistische System in den ersten Jahren nach dem 1. Weltkrieg zur Genüge erlebt"[16] oder der Feldkommandant von Belaja Zerkow, der die Erschießung von 90 jüdischen Kindern damit rechtfertigte, „daß die Juden eine Masse auf dem Kerbholz hätten"[17].

Wirkungsvoller und sehr viel verbreiteter war eine andere, aktivistische Spielart von Antisemitismus. Sie war repräsentativ für die Gruppe der viel jüngeren Stabs- und Frontoffiziere. Diese teilten durchweg die nationalsozialistische Weltsicht: Sie sympathisierten aufgrund ihrer Erfahrungen in Krieg und Nachkrieg mit den sozialdarwinistischen Vorstellungen vom Kampf um Lebensraum und von der Bewährung des rassisch Stärkeren oder waren, von der Jugendbewegung geprägt, fasziniert von Volksgemeinschaft und charismatischem Führer. „Unterhaltung von Sattel zu Sattel. Morgens in der Ukraine: ‚Man müßte'. Anstoß: Getreideland, Weizen, große Flächen … Wie würde man, wie müßte man siedeln … Ziel: Heran-Erziehung und Heran-Bildung eines reinen Herrenvolkes im Osten. Gleichzeitig läuft eine Rassenauslese. Erfolg: ein hochqualitativer, selbständiger Mensch, der nicht mehr ganz so zivilisatorisch überspannt ist … Und der untauglich ist für dauernde Kuliarbeiten … Sicherheitshalber sollte man 5000 km hinter dem Kaukasus alles verwüsten, verbrennen, sprengen."[18] Diese Gedankengänge eines Leutnants der Wehrmacht, niedergeschrieben in einem Feldpostbrief vom November 1941, hätte auch ein Hauptsturmführer des SD formulieren können, entsprachen sie doch ganz seinem Auftrag, durch Ausrotten der Juden und Dezimieren der „Slawen" Raum zu schaffen für deutsche Kolonisatoren. Die Skizzen dafür wurden unter dem Arbeitstitel „Generalplan Ost" in Himmlers Reichssicherheitshauptamt ausgearbeitet.[19] Die Details waren zwar in der Truppe unbekannt, aber daß man mit jedem „ausgesiedelten" Juden, mit jedem „erledigten" Russen dem Ziel dieser epochalen ethnischen Säuberung ein Stückchen näher kam, daß wußten diese Offiziere. Der Feldpostbrief des Leutnants Henkel schließt denn auch sehr konkret: „Was sehr interessant ist, daß

hier die Juden denkbar unbeliebt sind ... Nun sind sie gen Sibirien gewandert
... Die Russen hoffen auf den Winter ... (Aber) wir haben die erfreuliche
Auffassung, daß wir lieber 500 Russen erfrieren lassen, bevor einer von uns
kalte Füße bekommt.“[20]

Kehren wir zum Ausgangsmaterial zurück. Was neben den klaren Feind-
bildern auffällt, ist die Abwesenheit jeden moralischen Skrupels. Die Exeku-
tionen werden durchgeführt, als ob es sich um die allernormalsten Verrich-
tungen des Frontalltags handelte: Waschen, Morgenappell, Waffenreinigen,
Essenfassen, Wachen abstellen. Ein Gewissen scheint keiner der Akteure mehr
zu besitzen. Auch dieses Phänomen ist nicht erst mit Überschreiten des Bug
aufgetaucht, sondern war ein Produkt der deutschen Nachkriegsgesellschaft
und dann der nationalsozialistischen Politik. Die Gesellschaft nach 1918 hatte
einen Schock zu verarbeiten, für den es keine vorgeprägten Modelle gab. Die
extreme Gewalterfahrung des Weltkrieges war in einer ersten Erregung als
Revolution und Konterrevolution, in Strafexpeditionen innerhalb und außerhalb der Reichsgrenzen zur Entladung gekommen. Aber sie wirkte auch im
Körper einer zur Ruhe gekommenen Weimarer Republik weiter und äußerte
sich als Flucht in Kältephantasien und Körperpanzer und, als Kontrast, in das
Wärme versprechende Kontinuum von Volk und Vaterland. Synchron zu diesen Fluchten erfolgte der Austausch einer Schuldkultur durch eine Scham-
kultur. Die Vorstellung eines vom Gewissen geleiteten selbstregulierten Indi-
viduums war durch die Massengräber des Krieges diskreditiert. Äußere, gesellschaftliche Instanzen übernahmen nun die Konditionierung und formu-
lierten als Verhaltensstandards Begriffe wie Ehre, Würde, Haltung. Selbstach-
tung wurde hinfort wichtiger als Selbsterforschung.[21]

Dieser plötzliche Habituswechsel weist auf ein deutsches Defizit hin: die
durch die Aufklärung propagierte Ablösung eines religiös determinierten
„Gewissens der Folgsamkeit“ hin zu einer moralphilosophisch begründeten
Gewissenskultur des „inneren Richters“ (Kant) konnte unter den Bedingungen der gesellschaftlichen, politischen und ökonomischen Entwicklung
Deutschlands im 19. Jahrhundert – eine in die verspätete Industrialisierung
geschleuderte agrarische Gesellschaft, ein halbfeudal-autoritärer Staat, ein
Bürgertum ohne politisches Selbstbewußtsein – nicht zum Abschluß kommen.[22] Die „schwarze Pädagogik“ des Wilhelminismus hat, um eine Bemerkung Freuds zu benutzen, statt Persönlichkeiten mit abgeschlossener Ich-Bil-
dung innerlich „Verwahrloste“ produziert, die der wie Hannah Arendt es ge-

sagt hat, „totalitären Versuchung" nichts entgegenzusetzen vermochten. In der nationalsozialistischen „Erziehung zum Barbaren" wurde der Versuch gemacht, diesen Menschentyp dominant zu machen und das Gewissen endgültig abzuschaffen.[23]

Der amerikanische Historiker Bankier hat in einer 1991 erschienenen bahnbrechenden Studie über die öffentliche Meinung im NS-System auf überraschende Phänomene hingewiesen: Bei vorhandenem Konsens mit der offiziellen Politik gegen die Juden reagierte die Bevölkerung kritisch und distanziert, wenn es zu Gewaltmaßnahmen kam, so bei den Krawallen 1933, bei den Pogromen am 9. November 1938 und – im September 1941 – bei der Einführung des Judensterns.[24] Dahinter steckte nicht Scham, aber doch ein Rest von moralischem Skrupel, die vor dem Krieg auf befürchtete Sanktionen des Auslands reagierten, im Krieg und vor allem, als sich die Niederlagen häuften, durch die Angst vor der Rache der Sieger aktiviert wurden. Die Menschen in der „Heimat" konnten sich, wie Bankier beschreibt, in ein Nichthinsehen und Nichtwissenwollen zurückziehen, um Konflikte mit den inneren Stimmen und den äußeren Institutionen auszuweichen.

Für die Soldaten an der Ostfront gab es diese Möglichkeit, nicht hinzusehen, nur eingeschränkt. Sie hatten den Auftrag, Judenghettos einzurichten, mußten bei Massakern des SD absperren oder durften selber schießen, sie wurden abkommandiert zu den Selektionen in den Gefangenenlagern, sie hatten den Auftrag, im Rahmen des Partisanenkrieges Dörfer abzubrennen und die dort Übriggebliebenen – Frauen, Kinder, Alte und Kranke – zu erschießen. Für die große Mehrheit war das nicht vorhersehbar gewesen, es widersprach einem normalen soldatischen Verhalten, löste Schock, Frustration, Ekel und manchmal Widerstand aus. Aber die verbrecherischen Befehle wurden erfüllt. Die Rechtfertigung dafür hieß: Pflicht.

Klaus von Bismarks Ausführungen bei Eröffnung der Ausstellung 1995 in Hamburg werfen ein Licht auf diesen Tatbestand. Als der junge Regimentsadjutant im Schnee neben der Rollbahn Leichenhaufen erschossener Kriegsgefangener findet, ist er schockiert und macht Generalfeldmarschall Busch Meldung. Dieser reagiert so, daß der junge Offizier den Eindruck gewinnt, daß Vorfälle dieser Art längst Normalität geworden sind. Bismarck muß sich entscheiden: das Verbrechen akzeptieren oder den Dienst quittieren. Er entscheidet sich für ein Drittes: „Ich konnte mein Regiment nicht im Stich lassen, meine Männer zu verlassen, hieß Schuld auf mich zu laden. Ich beschloß, mich zu bemühen, jedenfalls die Gesinnung des mir anvertrauten Regiments so untadelig wie möglich zu halten.‟[25]

Ähnlich verhielt sich Peter Bamm, Stabsarzt im Südabschnitt der Ostfront. Er berichtet in seinem Nachkriegsbestseller „Die unsichtbare Flagge", wie er und seine Kameraden sich, angesichts der ungeheuren Verbrechen, die sie z. B. an den ukrainischen Juden erlebten, statt zum Widerstand zur täglichen, aufopferungsvollen Pflichterfüllung entschieden. Dann fügte er eine verräterische Bemerkung hinzu: „Niemand von uns hatte eine Überzeugung, deren Wurzeln tief genug gingen, ein praktisch nutzloses Opfer um eines höheren moralischen Sinnes willen auf sich zu nehmen.‟[26]

Alle diese Begründungen waren integer. Die Männer, die sich für die Sorge um ihr Regiment, für die Pflichten eines Arztes, für den soldatischen Eid, für Volk und Vaterland entschieden, entschieden sich für moralische Prinzipien. Fatal war nur, daß es sich dabei um abgeleitete, sekundäre Tugenden handelte. Ihre Anständigkeit, darauf hat Hannah Arendt hingewiesen, war, weil „ihr der höhere moralische Sinn abhanden gekommen ist", moralisch wertlos.[27]

So sehr das Erlebnis des Ersten Weltkrieges und der Zwischenkriegszeit den Abbau der Gewissenskultur beförderten, den entscheidenden Anteil daran hatte die Ersetzung der Politik durch Gewalt in den Jahren 1933-1939.

Der Kern von Hitlers Programm war der Krieg: Da das Naturgesetz vom Recht des Stärkeren und der ewigen Auslese des Besseren den Ablauf des Lebens bestimmte, habe der Krieg als die „höchste Lebensäußerung" eines Volkes und als die einzige Überlebenschance der Nation zu gelten.[28] Der Gegner stehe aufgrund eines historischen Antagonismus, der durch Deutschlands Niederlage und den Sieg der russischen Revolution nur eine akute und gefährliche Zuspitzung erfahren habe, lange fest: Das „Krebsgeschwür" der Geschichte seien die Juden, die extremste Inkorporation dieses Übels aber der Bolschewismus. Als einzige Ziele eines künftigen Waffengangs habe die Ausrottung dieser „Weltverderber" und die gewaltsame Eroberung von Lebensraum im Osten zu gelten. Dabei seien alle supranational verabredeten oder aus der bestehenden Moral folgenden Begrenzungen für einen solchen Krieg nicht bindend. Der Kampf gegen den Rassenfeind und um Lebensraum sei ein „gerechter Krieg" und dürfe folglich mit allen – auch den „inhumansten" – Mitteln geführt werden.

Die Jahre 1933-1939 dienten dem Nationalsozialismus dazu, Krieg als gesamtgesellschaftliches Projekt durchzusetzen: Die innenpolitischen Gegner wurden, als Verursacher vergangenen oder gegenwärtigen Schadens, markiert, und je nach Opportunität, mit brutaler Gewalt oder auf dem Verordnungswege eliminiert. Das Chaos der internationalen Politik, die noch zu keiner neuen Ordnung gefunden hatte, sondern dabei war, eine solche in heftigen Rivalitäten und mit gewalttätigen Vorstößen zu etablieren, konnte als Vorwand benutzt werden, die Fesseln des Versailler Vertrages zu zerreißen und in Europa neue Grenzen zu ziehen. Die reibungslose „Gleichschaltung" im Innern wie die vom Ausland geduldeten „Anschlüsse" benachbarter Staaten wurden von den meisten Deutschen als neuer Typ einer aggressiven und erfolgreichen Politik gefeiert. Es war, da Koalitionsbildung und Kompromißfindung durch eine starre und brutale Freund-Feind-Mechanik ersetzt wurde, das Ende der Politik.[29]

Aber die Gesellschaft erlebte diesen Wechsel auch am eigenen Leib, als grandiose Mobilisierung, die darauf abzielte, den soldatischen Geist als Primärtugend durchzusetzen und so die Volksgemeinschaft in die Wehrgemeinschaft hinüberwachsen zu lassen. Das gelang, indem wichtige Schritte zur modernen Zivilgesellschaft rückgängig gemacht wurden: Die eigene Todesangst hatte es den Bürgern leichtgemacht, das Gewaltmonopol des Staates zu akzeptieren, die Ideale heroischer Gewaltbereitschaft zugunsten des bürgerlichen „Muts zur Feigheit" aufzugeben. Der Nationalsozialismus predigte statt dessen das Ende der Angst, die Rückkehr zu Tapferkeit und Tod.[30] Die Gewalt hatte als explosives Mittel, kollektive Identitäten zu begründen, in der Phase der Konstituierung der europäischen Nationalstaaten eine wichtige Rolle gespielt[31] und war dann, in Riten und Institutionen, zu einer „Kultur der Gewalt" reglementiert worden. Jetzt wurde sie erneut entbunden und als rauschhafter „Kult der Gewalt" etabliert.[32] Dieser Kult war nicht weniger als der Kern einer neuen Moral. In den Blitzsiegen von 1939/40 feierte sie ihre ersten Triumphe. Ihre Vollendung erfuhr sie in dem Krieg, der mit dem Überfall auf die Sowjetunion am 22. Juni 1941 begann.

Entscheidender als diese Dispositionen für Massenmord und Rassenkrieg waren die durch den Krieg produzierten Situationen und ihre immanente oder nachgelieferte Plausibilität. Sie ergaben die Aktionsmuster, in denen die Grenze von Normalität und Apokalypse, Zivilisation und Barbarei ununterscheidbar verschwammen. In den Tagebuchaufzeichnungen, die wir als Ausgangsmaterial benutzten, tauchen einige dieser Situationen auf: „Als wir am 29. Juni durch Rowno kamen, wurden alle Geschäfte geplündert." – „Matula und ich stöberten ein bißchen in unserem Quartier herum. Es gab fette Beute: 25 Eier und einen Sack Zucker." – „Wir brechen auf. 22 russische Soldaten, einige von ihnen verwundet, werden in dem Hof eines Bauern erschossen." – „Wir erschossen 60 Gefangene beim Regimentsstab." – „Ein deutscher Soldat getötet, 50 Juden erschossen." – „Nachts wurden zwei unserer Wachen erschossen. Hundert Menschen wurden dafür an die Wand gestellt." Alle diese Taten waren durch Befehle gedeckt, die insgesamt einen neuen Typ von Krieg konstituierten.

Hitler hatte seinen Generälen im Osten einen Krieg erlaubt, der frei war von allen rechtlichen und moralischen Behinderungen, wie sie das internationale Kriegsrecht oder der Moralkodex der westlichen Kultur definiert hatte. „Rechtsempfinden tritt hinter Kriegsnotwendigkeit" lautete die Generalklausel des Vernichtungskrieges und begeistert nutzten die Befehlshaber die Möglichkeiten des entgrenzten Krieges.[33] So begründete General Küchler, Befehlshaber der 18. Armee, die Erschießung aller Kommissare: diese Maßnahme werde den Zusammenhalt der Roten Armee auflösen, das „spart uns deutsches Blut und wir kommen schnell vorwärts".[34] So verfügt der Chef der 4. Panzerarmee, General Hoth, um das umständliche Verfahren, festzustellen, wer Partisan sei, abzukürzen, daß „sämtliche Zivilisten, die die eigene Linie zu durchschreiten versuchen, als spionageverdächtig erschossen" werden, und verbietet das Betreten der Wälder; „Wer dennoch im Wald angetroffen wird, wird ohne Anruf oder sonstige Warnung erschossen".[35] Um die Rückführung der Massen an Kriegsgefangenen zu beschleunigen, ordnet Feldmarschall von Reichenau an, „daß alle schlappmachenden Kriegsgefangenen zu erschießen sind"[36]. Um die aufwendige Zufuhr von Nahrungsmitteln zur Behebung der Hungersnot in den Durchgangslagern zu vermeiden, ordnet Generalquartiermeister Wagner an: „Nichtarbeitende Kriegsgefangne in den Lagern haben zu verhungern."[37]

Auch für die Juden galten diese militärischen Begründungen, wie die Kriegstagebücher der vorrückenden Divisionen im Sommer 1941 verraten. Eine Auswahl: „Aufgrund der Feststellung, daß überall dort, wo Juden leben, die Säuberung des Raumes auf Schwierigkeiten stößt – denn die Juden unterstützen die Bildung von Partisanengruppen und die Beunruhigung des Raumes durch versprengte russische Soldaten – wird mit sofortiger Wirkung die Evakuierung sämtlicher Dörfer nördlich Bialowiza von allen männlichen Juden angeordnet"[38]. Ein Bericht des 350. Infanterie-Regiments formulierte ähnlich: „Von größter Wichtigkeit bei all diesen Maßnahmen ist es schließlich, den Einfluß der Juden … zu beseitigen und diese Elemente mit den radikalsten Mitteln auszuschalten, da gerade sie es sind, … die die Verbindung zur roten Armee und dem bekämpften Bandentum aufrecht erhalten."[39] Generalmajor von Bechtolsheim, Kommandeur der 707. Infanterie-Division am 10. 9. 1941: „Die jüdische Bevölkerung ist bolschewistisch und zu jeder deutschfeindlichen Haltung fähig. Zu ihrer Behandlung bedarf es keiner Richtlinien." Und weiter: „Wie in vorstehenden Befehlen angeordnet, müssen die Juden vom flachen Land verschwinden."[40] „Es bestätigt sich immer wieder, daß diese die einzigen Stützen sind, die die Partisanen finden, um sich jetzt noch und über den Winter halten zu können. Ihre Vernichtung ist daher rücksichtslos durchzuführen."[41] Im Herbst 1941 hatte sich an der gesamten Front als Parole durchgesetzt: „Die Juden sind deshalb ohne jede Ausnahme mit dem Begriff Partisan identisch." Sie wurde, als die Ghettos spätestens im September überall errichtet waren und die Kriegsgefangenenlager die Masse der in den Kesselschlachten von September/Oktober 1941 gefangenen Rotarmisten fast nicht mehr zu fassen vermochten, durch eine weitere Formel komplettiert: Juden und Gefangene seien „überflüssige Esser", von denen man sich umgehend befreien müsse.[42]

Was in dieser Art Krieg erfahren und ausgekostet werden konnte, war das Gefühl und der Rausch der totalen Macht. Dieses Erlebnis war keineswegs nur den Generälen und Oberleutnants vorbehalten. Jeder einfache Landser konnte an ihm teilhaben und hat – wie die eingangs zitierten Tagebuchfragmente belegen – davon gekostet: ob er das Haus eines Juden plünderte oder diesen zwang, auf einem Bein hüpfend die „Internationale" zu singen, ob er einen Gefangenen „umlegte", weil der ein paar warme Filzstiefel trug oder weil er nur einem Befehl zu langsam nachgekommen war, alles das konnte zur Verbesserung der Stimmung, zur Komplettierung der Versorgung oder der Ausrüstung und d.h. insgesamt zur Steigerung der eigenen Überlebenschancen genutzt werden. Die Begründungen für dieses kriminelle Tun erweiterte die Sphäre normaler militärischer Befehlsgebung: zum autoritativen „Du sollst" trat das verführerische „Du darfst".

Eine wichtige Rolle in dem Prozeß, die vorhandenen Hemmschwellen abzubauen und den Massenmord zu ermöglichen, waren die Formen, unter denen er inszeniert wurde. Zwei sollen hier – die eine etwas ausführlicher, die andere nur angedeutet – dargestellt werden.

Franz Hess erhielt am 6. September 1939 seine Einberufung zur Waffen-SS nach Dachau. Am 20. Oktober 1939 wurde er zu einer SS-Polizeidivision versetzt, mit der er den Westfeldzug mitmachte. Am 20. Juni 1940 nach Hause entlassen, bekam er am 14. Januar 1941 erneut einen Stellungsbefehl zur Waffen-SS und diente als Wachmann. Im Dezember 1941 wurde er – über die Zwischenstation Riga – mit 60 Kameraden zum Kommandeur der Sicherheitspolizei und des SD nach Minsk abkommandiert. Hess war zu diesem Zeitpunkt 32 Jahre alt, er war verheiratet und hatte drei Kinder. In einem der ersten großen Kriegsverbrecherprozesse in der Sowjetunion – 1946 in Minsk – berichtete er über seine Einsätze: „Anfang Mai 1942 wurde in Wileika die erste Judenaktion durchgeführt. Als Hilfskräfte wurden die Schutzpolizei und die weiss-ruthenische Schutzmannschaft hinzugezogen. Die einzelnen Wohnungen der Juden wurden uns von Angehörigen der ruthenischen Schutzmannschaft gezeigt und die Festnahmen in der Nacht durchgeführt. Etwa 300-400 Juden mit Frauen und Kindern wurden festgenommen und der Dienststelle zugeführt. Dort wurden die arbeitsfähigen Juden mit Familie aussortiert und dem Kommissar für Arbeitseinsatz übergeben. Etwa die Hälfte der nicht arbeitsfähigen Juden wurde in der gleichen Nacht von 6 lettischen Dolmetschern erschossen ... Die nächste Judenaktion war im Monat Juni. Hier hieß es eines Morgens, Marschverpflegung und Munition fassen und rauf auf die Lastkraftwagen. Das Marschziel wurde uns nicht bekanntgegeben, bis wir in Dolhynow eintrafen. Dort wurde unser Kommando durch dort liegende Wehrmachtseinheiten verstärkt und in der Nacht das Judenghetto umstellt. In den Morgenstunden erfolgte dann die Festnahme von ca. 2 000 Juden mit Frauen und Kindern. Sie wurden in einer Scheune vor der Stadt zusammengetrieben und dort wieder nach Arbeitsfähigkeit sortiert. Was nicht arbeitsfähig war, wobei es sich um ca. 1000 Personen handelte, wurde erschossen ...

Die nächste Judenaktion fand im Juli 1942 in der etwa 12000 Einwohner zählenden Stadt Volosyn statt. Auch hier wurde unser gesamtes Kommando ohne vorherige Bekanntgabe des Zielortes mit Lastkraftwagen hintransportiert. Als wir in Volosyn eintrafen, hatte die Wehrmacht und die Schutzmannschaft von Volosyn das Ghetto bereits umstellt. Festgenommen wurden ca. 2000 Juden, wovon nur wenige der OT und der Wehrmacht zum Arbeitseinsatz zur Verfügung gestellt wurden. Die Erschießung der Juden wurde in einem alten Hause vor der Stadt durchgeführt ...“[43]

Der Bericht ist bemerkenswert – nicht nur wegen der mitgeteilten Greueltaten, sondern auch wegen der Form, in der diese in ihrem Ablauf beschrieben werden:

– Die Mordaktionen verlaufen immer nach dem gleichen Schema: Nachts oder in den ersten Morgenstunden wird ein Judenviertel oder das Ghetto umstellt, die Juden werden herausgetrieben, selektiert und erschossen, die Leichen werden mit Benzin übergossen und verbrannt. Nur die Orte der Erschießung variieren: mal ist es eine Scheune, mal ein altes Haus, mal das freie Feld.

– Der Ablauf erfolgt im Stil einer militärischen Operation: Es erfolgt ein Befehl, Marschverpflegung und Munition werden gefaßt, LKW-Transport, Bekanntgabe des Einsatzzieles, am Einsatzort Absperrketten, Exekution, danach geschlossener Abmarsch.

– Die Aktionen erfolgen nach einem vorher festgelegten und mit vielen anderen Besatzungsinstitutionen abgesprochenen Plan: am Einsatzort sind schon versammelt oder stoßen hinzu Einheiten der Wehrmacht, der Luftwaffe, des Forstschutzes, der Gendarmerie und der von den Deutschen aufgestellten Kommandos von Kollaborateuren – Letten, weißrussische Polizisten usw.

– Der Mord ist kein blindwütiges Gemetzel, sondern ein kalkuliertes Geschehen, das einen bestimmten, vernünftig scheinenden Zweck verfolgt: Das Ziel der Aktion ist die Trennung von „nichtarbeitsfähigen" und „arbeitsfähigen" Juden, die Arbeitsuntauglichen werden erschossen, die Arbeitstauglichen werden an den Kommissar für den Arbeitseinsatz, an die Wehrmacht oder an die Bauorganisation „Todt" verteilt.

– Nichts bleibt bei dem gesamten Vorgang dem Zufall überlassen, immer stehen genügend Kräfte zur Verfügung, um das gesteckte Ziel zu erreichen. Nach Abschluß der Aktion wird die Habe der Erschossenen an die Hiwis übergeben, die Leichen werden effektiv und ohne daß Spuren bleiben beseitigt.

Einer ganz anderen Anlage folgte der Massenmord im Rahmen des Partisanenkrieges. Hier diente nicht die Maschine oder der Ablauf einer Fabrik als Modell, sondern die Jagd, genauer die Hetzjagd: tagelang wurde von großen Truppenverbänden, zusammengesetzt aus Wehrmacht, Waffen-SS, Polizei, SD, ein bestimmtes für „bandenverseucht" gehaltenes Gebiet durch immer enger werdende Kessel eingeschlossen. Die durch die Anstrengung der Jagd und den meist frustrierenden Abschluß – den bewaffneten Partisanen gelang es durch die dünnen Postenketten durchzubrechen oder durchzusickern – aufgestauten Affekte entluden sich dann zumeist in einem Massaker an den vorgefundenen Dorfbewohnern.

Wolfgang Sofsky hat unlängst den von Canetti geprägten Begriff der Meute für eine nähere Bestimmung der Gewaltform Krieg benutzt. Meute, definiert er, gewinnt ihre Einheit in der Verfolgung eines zumeist unterlegenen Gegners. Ihre Faszination für den, der ihr angehört und ihre gesteigerte Gewalt nach außen, gewinnt sie vor allem daraus, daß sie kein Gewissen hat. „Sie befreit den einzelnen von den Zwängen der Moral. Sie ist eine soziale Bewegung, die das Töten ohne Schuldgefühl gestattet.“[44] Ihre höchste Steigerung erfährt sie im Exzess des Massakers.

Bleibt schließlich über eine dritte Situation zu sprechen – die aus der Dauer, aus der Brutalisierung, aus den apokalyptischen Umständen des Krieges resultierende Erschöpfung und Abstumpfung. Die folgenden Tagebucheintragungen eines in der Etappe eingesetzten Soldaten vom Sommer und Herbst 1941 beschreiben, wie seine anfangs noch intakten moralischen Sensorien unter diesen Bedingungen ihre Tauglichkeit verlieren:

Lemberg, 19. 7 .1941: „Sie sind schon keine Menschen mehr, die mit der weißen Binde, die Juden. In Wahrheit ist die Ordnung nicht in Ordnung, denn sie sind Freiwild, das ohne Jagderlaubnis zu erlegen ist. Selbst noch weniger als Freiwild sind diese Menschen. Auch Freiwild ist jagdgemäß zu erlegen. Doch hier gibt es kein Gesetz mehr: auch nicht mehr das Recht des Menschen, das Menschenrecht.“[45]

Shitomir, 21. 8. 1941: „Wir sehen hier Dinge, die die Menschen daheim nicht sehen und wohl lange nicht oder überhaupt nicht erfahren werden. Durch unseren Kopf geht – so sehr wir den Krieg hassen – er muß gewonnen werden von den Deutschen, oder wir gehen unter. Man wird uns ausrotten, das ahnen wir und denken dabei an unsere Eltern, Kinder und Frauen ...“[46]

Shitomir, 6. 9. 1941: „Mit einem Lächeln habe ich gesehen, wie bei dem Gefangenenlager in Shitomir alle Wege und ...Öffnungen mit Stacheldraht abgedichtet werden und bei der geringsten Fluchtvermutung sofort geschossen wird, doch die Gefangenen sind alle ungefährlich. Sie ‚können nicht mehr‘ und wollen auch nicht mehr, sie sind kaputt, hungernd und krank. – Ganz allein schon bin ich durch die gefangenen Russenmassen gegangen. Kein einziger hat auch nur die geringste drohende Haltung eingenommen oder Unmut geäußert. Inzwischen habe ich auch schon genug deutsche Typen kennengelernt. Es rollt und wirbelt ja im großen Geschehen alles durcheinander."[47]

Kiew, 13. 11. 1941: „Das Diskutieren und Vorlesen vertreibt ein wenig die Hoffnungslosigkeit, in die man sich verbannt fühlt. Eine grenzenlose Gleichgültigkeit nimmt immer mehr Besitz von jedem Einzelnen. Man wird uninteressiert an dem, was über das kleine eigene Ich hinausgeht. Man friert nicht nur körperlich. Die Verhältnisse hier, die bewußte Zerstörung einer zivilisierten Organisation, wie sie jede Gesellschaftsordnung aufweist – und sei sie noch so grausam – erzeugen eine Verworrenheit und Verworfenheit aller menschlichen Werte."[48]

Unter solchen Umständen wird dann ein Verhalten wie das des Rekruten Rodenbusch plausibel, der nach dem Krieg berichtet hat, wie er – gerade an die Ostfront gekommen – seinen ersten Einsatz erlebt hat: „Am Abend des 29. Dezember 1942 haben wir unsere Aktion in einem Dorf begonnen. In diesem Dorf gab es keine Partisanen. Die Bewohner dieses Dorfes stellten uns geheizte Räume zur Verfügung, gaben uns zu essen, und wir waren sehr überrascht, als uns der Kompanieführer danach befahl, das Dorf niederzubrennen und die Bewohner festzunehmen. Wir haben damals 50 Bewohner festgenommen … Dann zogen wir zu einem anderen Dorf. Das war zehn oder elf Kilometer entfernt. Als wir dort ankamen, beschoß man uns mit Gewehren. Unser Kompanieführer befahl, das Dorf zu besetzen und jeden, der Widerstand leistet oder zu fliehen versucht, sofort zu erschießen … Wir haben etwa 70 Menschen erschossen. Darunter waren auch Frauen, Alte und Kinder. Und dann haben wir das Dorf niedergebrannt … Dann gingen wir zu dem dritten Dorf. Dort fanden wir keine Partisanen. Aber das Dorf haben wir trotzdem niedergebrannt und circa 50 Personen erschossen. Auch Frauen und Kinder. Und dann zogen wir zum vierten Dorf und haben dort dasselbe gemacht wie in den anderen Dörfern auch. Dabei haben wir circa 100 Menschen erschossen, das Dorf niedergebrannt und 80 Personen festgenommen. Die nahmen wir mit. Nachdem wir alle diese Dörfer vernichtet hatten, zogen wir in Richtung Osipowitsche. Unterwegs haben wir noch die Wälder durchkämmt und nach Partisanen durchsucht … Ich selbst habe bei dieser ganzen Aktion 15 Häuser niedergebrannt und acht Menschen erschossen, darunter zwei Frauen."[49]

Die Haltung, der wir hier begegnen, dürfte die Situation der meisten Soldaten in der letzten Phase des Krieges im Osten entsprochen haben. Omer

Bartov hat beschrieben, wie die Soldaten nicht mehr in der Lage waren, „ihre kriminellen Aktivitäten als außerordentlich zu begreifen, sondern sie (…) vielmehr als Teil ihres normalen Dienstes (betrachteten)"[50]. Ausgehend von dem zwanghaften und phantasiegeladenen Charakter des deutschen Nationalideals und einer in Nazideutschland unterentwickelten individuellen Gewissenskultur hat Norbert Elias auf einen weiteren, vor allem in Krisen wirkenden Prozeß aufmerksam gemacht, den der „reziproken Verstärkung": „In solchen Situationen können Gruppen … in eine Eskalationsdynamik geraten, die ihre kollektiven Phantasien zunehmend betont und sie zu einem zunehmend realitätsblinden Verhalten verleitet."[51] Dies alles beseitigte Hemmschwellen, schliff neue Gewohnheiten ein und schuf Raum für das Eigentliche, das Morden.

Kein Krieg wurde barbarischer geführt als der im Osten 1941 bis 1944. Kein Frontabschnitt des Zweiten Weltkrieges hat seine Akteure so maßgeblich geprägt. Man kann das Grauen dieser Jahre und seine mentalen wie emotionalen Verwüstungen in der Begegnung mit jedem Zeitzeugen feststellen. Als Beleg dafür und um die subkutan fortwirkenden Aktionsmuster selbst bei den ehemaligen Wehrmachtsangehörigen, denen die Rückkehr ins Reich der Moral und d.h. zur persönlichen Verantwortung gelungen ist, sollen zum Abschluß vier Typen von Zeitzeugen vorgestellt werden. Ihre Art, vom Vergangenen zu erzählen, verdeutlicht zugleich, warum die Debatte um die Ausstellung so aufgeladen ist und der Historiker auf Mithilfe des Zeitzeugen nur im Ausnahmefall rechnen kann.[52]

Den ersten würde ich nennen „Soldat an ewiger Front". Das sind diejenigen, die den Krieg mit den alten Waffen weiterführen: Hitler sei Stalins Überfall zum Glück zuvorgekommen, der deutsche Partisanenkrieg sei die Reaktion auf die Greuel der Gegenseite gewesen, die amerikanischen Juden hätten Deutschland schon 1933 den Krieg erklärt, Verbrechen der Deutschen zu behaupten, sei Fortsetzung der Siegerjustiz von Nürnberg.[53]

Die Opferfigur ist eine für das nationalsozialistische Weltbild typische – es taucht auf in der Parole vom Volk ohne Raum, vom deutschen Volkskörper, der vom Gift der Zersetzung bedroht ist, von der Wehrmacht, die Europa vor den asiatischen Horden bewacht usw. Entweder ist dieser Typ von Zeitzeugen schon damals Nazi gewesen und er wiederholt nur das, was er damals glaubte, oder aber er ist es nach 1945 geworden; um den Druck der Schuldgefühle abzuwehren, mußte er nach diesen Entlastungen greifen. Man kann sich die Anstrengung eines solchen Lebens – die Abschottung von der äußeren Rea-

lität, die permanente Lektüre, der ständige Kampf an der inneren Gewissen-
front – gut vorstellen.

Der zweite Typ – der interessantere – könnte der „Märchenerzähler" hei-
ßen. Sein Bild vom Krieg ist das eines paradiesischen Friedens: es gibt keine
Juden, keine Kriegsgefangenen, keine Partisanen. Nur hin und wieder ein
schwerer Angriff, Kälte und jede Menge lobenswürdige russische Dorfbewohner. Kein Wunder, daß auch der Deutsche der reine Menschenfreund ist.
Er bewährt sich gerade in den Situationen, die nach Verbrechen riechen –
indem er sie beruhigt. Ich nenne zwei Beispiele.

Ein ehemaliger Offizier kam in das Hamburger Institut für Sozialforschung
und behauptete, die 90 jüdischen Kinder von Belaja Zerkow im August 1941
vor dem Erschießen bewahrt zu haben – eine totale Verdrehung der Tatsachen, die umso alarmierender wirkt, weil derselbe Zeuge die Wirklichkeit seit
1963, als er als Zeuge in einem Prozeß gegen die Mörder teilnahm, kannte: SS
und ukrainische Miliz erschossen die Kinder mit ausdrücklicher Billigung des
Oberbefehlshabers der 6. Armee.

Die häufigere Variante trägt den Namen Helmut Schmidt. Sie besteht darin, zu behaupten, nichts von all den Verbrechen gesehen oder gehört zu haben, geschweige denn, daran beteiligt gewesen zu sein. „Wir waren gewissermaßen ghettoisiert (!), das war die Situation der meisten deutschen Soldaten.
Sie werden es mir nicht glauben, aber ich habe damals keinen einzigen Menschen mit dem Davidstern auf seiner Kleidung gesehen. In den Kasernen
gab es keine Juden und wenn man Ausgang hatte, ging man schnurstracks
nach Hause, um seine Freundin zu treffen. Warum sollte ein junger Kerl von
19 Jahren überhaupt an solche Dinge denken? Meine Freundin, nun seit 53
Jahren meine Frau, war für mich wichtiger als alles andere. Ich hatte weder
Augen noch Ohren für das, was außerhalb meiner Welt vor sich ging. Und
meine Welt, das war die Wehrmacht und mein Privatleben. Das war wichtiger
als der ganze Rest. Es klingt unglaublich, aber es ist die Wahrheit."[54] Primo
Levi hat in seinem Buch „Die Untergegangenen und die Geretteten" das
Manöver, das hier stattfindet, so beschrieben: „Viele Menschen belastet ihre
Vergangenheit … Unter solchen Umständen findet man durchaus Menschen,
die ganz bewußt lügen und auf diese Weise die Wirklichkeit kaltblütig verfäl-
schen, aber es gibt weitaus mehr Menschen, die die Anker lichten, sich für den
Augenblick oder auch für immer von den ursprünglichen Erinnerungen lösen
und sich eine bequemere Wirklichkeit zurechtzimmern. Ihre Vergangenheit

belastet sie, sie empfinden Abscheu vor den Handlungen, die sie begangen oder erlitten haben, und neigen deshalb dazu, etwas anderes an ihre Stelle zu setzen. Das kann bei vollem Bewußtsein der realen Zusammenhänge einsetzen, mit einem erfundenen, verlogenen, wiederhergestellten Handlungsablauf, der aber weniger schmerzhaft ist als der wirkliche. Beschreibt man diesen Ablauf oft genug gegenüber anderen an sich selbst, verliert die Unterscheidung zwischen Wahrheit und Lügen allmählich ihre Konturen und der Mensch glaubt schließlich mit voller Überzeugung an seine Geschichte, die er so oft erzählt hat und noch immer erzählt, wobei er die weniger glaubhaften oder die nicht miteinander übereinstimmenden oder die nicht zu dem später erworbenen Bild von den Ereignissen passenden Details glättet und bearbeitet: aus dem anfänglichen 'Wider besseres Wissen' ist 'Treu-und-Glaube' geworden. Der lautlose Übergang von der Lüge zum Selbstbetrug ist nützlich: wer auf 'Treu-und-Glauben' lügt, lügt besser, spielt seine Rolle besser, findet leichter Glauben beim Richter, beim Historiker, beim Leser, bei Frau und Kindern."[55]

Auch bei dem dritten Typus geht es um Anerkennung. Er geht den Weg des Mitleids. Man könnte diesen Vertreter den „Mißbrauchten" nennen. Im Unterschied zu allen anderen bisher genannten, leugnet er nicht das Verbrechen, aber er hat ein Entlastungsargument. Das befreit ihn zugleich, über konkrete Verbrechen zu reden. Hören wir ihm zu: „Die Wehrmacht war nicht unabhängig, sondern vollkommen unter Nazi-Befehl. Die Soldaten befolgten überwiegend nur Befehle." Oder: „Die meisten meinten ihre Pflicht zu tun, nicht freiwillig und bestimmt nicht gern." Oder: „Ich habe in Diskussionen mit meinem Großvater ... schon lange untergründig gespürt, daß seine Rede vom ordentlichen, kleinen, redlichen Soldaten nicht hundertprozentig stimmen konnte, die er unaufhörlich wiederholt, wenn die Sprache auf seine Kriegsteilnahme kommt."[56] Zeitzeugen dieses Typs lehnen jede Verantwortung ab, sie machen sich zu unmündigen, kleinen Kindern. Von den Erwachsenen in eine schlimme Situation gezwungen, sind sie dabei ordentlich und redlich geblieben. In ihrer tragischen Rolle ersuchen sie, wie der vorher beschriebene Typ des Idyllikers, um totale moralische Rehabilitierung.

Schließlich ein vierter Typus. Nach dem Buch des ehemaligen Panzeroffiziers und späteren langjährigen Korrespondenten der WELT in Paris, August von Kageneck, das 1996 in Frankreich unter dem Titel „Recherche de la Conscience" erschienen ist, nenne ich ihn den „Gewissensforscher". Klaus von Bismarck repräsentiert diesen Typ, aber auch Franz Josef Strauß kommt ihm in seinen Memoiren - in den Abschnitten über den Rußlandkrieg – sehr nahe.

Auch in diesen Erzählungen kommt der Mißbrauch durch ein verbrecherisches System vor, nimmt die Idylle von Tapferkeit, Kameradschaft, Ritterlichkeit gegenüber dem Gegner, Hilfsbereitschaft im Umgang mit der Zivilbevölkerung viel Raum ein. Aber es gibt immer einen Riß. Der Riß wird verursacht durch einen Massenmord oder eine vom üblichen Kriegsbrauch abweichende Tat. Sie präsentieren sich als Zeuge – durch Hörensagen, durch Augenschein. Kageneck z. B. hört von den Judenmorden in Tarnopol, Strauß berichtet von ähnlichen Massakern in Lemberg, Bismarcks Erlebnis mit den ermordeten Kriegsgefangenen wurde schon berichtet.[57] Mitgeteilt wird immer nur die eine Geschichte. Man sollte diese eine Geschichte nicht unterschätzen. Es passiert dadurch etwas sehr Wichtiges. Indem ihre Verfasser nämlich von Verbrechen mit dem Blick von heute, im Kontext eines wieder intakten Wertesystems erzählen, ermöglichen sie nachträglich die Rückkehr der Moral in die Eiswüsten von Gefühllosigkeit und Barbarei der Nazi-Jahre. Dieser dünne Wärmestrahl verwandelt alles – er erlaubt Empathie für die Opfer und Scham über die eigenen Taten, Verstehen und Mißtrauen auf seiten der Nachgeborenen. Nur so ist ein Dialog möglich – indem wir Nachgeborenen dieser Generation den Schock der Wahrheit zumuten und ihnen mit Geduld und Nachsicht begegnen, wenn der Schock ihre Zunge löst. Eine totale Gewissenserforschung, ein radikales Schuldbekenntnis, d.h. die Revision eines ganzen Lebens zu erwarten, ist abwegig. Lassen wir dieser Generation die Freiheit, ihre eine Geschichte auszuwählen und lernen wir für uns daraus, wie rasch Moral zerfällt und Verbrechen möglich wird. Nur dieser Weg führt aus den Verwüstungen des letzten Krieges und ermöglicht ziviles Miteinanderumgehen. Klaus von Bismarck hat das für seine Generation bei der Eröffnungsrede in Hamburg im März 1995 ausdrücken wollen, als er sagte: „Diese Ausstellung ist notwendig: Indem wir uns dem Schock, den sie auslöst, aussetzen, werden Schmerz und Trauer möglich. Nur dadurch sind wir imstande, uns mit uns selber und den Opfern auszusöhnen."[58]

---

1   Brief vom 08. 06. 1995
2   M. Messerschmidt, Die Wehrmacht im NS-Staat. Zeit der Indoktrination, Hamburg 1969.
3   Vgl. B. R. Kroener, Strukturelle Veränderungen in der militärischen Gesellschaft des Dritten Reiches, in: Michael Prinz/Rainer Zitelmann (Hg.), Nationalsozialismus und Moderni-

sierung, Darmstadt 1991, S. 267-296; vgl. dazu die grundsätzlichen Überlegungen von R. Koselleck zur Konstituierung von generationenbedingter Erfahrung in seinem Beitrag „Erfahrungswandel und Methodenwechsel. Eine historisch-anthropologische Skizze", in: H. E. Bödeker/E. Hinrichs (Hg.), Alteuropa-Ancien Regime-Frühe Neuzeit. Probleme und Methoden der Forschung, Stuttgart 1991, S. 222ff.

4   Kroener, a.a.O., S. 273f.

5   O. Bartov, Hitlers Wehrmacht. Soldaten, Fanatismus und die Brutalisierung des Krieges, Reinbek bei Hamburg 1995.

6   Bartov, a.a.O., S. 96, 183.

7   Grundsätzlich zum Thema Mentalität: V. Sellin, Mentalität und Mentalitätsgeschichte, in: Historische Zeitschrift, 241/1985, S. 553-598; einen methodisch wichtigen, wenn auch nur skizzenhaft angedeuteten Beitrag zum Verhältnis von Bewußtseinsprägungen aus dem Vorkrieg und dem Primärerlebnis des Krieges liefert R. Koselleck in dem Aufsatz „Der Einfluß der beiden Weltkriege auf das soziale Bewußtsein", in: W. Wette (Hg.), Der Krieg des kleinen Mannes, München 1992, S. 324ff.

8   True to type. A selection from letters and diaries of German soldiers and civilians, collected on the Soviet-German front, (Hutchinson), London/New York/Melbourne/Sidney, o.J.

9   dito, S. 11.

10 dito, S. 22

11 dito, S. 23

12 dito, S. 19

13 Zum „Rußlandbild" der deutschen Militärs vgl. J. Förster, Zum Rußlandbild des Militärs 1941-1945, in: H.-E. Volkmann (Hg.), Das Rußlandbild im Dritten Reich, Köln/Weimar/Wien 1994; W. Wette, Das Rußlandbild in der NS-Propaganda, dito, S. 55-78; H.-H. Wilhelm, Motivation und „Kriegsbild" deutscher Generale und Offiziere im Krieg gegen die Sowjetunion, in: P. Jahn/R. Rürup (Hg.), Erobern und Vernichten, Berlin 1991.

14 N. Elias, Studien über die Deutschen, Machtkämpfe und Habitusentwicklung im 19. und 20. Jahrhundert, Frankfurt am Main 1994.

15 dito, S. 447f

16 zitiert nach J. Friedrich, Das Gesetz des Krieges. Das deutsche Heer in Rußland 1941 bis 1945, München/Zürich 1993, S. 632

17 Prozeß gegen Callsen u.a., Staatsanwaltschaft Darmstadt 2 Js 100/65, Bl. 2793

18 Leutnant Paul Henkel, Brief vom 5.11.1941, Washington National Archives RG 260, Property Division, PCEA 18/22.

19 M. Rössler/S. Schleiermacher (Hg.), Der „Generalplan Ost". Hauptlinien der nationalsozialistischen Planungs- und Vernichtungspolitik, Berlin 1993.

20 vgl. Anm. 17

21 Vgl. H. Lethen, Verhaltenslehren der Kälte. Lebensversuche zwischen den Kriegen, Frankfurt am Main 1994.

22 Vgl. dazu H. D. Kittsteiner, Die Entstehung des modernen Gewissens, Frankfurt am Main 1991, S. 226ff., 357ff., 387, 394ff.; H. Heer, Bittere Pflicht. Der Rassenkrieg der Wehrmacht und seine Voraussetzungen, in: W. Manoschek (Hg.), Die Wehrmacht im Rassenkrieg. Der Vernichtungskrieg hinter der Front, Wien 1996, S. 131ff.

23 vgl. Ch. Schneider/C. Stillke/B. Leineweber, Das Erbe der Napola. Versuch einer Generationengeschichte des Nationalsozialismus, Hamburg 1996.

24 Vgl. dazu D. Bankier, Die öffentliche Meinung im Hitler-Staat. Die „Endlösung" und die Deutschen. Eine Berichtigung, Berlin 1995.

25 Unpubliziertes Manuskript der Rede K. von Bismarks am 5. 3. 1995.

26 P. Bamm, Die unsichtbare Flagge, München 1989, S. 76.

27 H. Arendt, Eichmann in Jerusalem, Leipzig 1990, S. 366.

28 H.-A. Jacobsen, Krieg in Weltanschauung und Praxis des Nationalsozialismus 1919-1945, in: Beiträge zur Zeitgeschichte. Festschrift für Ludwig Jedlicka zum 60. Geburtstag, Hrsg. R. Neck/A. Wandruszka, St. Pölten 1978, S. 238ff.

29 Darin, und nicht in der direkten Parteinahme, besteht der verheerende Beitrag von Autoren wie Carl Schmitt und Ernst Jünger an der Errichtung des NS-Regimes.

30 B. Guggenberger, Der erste der letzten Kriege? Nachgedanken zum Golfkrieg, in: Universitas, 1991, 6, S. 559; E. Jünger, Über den Schmerz (1934), in: Sämtliche Werke, Bd. 7, Stuttgart 1980

31 R. Kößler/T. Schiel, Nationalstaaten und Grundlagen ethnischer Identität, in: dies. (Hrsg.), Nationalstaat und Ethnizität, Frankfurt am Main 1994, S. 17ff.

32 Th. Scheffler, Ethnizität und Gewalt im Vorderen und Mittleren Orient, in: Th. Scheffler (Hg.), Ethnizität und Gewalt, Hamburg 1991, S. 21

33 G. R. Ueberschär/W. Wette (Hg.), Der deutsche Überfall auf die Sowjetunion, Unternehmen „Barbarossa" 1941, Frankfurt am Main 1991, S. 283.

34 J. Friedrich, Das Gesetz des Krieges. Das deutsche Heer in Rußland 1941-1945, München/Zürich 1993, S. 402.

35 dito, S. 519.

36 dito, S. 520.

37 Ueberschär/Wette, a.a.O., S. 308.

38 221. Sich.Div., KTB Nr.2, Eintrag 8.7.1941, BA-MA, RH 26-221-10, S. 87.

39 Inf. Rgt. 350, II. Bat., An das Regiment, 18.8.1941, BA-MA, RH 26-221-21, S. 294ff.

40 Der Kommandant in Weißruthenien des Wehrmachtsbefehlshabers Ostland/Abt. Ia, Lagebericht, 10.9.1941, BSA Minsk, 651-1-1, S. 25; Der Kommandant in Weißruthenien/ Abt. Ia, Befehl Nr. 24 vom 24.11.1941, BSA Minsk 378-1-698, S. 32.

41 Der Kommandant in Weißruthenien/Abt. Ia (Tagesbefehl), 16.10.1941, BSA Minsk 378-1-698, S. 12f.

42 Katalog „Vernichtungskrieg. Verbrechen der Wehrmacht 1941 bis 1944", Hamburg 1996, S. 166.

43 Minsker Prozeß, eine kommentierte Ausgabe erscheint 1998 in der Hamburger Edition.

44 W. Sofsky, Die Meute. Zur Anthropologie der Menschenjagd, in: Neue Rundschau, 4/ 1994, S. 15.

45 R.-D. Müller (Hg.), Die deutsche Wirtschaftspolitik in den besetzten sowjetischen Gebieten 1941-1943, Boppard am Rhein 1991, S. 591.

46 dito, S. 597.

47 dito, S. 600.

48 dito, S. 615.

49 Minsker Prozeß, a.a.O.

50 O. Bartov, Extremfälle der Normalität und die Normalität des Außergewöhnlichen: Deutsche Soldaten an der Ostfront, in: U. Borsdorf/M. Jamin (Hg.), Über Leben im Krieg, Reinbek bei Hamburg 1989, S. 156.

51 Elias, a.a.O., S. 444.

52 Zum generellen Spannungsverhältnis von Zeitzeuge und Historiker vgl. P. Nora, Zwischen Geschichte und Gedächtnis, Berlin 1990, S. 12ff., und M. Hallwachs, Das kollektive Gedächtnis, Frankfurt am Main 1985, S. 66ff.

53 Vgl. Heer, a.a.O., S. 118f.

54 Gehorsam bis zum Mord? Der verschwiegene Krieg der deutschen Wehrmacht - Fakten, Analysen, Debatte. Zeitpunkte, Nr. 3, 1995, S. 84; The secret Schmidt hid from the Nazis, in: The European Magazine, 19.-25. Oktober 1995, S. 13.

55 P. Levi, Die Untergegangenen und die Geretteten, München/Wien 1990, S. 23.

56 Eintragungen in die Gästebücher der Ausstellung in Stuttgart, Hamburg und Berlin, zitiert in: Heer, a.a.O., S. 119f.

57 A. von Kageneck, Examen de Conscience, Paris 1996, S. 35ff; F. J. Strauß, Erinnerungen, Berlin 1989, S. 48.

58 K. von Bismarck, a.a.O.

Theater Phönix

uniforMode

Marion Bachinger/Gerlinde Feichtenschlager/Franz Thomaspeter/Lisa Heuberger/Renate Hinterkörner/Astrid Hofstetter/ Beate Hölzl/Andrea Hinterberger/Natascha Wöß

Eine Performance im Rahmen der Reihe Uni im Theater und eine Begleitveranstaltung zur Wehrmachtsausstellung.

Aus „Theater Phönix" vom November 1996:

Das Studentenprojekt der Meisterklasse Textil entsteht in Zusammenarbeit mit dem Theater Phönix und der Hochschule für Gestaltung unter dem Thema „Uniform und Mode". Unter dem Begriff UNIFORM wird nicht nur die Einheitskleidung des öffentlichen Dienstes verstanden, sondern auch die nicht offensichtliche Uniformierung des Alltagslebens, die schleichende Uniformierung in vielen – nicht nur textilen / Bereichen. Die Gesellschaft unterliegt vielen Konformitäten, die den Menschen nicht oder nur selten bewußt sind. Verhaltensweisen werden ebenso beleuchtet wie die herkömmliche Kleidung. Die kritische Ausleuchtung des Themas ist Schwerpunkt des Projekts.

uniforMode

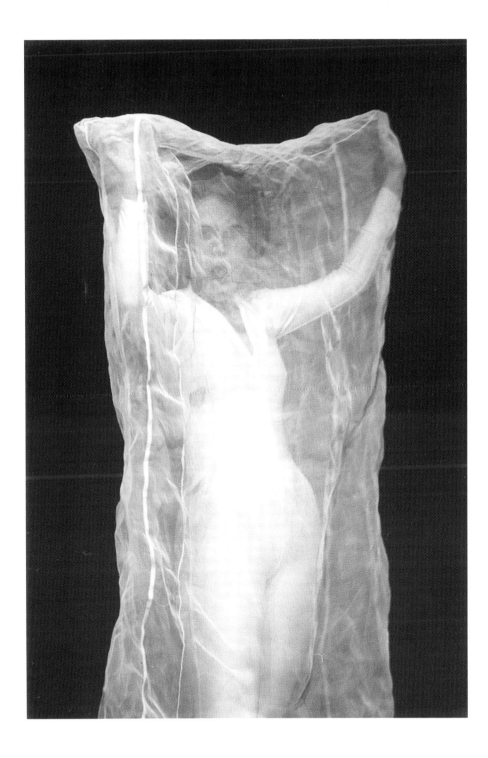

Gehen wir wirklich in den Tod?
Texte aus Nachschrift II

Heimrad Bäcker

„Unser einziger Weg ist Arbeit". Das Ghetto in Lodz 1940-1944, Wien 1990,
S 260. Tagesbericht am Donnerstag, 22. Juni 1944 (Tages-Chronik Nr. 173).
Kleiner Ghetto Spiegel.

wohnt hier szmulewicz?

hat gewohnt.

mordko szmulewicz?

gestorben.

lajzer und sure szmulewicz?

ausgesiedelt.

jankel?

hat sich zum fenster heruntergestürzt. tot.

chawe szmulewicz?

ausgesiedelt.

ein 15jähriger mojsze szmulewicz?

am draht erschossen.

zwei brüder boruch und hersz?

auf der flucht umgekommen.

boruchs sohn josef?

Danunta Czech: Kalendarium der Ereignisse im Konzentrationslager
Ausschwitz-Birkenau 1939-1945. Hamburg 1989, S. 898

krematorium II   am tage
             II   in der nacht
             III am tage
             III in der nacht
             IV   am tage
             IV   in der nacht
             V   am tage
             V   in der nacht

Prof. Dr. Hirt, Direktor der Anatomie an der Reichsuniversität Straßburg: Bericht an Heinrich Himmler, Reichsführer SS. (9. 2. 1924) Dokument 085-NO, in: Der Prozeß gegen die Hauptkriegsverbrecher vor dem Internationalen Militärgerichtshof Nürnberg 14. November 1945 – 1. Oktober 1946. Band XXXVIII Urkunden und anders Beweismaterial. Nürnberg 1949, S. 228f.

die feldpolizei erhält sonderanweisung, laufend den bestand und aufenthaltsort der gefangenen juden zu melden und sie bis zum eintreffen eines besonderen beauftragten wohl zu behüten. der zur sicherstellung des materials beauftragte (jungarzt oder medizinstudent, ausgerüstet mit einen pkw nebst fahrer) hat eine vorher festgelegte reihe fotografischer aufnahmen und anthropologischer messungen zu machen. nach dem danach herbeigeführten tod des juden, dessen kopf nicht verletzt werden darf, trennt er den kopf vom rumpf und sendet ihn, in eine konservierungsflüssigkeit gebettet, in eigens zu diesem zweck geschaffenen und gut verschließbaren blechbehältern zum bestimmungsort

Die Ermordung der europäischen Juden. Eine umfassende Dokumentation des Holocaust 1941-1945, hsg. v. Peter Longerich. München 1989, S. 96

maßgebend für die frage, ob und welche bestrafung bei judenerschießungen ohne befehl und befugnis zu erfolgen hat, sind die beweggründe. bei rein politischen motiven erfolgt keine bestrafung

Raul Hilberg: Die Vernichtung der europäischen Juden. Die Gesamtgeschichte des Holocaust. Berlin 1982, S. 295, 487, 492, 545 eine person mit jüdischen großeltern die am 10.4.1941 der jüdischen gemeinde angehört hat oder ihr zu einem späteren zeitpunkt beigetreten ist   eine person mit zwei jüdischen großeltern die am 15.9.1935 der jüdischen gemeinde angehört hat oder ihr zu einem späteren zeitpunkt beigetreten ist   eine person mit zwei jüdischen großeltern die als jude geboren wurde oder deren elternteil zum zeitpunkt der eheschließung nicht getauft war   eine person mit zwei jüdischen großeltern die am 15.9.1935 oder später der jüdischen religion angehörte oder die mit einer person verheiratet war die am 15.9.1935 oder später laut definition als jude galt   eine person die nach dem 31.7.1919 als kind jüdischer eltern geboren wurde unabhängig von der eigenen religion   das kind einer jüdischen mutter und eines unbekannten vaters (nur in bestimmten fällen)   das kind einer halbjüdischen mutter und eines unbekannten vaters wenn zum zeitpunkt der geburt entweder mutter oder kind nicht getauft waren   das kind einer verbotenen mischehe oder außerehelichen beziehung   eine person mit einem jüdischen großelternteil wenn der halbjüdische elternteil laut definition jüdisch war und wenn der abkömmling nach inkrafttreten des gesetzes geboren wurde   alle anderen konvertiten einschließlich jener die vor ihrem 7. geburtstag christen geworden sind   eine person mit zwei jüdischen großelternteilen die am 15.9.1935 mit einem dreiviertel- oder volljuden verheiratet war oder zu einem späteren zeitpunkt einen solchen geheiratet hat   eine person die abkömmling einer außerehelichen beziehung mit einem dreiviertel- oder volljuden ist und nach dem 31.7.1936 unehelich geboren wurde   eine person die am 30.4.1940 mit einem juden verheiratet war oder zu einem späteren zeitpunkt einen voll- oder halbjuden geheiratet hat   eine person die abkömmling einer außerehelichen beziehung mit einem juden ist und nach dem 31.1.1942 geboren wurde   eine person die durch entscheidung des innenministers auf empfehlung eines rassepolitischen ausschusses als jude eingestuft wurde   eine person einschließlich vierteljuden und vollariern die nach dem 30.4.1941 einen juden geheiratet hat   jedes kind einer unverheirateten jüdischen mutter   eine person die am 20.4.1939 der jüdischen gemeinde angehört hat oder ihr zu einem späteren zeitpunkt beigetreten ist   eine person die nach dem 20.4.1939 einen juden geheiratet hat   eine person die abkömmling einer unverheirateten jüdischen mutter ist und nach dem 20.2.1940 geboren wurde   eine person die abkömmling einer unverheirateten jüdischen mutter und eines nachgewiesenen jüdischen vaters ist und nach dem 20.2.1940 geboren wurde   eine person die abkömmling einer nach dem 20.4.1939 geschlossenen mischehe ist   eine person mit einem jüdischen großelternteil die am 20.4.1939 der jüdischen religion angehört hat oder ihr zu einem späteren zeitpunkt beigetreten ist   gleichzustellen wenn er abkömmling einer bastardehe war (beide teile mischlinge)   gleichzustellen wenn er ein rassisch besonders ungünstiges erscheinungsbild aufwies das ihn schon äußerlich zu den juden rechnete   gleichzustellen wenn eine besonders schlechte polizeiliche und politische beurteilung erkennen ließ daß er sich wie ein jude fühlt und benimmt

Von den Einsatzgruppen des SD und der Sicherheitspolizei in der UdSSR gebildete Sonder- und Einsatzkommandos. Siehe Helmut Krausnick: Hitlers Einsatzgruppen, Frankfurt 1985, insbesondere das Kapitel über das Verhältnis zwischen Heer und Einsatzgruppen während des Rußlandfeldzuges, S 151 ff

sonderkommando 1a
sonderkommando 1b
einsatzkommando 2
einsatzkommando 3
sonderkommando 7a
sonderkommando 7b
sonderkommando 7c
einsatzkommando 8
einsatzkommando 9
sonderkommando 4a
sonderkommando 4b
einsatzkommando 5
einsatzkommando 6
sonderkommando 10a
sonderkommando 10b
einsatzkommando 11a
einsatzkommando 11b
einsatzkommando 11c

„Es gibt nur eines für das Judentum: Vernichtung." Das Judentum in deutschen Soldatenbriefen 1939-1944, hrsg. von Walter Manoschek, Hamburg 1995, S. 55

21.4.1942
K.V.-Insp. H.K.
H.K.P. 610 (Baranowice)
FPN 37634

Im Stall sägen zwei Juden seit sieben Monaten Holz und fragen ab und zu, ob sie nächstens auch erschossen würden. Von den etwa 8000 Juden unseres Städtchens sind nämlich neulich 2007 auf Verantwortung des Gebietskommissars, eines 52jährigen Ordensjunkers, erschossen worden, darunter viele Frauen und Kinder ...

Danuta Czech: Kalendarium der Ereignisse im Konzentrationslager Ausch-
witz-Birkenau 1939-1945. Hamburg 1989, S. 128ff, Eintragung ab 13. 10. 1941

1.11.   in das totenbuch der russischen kriegsgefangenen
werden 253 todesfälle eingetragen

2.11.   in das totenbuch der russischen kriegsgefangenen
werden 213 todesfälle eingetragen

3.11.   in das totenbuch der russischen kriegsgefangenen
werden 278 todesfälle eingetragen

4.11.   in das totenbuch der russischen kriegsgefangenen
werden 352 todesfälle eingetragen

5.11.   in das totenbuch der russischen kriegsgefangenen
werden 122 todesfälle eingetragen

6.11.   in das totenbuch der russischen kriegsgefangenen
werden 52 todesfälle eingetragen

7.11.   in das totenbuch der russischen kriegsgefangenen
werden 140 todesfälle eingetragen

8.11.   in das totenbuch der russischen kriegsgefangenen
werden 85 todesfälle eingetragen

9.11.   in das totenbuch der russischen kriegsgefangenen
werden 91 todesfälle eingetragen

10.11.   in das totenbuch der russischen kriegsgefangenen
werden 75 todesfälle eingetragen

11.11.   in das totenbuch der russischen kriegsgefangenen
werden 88 todesfälle eingetragen

12.11.   in das totenbuch der russischen kriegsgefangenen
werden 167 todesfälle eingetragen

13.11.   in das totenbuch der russischen kriegsgefangenen
werden 284 todesfälle eingetragen

14.11.   in das totenbuch der russischen kriegsgefangenen
werden 255 todesfälle eingetragen

15.11.   in das totenbuch der russischen kriegsgefangenen
werden 201 todesfälle eingetragen

16.11.   in das totenbuch der russischen kriegsgefangenen
werden 88 todesfälle eingetragen

17.11.   in das totenbuch der russischen kriegsgefangenen
werden 97 todesfälle eingetragen

18.11.   in das totenbuch der russischen kriegsgefangenen
werden 81 todesfälle eingetragen

19.11.   in das totenbuch der russischen kriegsgefangenen
         werden 81 todesfälle eingetragen
20.11.   in das totenbuch der russischen kriegsgefangenen
         werden 62 todesfälle eingetragen
21.11.   in das totenbuch der russischen kriegsgefangenen
         werden 82 todesfälle eingetragen
22.11.   in das totenbuch der russischen kriegsgefangenen
         werden 58 todesfälle eingetragen
23.11.   in das totenbuch der russischen kriegsgefangenen
         werden 88 todesfälle eingetragen
24.11.   in das totenbuch der russischen kriegsgefangenen
         werden 51 todesfälle eingetragen
25.11.   in das totenbuch der russischen kriegsgefangenen
         werden 42 todesfälle eingetragen
26.11.   in das totenbuch der russischen kriegsgefangenen
         werden 65 todesfälle eingetragen
27.11.   in das totenbuch der russischen kriegsgefangenen
         werden 57 todesfälle eingetragen
28.11.   in das totenbuch der russischen kriegsgefangenen
         werden 48 todesfälle eingetragen
29.11.   in das totenbuch der russischen kriegsgefangenen
         werden 74 todesfälle eingetragen
30.11.   in das totenbuch der russischen kriegsgefangenen
         werden 56 todesfälle eingetragen

auch die eintragung *überstellt* bedeutet tod

Ernst Klee/Willi Dreßen (Hg.): „Gott mit uns." Der deutsche Vernichtungs-krieg im Osten 1939-1945. Frankfurt 1989, S.141

der baum der bis in die höchsten zweige völlig entrindet und nackt; in seiner
krone versuchen zwei gefangene die letzten rindenreste zu erreichen

Dimension des Völkermords. Die Zahl der jüdischen Opfer des Nationalsozialismus, hrsg. von Wolfgang Benz, München 1991, S. 163. Transport vom 8.
6. 1943 aus dem niederländischen Sammellager Westerbork nach Sobibor.

1204
1187
1446
2511
2862
3006
3017   (kindertransport)
2397
2417
1988
2209
1001
1004
 987
1005

Stereotype Eintragung im Totenbuch Mauthausen über die Ermordung von 208 russischen Kriegsgefangenen, nach Namen und Vornamen Juden, in der Nacht vom 9. auf den 10. Mai 1942. Dokument 45-PS des Nürnberger Prozesses, IMT Bd. XXVI, S. 86-98

184

stunde des todes

$0.^{15}$
$0.^{15}$
$0.^{15}$
$0.^{15}$
$0.^{15}$
$0.^{15}$
$0.^{15}$
$0.^{15}$
$0.^{15}$
$0.^{15}$
$0.^{15}$
$0.^{15}$
$0.^{15}$
$0.^{15}$
$0.^{15}$
$0.^{15}$
$0.^{15}$
$0.^{15}$
$0.^{15}$
$0.^{15}$
$0.^{15}$
$0.^{15}$
$0.^{15}$
$0.^{15}$
$0.^{15}$
$0.^{15}$
$0.^{15}$
$0.^{15}$
$0.^{15}$
$0.^{15}$
$0.^{15}$
$0.^{15}$
$0.^{15}$
$0.^{15}$
$0.^{15}$
$0.^{15}$
$0.^{15}$
$0.^{15}$
$0.^{15}$
$0.^{15}$
$0.^{15}$
$0.^{15}$
$0.^{15}$
$0.^{15}$
$0.^{15}$
$0.^{15}$
$0.^{15}$
$0.^{15}$
$0.^{15}$
$0.^{15}$
$0.^{15}$
$0.^{15}$
$0.^{15}$
$0.^{15}$

Hans Maršálek: Die Geschichte des Konzentrationslagers Mauthausen. Wien 1980, S. 152

I/1 I/2 I/3 I/4 I/5 I/6 I/7 I/8 I/9 I/10 I/11 I/12 I/13 I/14 I/15 I/16 I/17 I/18 I/19 I/20 I/21 I/22 I/23 I/24 I/25 I/
26 I/27 I/28 I/29 I/30 I/31 I/32 I/33 I/34 I/35 I/36 I/37 I/38 I/39 I/40 I/41 I/42 I/43 I/44 I/45 I/46 I/47 I/48 I/49
I/50 I/51 I/52 I/53 I/54 I/55 I/56 I/57 I/58 I/59 I/60 I/61 I/62 I/63 I/64 I/65 I/66 I/67 I/68 I/69 I/70 I/72 I/73 I/
74 I/75 I/76 I/77 I/78 I/79 I/80 I/81 I/82 I/83 I/84 I/85 I/86 I/87 I/88 I/89 I/90 I/91 I/92 I/93 I/94 I/95 I/96 I/97
I/98 I/99 I/100 I/101 I/102 I/103 I/104 I/105 I/106 I/107 I/108 I/109 I/110 I/111 I/112 I/113 I/114 I/115 I/116 I/
117 I/118 I/119 I/120 I/121 I/122 I/123 I/124 I/125 I/126 I/127 I/128 I/129 I/130 I/131 I/132 I/133 I/134 I/135 I/
136 I/137 I/138 I/139 I/140 I/141 I/142 I/143 I/144 I/145 I/146 I/147 I/148 I/149 I/150 I/151 I/152 I/153 I/154 I/
155 I/156 I/157 I/158 I/159 I/160 I/161 I/162 I/163 I/164 I/165 I/166 I/167 I/168 I/169 I/170 I/171 I/172 I/173 I/
174 I/175 I/176 I/177 I/178 I/179 I/180 I/181 I/182 I/183 I/184 I/185 II/1 II/2 II/3 II/4 II/5 II/6 II/7 II/8 II/9 II/
10 II/11 II/12 II/13 II/14 II/15 II/16 II/17 II/18 II/19 II/20 II/21 II/22 II/23 II/24 II/25 II/26 II/27 II/28 II/29 II/
30 II/31 II/32 II/33 II/34 II/35 II/36 II/37 II/38 II/39 II/40 II/41 II/42 II/43 II/44 II/45 II/46 II/47 II/48 II/49 II/
50 II/51 II/52 II/53 II/54 II/55 II/56 II/57 II/58 II/59 II/60 II/61 II/62 II/63 II/64 II/65 II/66 II/67 II/68 II/69 II/
70 II/71 II/72 II/73 II/74 II/75 II/76 II/77 II/78 II/79 II/80 II/81 II/82 II/83 II/84 II/85 II/86 II/87 II/88 II/89 II/
90 II/91 II/92 II/93 II/94 II/95 II/96 II/97 II/98 II/99 II/100 II/101 II/102 II/103 II/104 II/105 II/106 II/107 II/108
II/109 II/110 II/111 II/112 II/113 II/114 II/115 II/116 II/117 II/118 II/119 II/120 II/121 II/122 II/123 II/124 II/125
II/126 II/127 II/128 II/129 II/130 II/131 II/132 II/133 II/134 II/135 II/136 II/137 II/138 II/139 II/140 II/141 II/142 II/143
II/144 II/145 II/146 II/147 II/148 II/149 II/150 II/151 II/152 II/153 II/154 II/155 II/156 II/157 II/158 II/159 II/160
II/161 II/162 II/163 II/164 II/165 II/166 II/167 II/168 II/169 II/170 II/171 II/172 II/173 II/174 II/175 II/176 II/177
II/178 II/179 II/180 II/181 II/182 II/183 II/184 II/185 III/1 III/2 III/3 III/4 III/5 III/6 III/7 III/8 III/9 III/10 III/
11 III/12 III/13 III/14 III/15 III/16 III/17 III/18 III/19 III/20 III/21 III/22 III/23 III/24 III/25 III/26 III/27 III/28
III/29 III/30 III/31 III/32 III/33 III/34 III/35 III/36 III/37 III/38 III/39 III/40 III/41 III/42 III/42 III/43 III/44 III/
45 III/46 III/47 III/48 III/49 III/50 III/51 III/52 III/53 III/54 III/55 III/56 III/57 III/58 III/59 III/60 III/61 III/62
III/63 III/64 III/65 III/66 III/67 III/68 III/69 III/70 III/71 III/72 III/73 III/74 III/75 III/76 III/77 III/78 III/79 III/
80 III/81 III/82 III/83 III/84 III/85 III/86 III/87 III/88 III/89 III/90 III/91 III/92 III/93 III/94 III/95 III/96 III/97
III/98 III/99 III/100 III/101 III/102 III/103 III/104 III/105 III/106 III/107 III/108 III/109 III/110 III/111 III/112
III/113 III/114 III/115 III/116 III/117 III/118 III/119 III/120 III/121 III/122 III/123 III/124 III/125 III/126 III/127
III/128 III/129 III/130 III/131 III/132 III/133 III/134 III/135 III/136 III/137 III/138 III/139 III/140 III/141 III/142
III/143 III/144 III/145 III/146 III/147 III/148 III/149 III/150 III/151 III/152 III/153 III/154 III/155 III/156 III/157
III/158 III/159 III/160 III/161 III/162 III/163 III/164 III/165 III/166 III/167 III/168 III/169 III/170 III/171 III/172
III/173 III/174 III/175 III/176 III/177 III/178 III/179 III/180 III/181 III/182 III/183 III/184 III/185 IV/1 IV/2 IV/
3 IV/4 IV/5 IV/6 IV/7 IV/8 IV/9 IV/10 IV/11 IV/12 IV/13 IV/14 IV/15 IV/16 IV/17 IV/18 IV/19 IV/20 IV/21 IV/
22 IV/23 IV/24 IV/25 IV/25 IV/26 IV/27 IV/28 IV/29 IV/30 IV/31 IV/32 IV/33 IV/34 IV/35 IV/36 IV/37 IV/38
IV/39 IV/40 IV/41 IV/42 IV/43 IV/44 IV/45 IV/46 IV/47 IV/48 IV/49 IV/50 IV/51 IV/52 IV/53 IV/54 IV/55 IV/
56 IV/57 IV/58 IV/59 IV/60 IV/61 IV/62 IV/63 IV/64 IV/65 IV/66 IV/67 IV/68 IV/69 IV/70 IV/71 IV/72 IV/73
IV/74 IV/75 IV/76 IV/77 IV/78 IV/79 IV/80 IV/81 IV/82 IV/83 IV/84 IV/85 IV/86 IV/87 IV/88 IV/89 IV/90 IV/
91 IV/92 IV/93 IV/94 IV/95 IV/96 IV/97 IV/98 IV/99 IV/100 IV/101 IV/102 IV/103 IV/104 IV/105 IV/106 IV/107
IV/108 IV/109 IV/110 IV/111 IV/112 IV/113 IV/114 IV/115 IV/116 IV/117 IV/118 IV/119 IV/120 IV/121 IV/122
IV/123 IV/124 IV/125 IV/126 IV/127 IV/128 IV/129 IV/130 IV/131 IV/132 IV/133 IV/134 IV/135 IV/136 IV/137
IV/138 IV/139 IV/140 IV/141 IV/142 IV/143 IV/144 IV/145 IV/146 IV/147 IV/148 IV/149 IV/150 IV/151 IV/152
IV/153 IV/154 IV/155 IV/156 IV/157 IV/158 IV/159 IV/160 IV/161 IV/162 IV/163 IV/164 IV/165 IV/166 IV/167
IV/168 IV/169 IV/170 IV/171 IV/172 IV/173 IV/174 IV/175 IV/176 IV/177 IV/178 IV/179 IV/180 IV/181 IV/182
IV/183 IV/184 IV/185 V/1 V/2 V/3 V/4 V/5 V/6 V/7 V/8 V/9 V/10 V/11 V/12 V/13 V/14 V/15 V/16 V/17 V/18
V/19 V/20 V/21 V/22 V/23 V/24 V/25 V/26 V/27 V/28 V/29 V/30 V/31 V/32 V/33 V/34 V/35 V/36 V/37 V/38 V/
39 V/40 V/41 V/42 V/43 V/44 V/45 V/46 V/47 V/48 V/49 V/50 V/51 V/52 V/53 V/54 V/55 V/56 V/57 V/58 V/59
V/60 V/61 V/62 V/63 V/64 V/65 V/66 V/67 V/68 V/69 V/70 V/71 V/72 V/73 V/74 V/75 V/76 V/77 V/78 V/79 V/
80 V/81 V/82 V/83 V/84 V/85 V/86 V/87 V/88 V/89 V/90 V/91 V/92 V/93 V/94 V/95 V/96 V/97 V/98 V/99 V/100
V/101 V/102 V/103 V/104 V/105 V/106 V/107 V/108 V/109 V/110 V/111 V/112 V/113 V/114 V/115 V/116 V/117
V/118 V/119 V/120 V/121 V/122 V/123 V/124 V/125 V/126 V/127 V/128 V/129 V/130 V/131 V/132 V/133 V/134
V/135 V/136 V/137 V/138 V/139 V/140 V/141 V/142 V/143 V/144 V/145 V/146 V/147 V/148 V/149 V/150 V/151
V/152 V/153 V/154 V/155 V/156 V/157 V/158 V/159 V/160 V/161 V/162 V/163 V/164 V/165 V/166 V/167 V/168
V/169 V/170 V/171 V/172 V/173 V/174 V/175 V/176 V/177 V/178 V/179 V/180 V/181 V/182 V/183 V/184 V/185
VI/1 VI/2 VI/3 VI/4 VI/5 VI/6 VI/7 VI/8 VI/9 VI/10 VI/11 VI/12 VI/13 VI/14 VI/15 VI/16 VI/17 VI/18 VI/19
VI/20 VI/21 VI/22 VI/23 VI/24 VI/25 VI/26 VI/27 VI/28 VI/29 VI/30 VI/31 VI/32 VI/33 VI/34 VI/35 VI/36 VI/
37 VI/38 VI/39 VI/40 VI/41 VI/42 VI/43 VI/44 VI/45 VI/46 VI/47 VI/48 VI/49 VI/50 VI/51 VI/52 VI/53 VI/54
VI/55 VI/56 VI/57 VI/58 VI/59 VI/60 VI/61 VI/62 VI/63 VI/64 VI/65 VI/66 VI/67 VI/68 VI/69 VI/70 VI/71 VI/
72 VI/73 VI/74 VI/75 VI/76 VI/77 VI/78 VI/79 VI/80 VI/81 VI/82 VI/83 VI/84 VI/85 VI/86 VI/87 VI/88 VI/89
VI/90 VI/91 VI/92 VI/93 VI/94 VI/95 VI/96 VI/97 VI/98 VI/99 VI/100 VI/101 VI/102 VI/103 VI/104 VI/105 VI/
106 VI/107 VI/108 VI/109 VI/110 VI/111 VI/112 VI/113 VI/114 VI/115 VI/116 VI/117 VI/118 VI/119 VI/120 VI/
121 VI/122 VI/123 VI/124 VI/125 VI/126 VI/127 VI/128 VI/129 VI/130 VI/131 VI/132 VI/133 VI/134 VI/135 VI/
136 VI/137 VI/138 VI/139 VI/140 VI/141 VI/142 VI/143 VI/144 VI/145 VI/146 VI/147 VI/148 VI/149 VI/150 VI/
151 VI/152 VI/153 VI/154 VI/155 VI/156 VI/157 VI/158 VI/159 VI/160 VI/161 VI/162 VI/163 VI/164 VI/165 VI/
166 VI/167 VI/168 VI/169 VI/170 VI/171 VI/172 VI/173 VI/174 VI/175 VI/176 VI/177 VI/178 VI/179 VI/180 VI/
181 VI/182 VI/183 VI/184 VI/185 VII/1 VII/2 VII/3 VII/4 VII/5 VII/6 VII/7 VII/8 VII/9 VII/10 VII/11 VII/12
VII/13 VII/14 VII/15 VII/16 VII/17 VII/18 VII/19 VII/20 VII/21 VII/22 VII/23 VII/24 VII/25 VII/26 VII/27 VII/
28 VII/29 VII/30 VII/31 VII/32 VII/33 VII/34 VII/35 VII/36 VII/37 VII/38 VII/39 VII/40 VII/41 VII/42 VII/43
VII/44 VII/45 VII/46 VII/47 VII/48 VII/49 VII/50 VII/51 VII/52 VII/53 VII/54 VII/55 VII/56 VII/57 VII/58 VII/
59 VII/60 VII/61 VII/62 VII/63 VII/64 VII/65 VII/66 VII/67 VII/68 VII/69 VII/70 VII/71 VII/72 VII/73 VII/74
VII/75 VII/76 VII/77 VII/78 VII/79 VII/80 VII/81 VII/82 VII/83 VII/84 VII/85 VII/86 VII/87 VII/88 VII/89 VII/
90 VII/91 VII/92 VII/93 VII/94 VII/95 VII/96 VII/97 VII/98 VII/99 VII/100 VII/101 VII/102 VII/103 VII/104 VII/
105 VII/106 VII/107 VII/108 VII/109 VII/110 VII/111 VII/112 VII/113 VII/114 VII/115 VII/116 VII/117 VII/118
VII/119 VII/120 VII/121 VII/122 VII/123 VII/124 VII/125 VII/126 VII/127 VII/128 VII/129 VII/130 VII/131 VII/
132 VII/133 VII/134 VII/135 VII/136 VII/137 VII/138 VII/139 VII/140 VII/141 VII/142 VII/143 VII/144 VII/145
VII/146 VII/147 VII/148 VII/149 VII/150 VII/151 VII/152 VII/153 VII/154 VII/155 VII/156 VII/157 VII/158 VII/
159 VII/160 VII/161 VII/162 VII/163 VII/164 VII/165 VII/166 VII/167 VII/168 VII/169 VII/170 VII/171 VII/172
VII/173 VII/174 VII/175 VII/176 VII/177 VII/178 VII/179 VII/180 VII/181 VII/182 VII/183 VII/184 VII/185 auf
diese weise wird die jeweilige zahl der im laufenden jahr eingetretenen todesfälle nicht ersichtlich gemacht

Der Prozeß gegen die Hauptkriegsverbrecher vor dem Internationalen Gerichtshof Nürnberg 1947-1949, Eidformel IMT Bd. 1-42

being duly sworn, depose and say:
being duly sworn, depose and say:
being duly sworn, depose and say:
being duly sworn, depose and say:
being duly sworn, depose and say:
being duly sworn, depose and say:
being duly sworn, depose and say:
being duly sworn, depose and say:
being duly sworn, depose and say:
being duly sworn, depose and say:
being duly sworn, depose and say:
being duly sworn, depose and say:
being duly sworn, depose and say:
being duly sworn, depose and say:
being duly sworn, depose and say:

Echo aus dem Abgrund

für 4 Vokalisten und Saxophonquartett
Text: *Nguyên Chi Thiên*
Musik: *Günter Mattitsch*
Ensemble Hortus Musikus
Carinthia Saxophonquartett

Der vietnamesische Dichter Nguyên Chi Thiên, Jahrgang 1933, war als Regimekritiker und Dissident vom Ende der 50er Jahre bis 1991 mit kurzen Unterbrechungen in verschiedenen Gefängnissen und Umerziehungslagern Nordvietnams inhaftiert. Seither lebt er in Saigon.

Während der kurzen Besuche in seinem Elternhaus schrieb er seine Texte aus dem Gedächtnis nieder und übergab schließlich das Manuskript einem Diplomaten der Britischen Botschaft, der es in den Westen schmuggelte. In dem beigelegten Brief schrieb er: „Im Namen von Millionen unschuldiger Opfer der Diktatur, der bereits gefallenen wie derjenigen, die noch einen langsamen, qualvollen Tod in den kommunistischen Zuchthäusern erleiden, bitte ich Sie, diese Gedichte in Ihrem freien Land zu veröffentlichen. Sie sind Früchte aus zwanzig Jahren Arbeit. Die meisten davon wurden in den Jahren meiner Gefangenschaft verfaßt."

Die Verse, die ins Französische, Englische und Deutsche übersetzt wurden, sind eine eindrucksvolle Anklage gegen ein menschenverachtendes Regime. Der Kärntner Arzt, Musiker und Komponist Günter Mattitsch hat sie 1995 vertont. Die Aufführung des Werkes bildete den Abschluß des Begleitprogramms zur Wehrmachtsausstellung in Linz.

Aus den 14 Abschnitten haben wir die Nummer 11 als Beispiel gewählt, um einen kurzen Einblick in Text und Komposition zu ermöglichen:

11. Silvesternacht

Nacht im Dschungel.
Der Regen fällt unaufhörlich durch das durchlöcherte Dach.
Die Arme um die Knie verschränkt, tauschen wir zitternd Blicke aus.
Eine winzige Lichtquelle: die Öllampe.
Hier ein Kübel für Urin, dort ein Kübel für Kot.
Und der hölzerne Boden als Schlafstätte, voll von sauggierigen Wanzen.
Das ist der Silvesterabend für Gefangene.

11. SILVESTERNACHT

P Nacht im Dunkel

P Nacht im Dunkel-gel-

Verdrängte Erinnerungen, verdeckte Überlieferungen. Akteurinnen im Nationalsozialismus

Gaby Zipfel

„Das Höchste, was man erreichen kann, ist zu wissen und auszuhalten, daß es so und nicht anders gewesen ist und dann zu sehen und abzuwarten, was sich daraus ergibt„

(Hannah Arendt)

Wie schwierig es ist, wirklich wissen zu wollen und auszuhalten, wie es gewesen ist, zeigt sich auch und gerade an der Zurückhaltung gegenüber der Frage, wie sich Frauen im und zum Nationalsozialismus und seinen Verbrechen verhalten haben.

Frauen als Akteurinnen zu bezeichnen, unterstellt bereits als Sachverhalt, was mindestens ebenso umstritten ist wie die Aussage der Ausstellung Vernichtungskrieg. Verbrechen der Wehrmacht 1941 bis 1944, daß die Wehrmacht eben nicht sauber, von den Verbrechen des Nationalsozialismus unberührt geblieben sei.

Legendenbildungen sind abzutragen, tröstliche Mythen aufzugeben.

Raul Hilberg konstatiert:

„Wo immer man den Trennungsstrich der aktiven Teilnahme zu ziehen gedenkt, stets stellt die Vernichtungsmaschinerie einen bemerkenswerten Querschnitt der deutschen Bevölkerung dar. Jeder Berufsstand, jeder Ausbildungsgrad und jeder soziale Status war vertreten.„[1]

Es ist anzunehmen, daß er auf Nachfrage betonen würde, er hätte bei seinem Täter-Szenario Frauen mitgedacht. Dem ist entgegenzuhalten, daß in der Regel ein Trennungsstrich aktiver Teilnahme, ob unbewußt oder bewußt, zwischen den Geschlechtern gezogen wird. Wo Frauen nicht erwähnt werden, werden sie auch nicht als handelnde, beteiligte Subjekte gedacht.

Krieg und Männlichkeit scheinen nach wie vor Begriffe zu sein, die ineinander aufgehen.

Frauen gelten als Opfer männlicher Kriege, Nutznießerinnen (die Marketenderin, die Empfängerin von Kriegsbeute, die indirekte Teilhaberin an eroberter Macht) oder in ihm als Samariterin (Krankenschwesternrolle im Ersten Weltkrieg), als Mütter, die die Krieger gebären und dann opfern (Käthe Kollwitz), Geliebte, Ehefrauen, Schwestern, die dem tapferen Krieger durch ihre Treue den Rücken stärken, als Kriegsgegnerinnen, die den Krieg der Männer mit weiblicher List zu vereiteln suchen (Lysistrata) – so das vertraute und liebgewordene Szenario.

Es ist auch bei diesem Thema ganz offensichtlich, daß der Blickwinkel der zu einem bestimmten Zeitpunkt Fragenden darüber entscheidet, wonach gefragt wird und wonach eben nicht.

Die Auslassungen und das Schweigen sind selbst beredt und ganz und gar nicht willkürlich.

So war bereits 1969 bei Ursula von Gersdorff nachzulesen[2], daß der Wehrmacht 500.000 Frauen angehörten – auf jeden zwanzigsten Soldaten kam eine Wehrmachtshelferin. Das Sanitätspersonal, die einzige Domäne, in der Frauen als Kriegsteilnehmerinnen in der Regel mitgedacht und sichtbar werden, ist in dieser Zahlenangabe nicht berücksichtigt. Aber nicht nur in der Frauenforschung zum Nationalsozialismus wurde diese Tatsache geflissentlich übersehen oder lediglich am Rande vermerkt.

500.000 weibliche Angehörige der Wehrmacht bilden jedoch einen Pool an Erfahrungen und Erlebnissen im aktiven Kriegsgeschehen, der bislang seltsam verborgen blieb: In der alltäglichen Erinnerung sind Kriegserlebnisse der Väter und Söhne, wenn auch mit den bekannten Ausblendungen und Verzerrungen, gegenwärtig; die der Frauen scheinen kaum der Rede wert.

Erst jetzt, in den 90er Jahren, finden wir in der sogenannten Erinnerungsliteratur auch Berichte von Frauen.

Ähnliches gilt für die historische Aufarbeitung, die, wo sie denn unternommen wurde, den Fraueneinsatz lediglich der Vollständigkeit halber erwähnt. So heißt es bei Ursula von Gersdorff:

„Der Auftrag zu dieser Untersuchung des Kriegsdienstes deutscher Frauen ergab sich aus der Aufgabe des Militärgeschichtlichen Forschungsamtes selbst, den Zweiten Weltkrieg in seiner Totalität darzustellen (...)„ Und mit Totalität scheint sie lediglich eine Quantität zu meinen:

„Dabei sollte der Kriegsdienst der Frau nicht als ein neues selbständiges Element in die Militärgeschichte eingeführt, sondern zunächst vor allem eine diesbezogene Lücke in der Geschichtsschreibung beider Kriege bewußt gemacht werden.„[3]

1978 bestätigt eine weitere militärgeschichtliche Studie, erstellt von Franz

W. Seidler, daß 500. 000 Wehrmachtshelferinnen im Einsatz waren. Er schluß-
gefolgert:

„(Es) handelt (...) sich bei diesem Vorgang um einen emanzipatorischen
Schritt zur vollen Gleichberechtigung,"[4] und wirft dabei beiläufig eine Frage
auf, die es wert ist, genauer erforscht zu werden: Inwieweit haben Frauen die
Identitätsangebote des Nationalsozialismus als emanzipatorisch, innovativ, ja
befreiend empfunden?

Zeitzeuginnen, sich in ihrer Rückschau von Gewesenem abgrenzend, haben häufig dennoch die damals erlebte Begeisterung in ihrer Stimme, wenn
sie berichten.

Die Ausstellung führt die Rede von der sauberen Wehrmacht als Legende
vor, zeigt, welche Verbrechen „ganz normale Männer" als Wehrmachtsangehörige begingen.

Die Imagination vom ganz normalen Mann, das ist der Ehemann, Vater,
der Bruder, Geliebte, nicht der ideologisierte Fanatiker, nicht Rambo und nicht
Jesus. Die Legende von der sauberen Wehrmacht lebt von diesem Männer-
bild, von der Vorstellung, daß der Wehrmachtssoldat hinaus mußte ins feind-
liche Leben, um die Daheimgebliebenen zu schützen.

Nun zeigen die Bilder und Dokumente, daß eben diese Soldaten einen
Vernichtungs- und nicht etwa einen Verteidigungskrieg geführt haben. Für
ihre Frauen sind sie dabei offenbar „ganz normale Männer,, geblieben. Die
Legende, daß „ganz normale Männer,, zu solchen Verbrechen nicht fähig sei-
en, kann sich nur halten, solange Frauen an ihr mitarbeiten.

In der Ausstellung verweisen, wenn auch indirekt, zwei Momente darauf,
daß sie eben dieses taten:

Es werden in Ausschnitten Feldpostbriefe zitiert. Deren Adressaten waren
wohl, so ist anzunehmen, vor allem Mütter, Ehefrauen, Schwestern an der
Heimatfront:

„Morgens muß die Bagage antreten und einstimmig im Chor den Morgen-
spruch aufsagen: ‚Wir haben keine Ahnung von Deutschlands Macht und Stärke!'
Ganz ordentlich, nicht wahr? Wir werden die Bande schon zur Zucht erziehen.

Was die Bevölkerung vor uns für einen Respekt hat, ist unheimlich. Im
übrigen sind wir bei allen sehr angesehen und beliebt. Ob Deutsche, Ungarn,
Serben oder Rumänen..,,

Dieser Brief unterstellt als Übereinstimmung mit dem Adressaten:
Mit Untermenschen ist so zu verfahren.

Wir sind die Herrenmenschen, die zu diesem Handeln berufen sind.

Man zollt uns dafür Respekt.

Frauen können stolz auf ihre Männer sein.

Eine Reihe der gezeigten Fotografien entstammen den Brieftaschen von Kriegsgefangenen, aufbewahrt in den Archiven der ehemaligen Sowjetunion.

Es sind freiwillig angefertigte Belege für begangene Verbrechen. Sie zeigen die Opfer als zu Untermenschen stilisierte, die Täter als Helden, aufbewahrt im Bündel mit Fotos von der geliebten Frau.

Bilder, aufgenommen, um sie den Frauen daheim zeigen zu können. Entsprechende Alben, auf Dachböden verstaubt, lassen sich noch heute finden und belegen die Kontinuität des Unrechtsbewußtseins, das sie ja dokumentieren.

Herrenmenschen machen hier Frauen zu ihren Mitwisserinnen, lassen sie teilhaben am Gefühl rassistischer Überlegenheit, dem sie, wie sie durchaus stolz belegen und beschreiben, nachdrücklich Geltung verschaffen. Sie können dabei offenbar auf das Schweigen, ja stillschweigende Einverständnis der Frauen bauen. Ihre Mitwisserschaft soll weniger von als Unrecht empfundenen Taten entlasten, bestenfalls Restzweifel bewältigen helfen – sie soll vielmehr die Rückversicherung liefern, daß es sich um eine schwere, aber notwendige Pflichtausübung handelt, die Rückversicherung, daß die Taten Taten liebenswerter, ja aufopferungsbereiter und tapferer Männer sind.

Die Mitwisserin wird hier zur Komplizin rassistischer Vernichtungspolitik, sofern sie sich der angedienten Komplizenschaft nicht verweigert, was ja denkbar ist.

Ebenso denkbar, wie die Vermutung, daß hier eine unausgesprochene arbeitsteilige Übereinkunft herrscht zwischen Mann und Frau, in der der Subjektstatus der Frau unterschlagen wird, eine Übereinkunft, die dem gemeinsamen Wunsch Rechnung trägt, sich der Verantwortung für das eigene Handeln zu entziehen:

Männer haben sich einer großen Idee unterworfen, folgten einem höheren Befehl – Frauen imaginieren sich als Drahtzieherinnen, indirekte Partizipatorinnen, auch dort, wo sie sehr direkt partizipieren.

Diese Art von Arbeitsteilung gilt als Naturgesetz, ausgehandelt in der privaten Interaktion von Männern und Frauen – welche Konsequenzen aus ihrem arbeitsteiligen Handeln und Verhalten entstehen, bleibt im öffentlichen Raum seltsam verborgen. Das Komplott verschweigt, verdrängt, verschleiert und widerspricht sich nicht öffentlich.

Zeugnisse einer Aufkündigung der Komplizenschaft gibt es wenige – wir wissen wenig darüber, wie sich Frauen tatsächlich zu den Informationen ihrer Männer verhalten haben, welche Konsequenzen sie zumindest privat aus ihnen gezogen haben mögen.

Jeder und Jede weiß um die Selbstverständlichkeit, die dennoch in historischen und soziologischen Analysen so umstandslos übersehen werden kann:

„Die Situation, in der Männer von Frauen unbeeinflußt hätten agieren können, hat es zu keiner Zeit und an keinem Ort gegeben."[5]

Weiblicher Einfluß wird gern auf die sogenannte weibliche List und Tücke beschränkt, oder weniger negativ: auf das weibliche, mütterliche Einfühlungsvermögen.

Tatsächlich haben Frauen wie Männer überall dort, wo sie sich bewegen, die Möglichkeit, direkt Einfluß zu nehmen und Entscheidungen zu treffen, es sei denn, sie werden, wie die Opfer des nationalsozialistischen Systems, gewaltsam daran gehindert.

Um sich vom Täter zum Opfer des Nationalsozialismus stilisieren zu können, wie es bis heute versucht wird, muß das hier beschriebene Komplott Mann/Frau zusammenarbeiten.

Im Nationalsozialismus fand eine durchgreifende Vergesellschaftung des Reproduktionsbereiches, der Privatsphäre statt. Frauen wurden dabei nicht, wie lange behauptet wurde, lediglich zur Gebärmaschine degradiert, und wenn, dann zur arischen.

Der Nationalsozialismus machte arischen Frauen das weitreichende Angebot, in ihrem eigenen Interesse am System teilzuhaben:

„Eine unermeßliche Weite von Arbeitsmöglichkeiten ist für die Frau da. Für uns ist sie zu allen Zeiten der treueste Arbeits- und Lebensgenosse des Mannes gewesen."[6]

Der Nationalsozialismus hatte das Paar der Herrenrasse im Auge, die Volksgemeinschaft als arbeitsteilig handelndes Ensemble von Männern und Frauen.

Und Frauen hatte er ein ganz besonderes Angebot zu machen. Plötzlich ist die nichtjüdische Frau jedem jüdischen Mann, die deutsche, nichtjüdische Frau jedem polnischen, jedem russischen Mann übergeordnet – sind bestimmte Männer weniger wertvoll als die nichtstigmatisierte Gruppe von Frauen. Frauen haben dieses rassistische Angebot angenommen, sind nach Polen und Rußland in die besetzten Gebiete gegangen, um dort zu arbeiten und zu siedeln und eine andere Position innerhalb der Geschlechtergesellschaft einzunehmen.

In ihrem Aufsatz „Ganz normale Frauen,, sichtet Gisela Bock[7] deutsche Frauen quer durch die nationalsozialistische Gesellschaft und kommt zu dem Ergebnis, daß Frauen überall dort aktiv wurden, wo man sie hinließ. Frauen haben nach Kräften mitgetan, wenngleich sie nicht überall dabei waren, nicht die gleichen Machtchancen hatten wie Männer.

Wir finden Frauen an höchst unterschiedlichen Orten und unterschiedlich weit entfernt von den Zentren der Macht, mal ganz unter sich, mal mit Männern zusammen, mal in der Minderheit, mal in der Mehrheit

Der Nationalsozialismus hat im Alltagsbewußtsein dennoch die Aura, eine extrem männerbündisch organisierte Gesellschaft zu sein: So gilt die SS als Männerbund schlechthin.

Tatsächlich war der SS-Orden von Beginn an als Sippengemeinschaft von Männern und Frauen gedacht, die die arische Elite heranbilden und „lebensunwertes,, Leben „ausmerzen,, sollte.

1939 waren es 115.650 SS-Ehefrauen, die durchaus in eben diesem Bewußtsein das strikte Rassenprüfungsprocedere, das zu einer Heiratsgenehmigung notwendig war, akzeptiert und durchlaufen hatte und bis 1945 10.000 Frauen des SS-Helferinnen-Korps, die sich erfolgreich den strengen rassistischen Auswahlkriterien unterworfen hatten.

Wie viele Frauen sich ohne Erfolg darum bemüht haben, Mitglieder dieser Elite zu werden, wissen wir nicht.

SS-Ehefrauen lebten mit ihren Kindern und Männern an deren Einsatzorten, in den SS-Siedlungen der Konzentrationslager.

In unmittelbarer Nachbarschaft des Grauens schufen sie Orte komfortabler, gastfreundlicher Familienidyllen.

In Yad Vashem liegt das Gästebuch der Familie Höss, des Kommandanten von Auschwitz, auf, in dem nachzulesen ist, wie angenehm es sich dort leben ließ. Dazu mußten KZ-Häftlinge als Hauspersonal ebenso beitragen wie das den Ermordeten geraubte Hab und Gut. Als Dienstmädchen zwangsverpflichtet, beschreiben Polinnen, damals um die vierzehn Jahre alt, den Alltag der Familien in den SS-Siedlungen:

Normalität im Grauen.[8]

Angehörige des SS-Helferinnen-Korps saßen in den Schreibstuben der Täter und protokollierten die Details der Vernichtungsaktionen.

Gleiches läßt sich für Wehrmachtshelferinnen vermuten.

Aus den Aufgaben, mit denen sie betraut waren, läßt sich schließen, daß viele der weiblichen Wehrmachtsangehörigen detaillierte Kenntnisse vom Frontgeschehen des Zweiten Weltkriegs und den dort verübten Verbrechen hatten.[9]

Was für die Wehrmachtsangehörigen an dieser Stelle bisher nur vermutet werden kann, läßt sich mit Gewißheit für die Frauen sagen, die als Funkerinnen, Nachrichtenhelferinnen, Telefonistinnen und Schreibkräfte beim Reichssicherheitsdienst im besetzten Osteuropa tätig waren.

In ihrem unmittelbaren Umfeld wurden Juden ermordet.[10]

Beispielhaft kann die Haltung der Frauen zu den Vernichtungsaktionen aus Aussagen erschlossen werden, die Zeuginnen in staatsanwaltlichen Ermittlungen machten.

Die befragten Frauen waren zwischen 1942 und 1944 bei der Dienststelle Minsk eingesetzt.[11]

Als Schreiberinnen und Protokollantinnen bei Vernehmungen erfuhren sie, was in Minsk geschah.

Das Ghetto lag in ihrem Arbeitsbereich. Sie hatten Kontakt mit Juden, die zu Arbeiten bei der Dienststelle herangezogen wurden.

Als Sekretärinnen tippten sie geheime, für das Reichssicherheitshauptamt (RSHA) bestimmte Exekutionsberichte und die Einsatzbefehle zu den Massakern.

Zeuginnenaussagen verweisen darauf, daß Liebesverhältnisse zwischen den Dienststellenangehörigen die Regel waren.

In ihren Berichten finden sich keine Anklagen gegen die von den Männern verübten Verbrechen. Sofern von ihnen die Rede ist, wollen die Zeuginnen eher nur gerüchteweise Kenntnis gehabt haben und Täter werden in ihren Schilderungen zur pathologischen Ausnahme:

„Man erzählte sich von ihm, daß er nachts mit einem kleinen Revolver durch Minsk ins Ghetto laufen würde,„ oder zum dennoch gutmütigen Trottel:

„Von ihm habe ich in Erinnerung, daß er ein schiefes Gesicht hatte. Ich meine, er war gutmütig und naiv.„

Oder sie wurde ihm zur Trösterin, nachdem er seine „Pflicht,„ erfüllt hatte:

„Wenn ich dann die beiden am Abend aufsuchte, erklärten sie mir, daß während des Tages wieder Judenerschießungen stattgefunden hätten. Sie hätten daran teilnehmen müssen (...) Ich hatte immer den Eindruck, daß sie nach derartigen Vorkommnissen froh waren, wenn ich ihnen Gesellschaft leistete.

Es kam auch vor, daß sie mich anriefen und zu sich baten, wenn Aktionen stattgefunden hatten", und offenbar war sie stolz auf diese Rolle, ließ es dabei bewenden:

„Aus diesen Gesprächen habe ich Einzelheiten nicht gehört. Ich wollte bewußt diese Sachen auch nicht hören, sondern war bestrebt, G. und von der G. von ihren Gedanken zu befreien, indem ich zum Trinken aufforderte und mich selbst lustig gab."

Die Zeuginnen können sich mehrheitlich nicht an „Einzelheiten" erinnern. Das Ghetto lernten sie bei „Spaziergängen" mit den Geliebten kennen, ohne begriffen haben zu wollen, was in ihm eigentlich vorging.

Sie nahmen Dienstleistungen von Juden in Anspruch, bedienten sich aus deren „Hinterlassenschaft" – Pelzmäntel, Schmuck, Einrichtungsgegenstände – angeblich ohne zu wissen, wie es zu dieser „Hinterlassenschaft" gekommen war.

Sie erinnern sich gern an diese Zeit, haben Fotos aus ihr, berichten von Kontakten, die auch nach dem Krieg weiterbestanden, verlieren sich in Erinnerungen an eine Idylle mitten im Vernichtungsgeschehen:

„Auf diesem Gut waren in Baracken Juden tätig. Ich erinnere mich an Männer und Frauen. Kinder habe ich nicht gesehen. Die Juden arbeiteten dort.

Auf dem Gut standen uns Pferde zum Reiten zur Verfügung. Ein kleiner See befand sich in der Nähe des Wohnhauses. Kähne waren da."

Ein einziger Versuch, sich dem dort Erlebten zu entziehen, ist in den Vernehmungsprotokollen zu finden:

Eine Zeugin nimmt einen Heimaturlaub zum Anlaß, sich ein ärztliches Attest zu beschaffen:

„Der Grund für mein Bemühen, aus Minsk wegzukommen, war, daß ich die ganzen Geschichten dort nicht mehr sehen wollte."

10% des KZ-Personals, so wird geschätzt, war weiblich.

Ein erheblicher Anteil, wenn man bedenkt, daß Frauen nicht auf Wachtürmen standen und nicht in der Administration, sondern Aufseherinnen waren.

SS-Ärztinnen und Krankenschwestern waren an Menschenversuchen beteiligt. Zu traurigem Ruhm brachte es die einzige in Nürnberg angeklagte Frau, die Ärztin Hertha Oberheuser.

Auch die Geheime Staatspolizei war nicht Inbegriff nationalsozialistischer Männerherrschaft. Ihre Arbeit war ohne die Unterstützung von weiblichen

Angestellten, insbesondere während des Krieges, nicht möglich. Zu ihren exklusiven Aufgaben gehörte es, zur Deportation bestimmte Jüdinnen zu durchsuchen.[12]

Den Zugang zur Kriminalpolizei hatte sich die Frauenbewegung in den zwanziger Jahren erstritten, um gegen die frauenfeindliche Sittenpolizei agieren zu können. Mit der judenfeindlichen Gestapo arbeiteten sie wie folgt zusammen: „Unsere Aufgabe war uns von der Gestapo genau vorgeschrieben. Die Judenfrauen mußten sich völlig entkleiden. Dann wurden die abgelegten Kleider nach Schmuck, Geld, Medikamenten, Füllhaltern, Waffen und sonstigen Wertgegenständen durchsucht. Die abgenommenen Sachen wurden an einen Gestapobeamten abgeliefert, was damit geschehen ist, weiß ich nicht."[13]

Kripo-Beamtinnen leiteten die sogenannten „Jugendschutzlager wie das Mädchenlager in Uckermark bei Ravensbrück. Von hier aus überstellten sie Jugendliche in Konzentrationslager und in die zu Mordanstalten mutierten ehemaligen Heil- und Pflegeanstalten.

Auch am „Verwaltungsmord" (Hannah Arendt) waren Frauen beteiligt: ihre Präsenz im öffentlichen Dienst stieg zwischen 1925 und 1939 um 68 % und im Verlauf des Krieges weiter dramatisch an.[14]

Im Gesundheits- und Wohlfahrtswesen sorgten Fürsorgerinnen für die reibungslose Organisation der „erbbiologischen Erfassung" der Bevölkerung, deren Ziel die Vernichtung „unwerten Lebens", durchgeführt von Ärztinnen und Krankenschwestern, war.[15]

Als „brave Mütter des Regimes" wurden Fürsorgerinnen zu Krisenmanagerinnen gegen Gefährdungen an der „inneren Front", ausgelöst durch kritische Positionen zum Krieg. Unmittelbar einbezogen in das Familienleben „sozial Auffälliger" erstellten sie „Stimmungsberichte", die eine Stimmungskontrolle möglich machte.[16]

Ehefrauen, Mütter, Schwestern und Nachbarinnen waren auch, aber nicht nur Mitwisserinnen und verbargen ihr Wissen zum Schutz der Männer in der Intimität des Privaten, entzogen es der öffentlichen Auseinandersetzung – das gesellschaftliche Selbstverständnis könnte vom Wissen um Taten unberührt bleiben.

Die Fronten, an denen nationalsozialistische Vernichtungspolitik stattfand, waren miteinander verbunden und Frauen bewegten sich in diesem Geflecht.

Den Alltag durchdrang kriegerische Diktion, die keinen Hehl machte aus dem, was beabsichtigt war. Nichtwissen läßt sich nur denken als Nichtwissenwollen.

Wenn auch eher anzunehmen ist, daß die Mehrzahl der Frauen unberührt blieb von dem Gefühl, „in ein überwältigendes Schicksal hineingezogen worden zu sein, an einer Erhabenheit fern der Alltäglichkeit teilzuhaben, sich dem rauschhaften Gefühl der Entgrenzung zu überlassen"[17], so muß das Angebot, an einer großen Idee teilzuhaben, einen Bedeutungsaufschwung zu erfahren, doch so weit angenommen worden sein, daß Frauen dafür bereit waren, über Leichen zu gehen.

In der Regel reagierten sie eher pragmatisch auf den nationalsozialistischen Alltag und seine rassistische Verfolgungspolitik. Damit waren vor allem sie es, die den Eindruck von Normalität aufrechterhielten.

Und den retteten sie in die Konstruktion der Stunde Null herüber.

Was Frauen im Nationalsozialismus bereits bis zur Perfektion erlernt hatten, den Anforderungen des Systems gerecht zu werden, ohne die Identität der Handelnden und damit Verantwortlichen anzunehmen, kam ihnen nun, so sie denn zur Rechenschaft gezogen wurden, zugute. Zwei Beispiele von Argumentationslogiken der Selbstrechtfertigung:

Die eingangs zitierte Kripo-Beamtin fährt in der Beschreibung ihrer Tätigkeit folgendermaßen fort:

„Im Großen und Ganzen kann ich sagen, daß die Juden, die in meiner Gegenwart durch die Hände der Gestapo gegangen sind, sehr human und anständig behandelt worden sind. Es ist mir kein Fall bekannt, wo Juden beiderlei Geschlechts irgendwo mißhandelt worden sind. Mit den Transporten selbst hatte ich, oder die WKP (weibliche Kriminalpolizei), überhaupt nichts zu tun. Wir hatten lediglich die befohlenen Durchsuchungen vorzunehmen. Auf Grund unserer Dienstanweisung für weibliche Polizeibeamtinnen mußten wir dem Ersuchen sämtlicher Polizeidienststellen auf Durchsuchung weiblicher Personen Folge leisten."[18]

Sie demonstriert Pflichtbewußtsein in der Normalität eines behördlichen Alltags, betrachtet sich nicht als Akteurin, sondern als ausführendes Organ und wird sich, so ist zu fürchten, diese Auffassung und damit die Überzeugung von ihrer Unschuld, bewahren.

Die ebenfalls bereits erwähnte Ärztin Oberheuser beruft sich zu ihrer Schuldentlastung auf ihren Status als benachteiligte Frau:

„Ich habe mich schon immer für die Chirurgie interessiert. Es war in Deutschland kaum möglich, als Frau in der Chirurgie anzukommen. Diese Gelegenheit hatte ich erst in dem Konzentrationslager Ravensbrück."

Sie, die eben dort Frauen bis zum Tod gequält hat, will dabei „Frau" geblieben sein, was immer das meinen mag:

„Ich habe es als meine Pflicht aufgefaßt und gehofft, hier als Frau auch helfen zu können, weil ich in der Begnadigung der Patientinnen eine Chance sah, und da habe ich geglaubt, als Frau hier helfen zu können."[19]

Im Nürnberger Kriegsverbrecher-Prozeß wurde entschieden, daß die Büroangestellten, Stenographen und Hausangestellten der Gestapo aus der Kategorie „Mitglied einer verbrecherischen Organisation" herausgenommen, das heißt nicht angeklagt werden sollten. Die Begründung dafür war, daß sie „nicht die Art Verbrecher" seien, „die den Frieden der Welt gefährden".

Den Frauen, die dem „Verwaltungsmassenmord" in den Vorzimmern von Himmler, Heydrich und Kaltenbrunner zum Erfolg verhalfen, kam diese richterliche Entscheidung zugute und bot ihnen die Möglichkeit, sich auf ihre Weise die Entlastungsinterpretation von Nürnberg nutzbar zu machen: Frauen machen nicht Politik und treffen keine Entscheidungen, sind mithin nicht zur Verantwortung zu ziehen.

Erlebnisse von Hunger, Überlebenskampf, Verwundung, Vergewaltigung, Freiheitsberaubung, Vertreibung, Rechtlosigkeit wurden erst dann wahrgenommen, als sie den Tätern, den Initiatoren des Krieges und ihren Angehörigen selbst geschahen.

Die Erlebnisse hatten jedoch nicht, jedenfalls nicht durchschlagend, die Wirkung einer Katharsis:

„Mir war, als müsse jeder uns Fragen stellen, uns an den Gesichtern ablesen, wer wir waren, demütig unseren Bericht anhören. Aber niemand sah uns in die Augen, niemand nahm die Herausforderung an: sie waren taub, blind und stumm, eingeschlossen in ihre Ruinen wie in eine Festung gewollter Unwissenheit, noch immer stark, noch immer fähig zu hassen und zu verachten, noch immer Gefangene der alten Fesseln von Überheblichkeit und Schuld."[20]

Die existentiellen Alltagssorgen der Nachkriegszeit trugen sicher dazu bei, daß nur Bruchstücke der Realität wahrgenommen wurden, erklären jedoch nicht, wie es gelingen konnte, sich vom Täter zum Opfer umzuinterpretieren, zu Opfern, die einem „großen Versprechen" aufgesessen waren.

Für sie brach nicht ein Weltbild und die es tragenden Haltungen zusammen, sondern die Hoffnung, daß das Versprechen realisierbar sein könnte; das Versprechen, in der Nestwärme des „Volkskörpers", geschützt vor allen Bedrohungen von „außen", sich bereichern zu können, bedeutsamer als „die Anderen" zu sein, über Macht zu verfügen.

Die tatsächlichen Opfer waren dem Betrachter so, wie sie aussahen, „die Anderen', ein ‚Gesindel', das nicht zur Gattung Mensch gehörte. Öffneten sich auf den Bahnhöfen in Deutschland die Waggons, so zeigten die Einheimischen eine Mischung aus Neugier und Ekel, selten war Mitleid dabei."[21]

Die Vermeidung von Schuldeingeständnis, Sühne und Trauer wurde umgedeutet in ein beherztes Zufassen der Trümmerfrau.

Nicht nach hinten schauend krempelt die Frau der Stunde Null die Ärmel auf zum Wiederaufbau. Mit einem intakt und unversehrt gebliebenen Welt- und Selbstbild räumt sie nicht nur die Gebäudetrümmer, sie sortiert und verortet auch die Trümmer in den Köpfen neu.

Sie ist die Statthalterin des entweder noch abwesenden oder von den Alliierten „verfolgten", in jedem Fall sozial deklassierten Mannes und hält in einem „Akt der Schonung" die väterliche Scheinautorität aufrecht. Sie sorgt für Kontinuität und Normalität, ist Trägerin des sozialen Selbst- und Rangbewußtseins.

Als die letzten Kriegsgefangenen Anfang der fünfziger Jahre als Überlebende Opfer des „stalinistischen Terrors" und als solche als Helden zurückkehren, ist der Anfang zum Wiederaufbau gemacht, die Welt beinahe wieder rund.

Sobald sich der Mann regeneriert hat, tritt sie ihre Statthalterfunktion freiwillig wieder ab.

Den Mythos von der Emanzipationserfahrung in den Trümmern widerlegt Schelskys Studie „Wandlung der deutschen Familie in der Gegenwart" und belegt darüberhinaus, daß sich die im Nationalsozialismus eingeübte Komplizenschaft zwischen Mann und Frau fortsetzt und dafür sorgt, daß das beredte Schweigen in und außerhalb der Familien fortdauern kann.

„In der Folge war ein Bewußtseinszustand, der nur als kollektive Amnesie bezeichnet werden kann, der Preis, den die verordnete Demokratie zu zahlen hatte. Nicht nur Städte und Dörfer, Kultur und Traditionen, familiäre und soziale Lebenszusammenhänge wurden zerstört, auch das Bewußtsein von der Zerstörung wurde zerstörst, am nachhaltigsten wohl im besinnungslos vorangetriebenen Wiederaufbau. ‚Deutschland', schrieb Jean Amery nach dem Krieg, ‚steht vor der Nötigung einer kollektiven politischen Auto-Psychoanalyse. Es steht vor dem geschehenen Weltunheil, das ihm zur Last gelegt wird, und es soll an seine Brust schlagen, so fordern es die Völker und so verlangen es seine eigenen Söhne, sofern sie sich unschuldig wissen an den Taten des Dritten Reiches. Die Aufgabe ist schwer. Daß Deutschland sich weigern wird, sie zu lösen, liegt auf der Hand.',"[22]

Aus der Weigerung wurde eine Toterklärung der Vergangenheit, die allerdings nur dazu führt, daß „das Nicht-Erwünschte hinter den Rücken weiterwirkt, das Vergessene um so gegenwärtiger ist."[23]

Die Frage nach den Folgen dieser Weigerung auf die nachfolgenden Generationen der Täterinnen und ihrer Opfer kann, so scheint es, langsam zugelassen werden, führt jedoch, konsequent gestellt, unvermeidlich zum Zusammenbruch von Lebensentwürfen und biographischen Selbstbildern. Identitäten und die Beziehungen zwischen den Generationen kommen ins Wanken.

Davor rettete der Erinnerungssprung von der faschistischen zur antifaschistischen Vergangenheit der 68er Generation in der Bundesrepublik ebensowenig wie die Erklärungskonstruktionen der Frauenbewegung, die Frauen per se zum Opfer des Nationalsozialismus machten und die eigentlichen Opfer des Vernichtungskrieges aus dem Blick verloren.

Beide Kritikansätze wurden zum Vehikel der Verleugnung eigener Wurzeln, blendeten die direkte Konfrontation und Auseinandersetzung mit den Tätern und Täterinnen aus.

„Erinnerung bewegt sich hier als aktualisierte Wahrnehmung in einem Gedächtnisrahmen, der den Nationalsozialismus versucht, kritisch zu erinnern und dennoch die Erinnerung an seinen extremsten Pol immer wieder verfehlt."[24]

Ein neuer Anlauf wird mit der Mühe verbunden sein, gegen das soziale Schweigegebot die Spurensuche nach den verdeckten Überlieferungen anzutreten, Subtexten nachzuspüren, die dem Erzählten, aber auch dem Verschwiegenen unterlegt sind und schließlich den schweren Schritt zu tun, nach den Opfern zu fragen, nach Osten zu schauen.

„Nach Osten geht ein Blick, der die Spuren der Verfolgung für einen Gedächtnisrahmen zu rekonstruieren sucht, aus dem die Opfer nicht mehr ausgeschlossen werden und in dem die Frage nach der Täterschaft gestellt wird."[25]

1   Raul Hilberg: Die Vernichtung der europäischen Juden. Frankfurt am Main 1990, S. 1080

2   Ursula von Gersdorff: Frauen im Kriegsdienst 1914-1945. Stuttgart 1969

3   Ebenda, S. 12

4   Franz W. Seidler: Frauen zu den Waffen? Marketenderinnen, Helferinnen, Soldatinnen. Koblenz/Bonn 1978, S. 11

5   Karin Windaus-Walser: Gnade der weiblichen Geburt? Zum Umgang der Frauenforschung mit Nationalsozialismus und Antisemitismus, in: Feministische Studien, 1988, S. 113

6   Adolf Hitler: Auszüge aus einer Rede an die NS-Frauenschaft, abgedruckt im Völkischen Beobachter, 13. 9. 1936, zit. n. George L. Mosse: Der nationalsozialistische Alltag. Frankfurt am Main 1993, S. 65

7   Gisela Bock: Ganz normale Frauen. Täter, Opfer, Mitläufer und Zuschauer im Nationalsozialismus, in: Kirsten Heinsohn, Barbara Vogel, Ulrike Weckel (Hg.), Zwischen Karriere und Verfolgung. Handlungsspielräume von Frauen im nationalsozialistischen Deutschland. Frankfurt am Main 1997, S. 245-277

8   Gudrun Schwarz: Die Frau an seiner Seite. Ehefrauen in der „SS-Sippengemeinschaft", in: Mittelweg 36, 3/1997, S. 37-44. Das Buch mit gleichem Titel erscheint im Herbst 1997

9   Gaby Zipfel: Wie führen Frauen Krieg?, in: Hannes Heer, Klaus Naumann (Hg.), Vernichtungskrieg. Verbrechen der Wehrmacht 1941 bis 1944. Hamburg 1995, S. 460-474

10 Hannes Heer: Kds Minsk. Die Dienststelle. Deutsche Vernichtungspolitik in Weißrußland 1941-1944. Hamburg 1997 (in Druck)

11 Alle folgenden Zitate von Aussagen aus: Hannes Heer, a.a.O.

12 Ursula Nienhaus: „Im Kern keine Abweichung" - Weibliche Polizei im Nationalsozialismus. Redemanuskript, Hamburger Institut für Sozialforschung. Hamburg 1995

13 Ebenda

14 Ursula Nienhaus: Von der (Ohn-)Macht der Frauen: Postbeamtinnen 1933-1945, in: Lerke Gravenhorst/Carmen Tatschmurat (Hg.), TöchterFragen. Freiburg im Breisgau 1990, S. 193-210

15 Angelika Ebbinghaus (Hg.): Opfer und Täterinnen: Frauenbiographien im Nationalsozialismus. Nördlingen 1987

16 Ebenda

17 Elvira Scheich: Feministische Standpunkte: Zu Krieg und Staat, Nationalismus und Gewalt, in: Mittelweg 36, 2/1994, S. 84-94

18 Ursula Nienhaus: Weibliche Polizei im Nationalsozialismus, a.a.O.

19 Gudrun Schwarz: Verdrängte Täterinnen: Frauen im Apparat der SS (1939-1945), in: Theresa Wobbe (Hg.), Nach Osten: Verdeckte Spuren nationalsozialistischer Verbrechen. Frankfurt am Main 1992, S. 197-227

20 Primo Levi: Die Atempause. München 1994, S. 242

21 Rikola-Gunnar Lüttgenau: „Ist das möglich? Wir sind wieder freie Menschen!" Todesmärsche aus den KZ 1945. Der Bericht eines Überlebenden, in: Sowi 24 (1995), H. 2, S. 96

22 Wolfgang Kraushaar: Ein deutsches Historisches Museum nach Auschwitz. Unveröffentlichtes Manuskript, 1987

23 Gabriele Rosenthal, Wolfram Fischer-Rosenthal: Editorial, in: psychosozial 51/1992, S. 6

24 Theresa Wobbe: Das Dilemma der Überlieferung. Zu politischen und theoretischen Kontexten von Gedächtniskonstruktionen über den Nationalsozialismus, in: dies. (Hg.), Nach Osten. Verdeckte Spuren nationalsozialistischer Verbrechen. Frankfurt am Main 1992, S. 38f

25 Ebenda

Ergebnisse der Besuchererhebung zur Ausstellung „Vernichtungskrieg. Verbrechen der Wehrmacht 1941 bis 1944"

Werner Reichenauer

1.1 Allgemeines

Während der Gesamtdauer der Ausstellung bestand für die Besucher die Möglichkeit, sich über diese mittels eines kurzen schriftlichen Fragebogens zu äußern. Der Grund für diese Kurzbefragung ist unter anderem in der heftigen medialen Diskussion um diese Ausstellung zu sehen, die besonders intensiv im Vorfeld der Planung und Organisation dieser Veranstaltung geführt wurde. So entstand der Gedanke, die Ausstellung durch die Besucher selbst bewerten zu lassen.

1.2 Methodische Überlegungen

Eine derartige Beurteilung, soll sie halbwegs objektiv und repräsentativ durchgeführt werden, hat einige Ansprüche an das methodische Vorgehen.

Prinzipiell sind sowohl quantitative als auch qualitative Verfahren der Datensammlung zur Evaluation möglich, wobei beide zu sehr unterschiedlichen Ergebnissen und Aufwand führen können. Qualitative Verfahren, wie z. B. biographische Einzelgespräche, Gruppendiskussionen und dergleichen mehr, können tiefgehende und weitreichende Aussagen ermöglichen. Sie stellen aber auch besondere Ansprüche an Exaktheit und Ehrlichkeit der Teilnehmer und sind mit hohem Zeitaufwand verbunden, müssen aufwendig transkribiert und ausgewertet werden und sind schließlich im Fall von Großausstellungen nicht annähernd repräsentativ.

Quantitative Verfahren, zu denken ist hier besonders an mündliche oder schriftliche Befragung, ermöglichen repräsentative Ergebnisse, allerdings nur zu einzelnen ausgewählten, für wichtig befundenen Aspekten. Sie sind relativ rasch durchführbar (besonders die schriftlichen Befragungen) und können mit entsprechenden massenstatistischen Verfahren gut ausgewertet werden.

Grundsätzlich steht man bei der Befragungsevaluation vor den zentralen Entscheidungen: Tiefe der Ergebnisse, Repräsentativität, Zeit- bzw. Geldeinsatz und den dazu zur Verfügung stehenden Ressourcen.

1.3 Anlage und Durchführung der Untersuchung

Anhand der hier dargestellten Überlegungen war nun die Entscheidung für das einzusetzende Instrument zu treffen.

Die Entscheidungsfindung war dabei von folgenden Überlegungen geprägt:

- Aufgrund der breiten kontroversiellen Diskussion vor und während der Ausstellung sollte eine größtmögliche Repräsentativität gewährleistet sein.
- Die Befragung sollte anonym sein.
- Die Ergebnisse sollten so rasch wie möglich verfügbar sein.
- Der Aufwand für die Durchführung von Interviews hinsichtlich einzusetzenden Personals, die dafür benötigte Zeit und natürlich auch der finanzielle Aufwand sollten so gering wie möglich sein.
- Und letztlich war der Ausstellungsbetrieb nicht zu stören.

Gemäß dieser zentralen Überlegung fiel die Entscheidung zugunsten einer schriftlichen Kurzbefragung aus. Diese entsprach dann auch am besten den oben dargestellten Anforderungen. Zentrale Dimensionen des Fragebogens waren dabei die Bereiche: Gründe für den Ausstellungsbesuch, Einstellungen zur Ausstellung, persönliche Bewertung der Ausstellung und die soziodemographische Struktur der Ausstellungsbesucher. Des weiteren sollte auch Raum für persönliche Anmerkungen gegeben sein, um bei Bedarf aus der vorgegebenen Struktur ausbrechen zu können. Der Fragebogen konnte in ausgewogenem Design auf einem zweiseitigen A4-Blatt untergebracht werden.[1] Der Aufwand für das Ausfüllen betrug im Schnitt etwas unter fünf Minuten.

Die Repräsentativität der Erhebung sollte durch einen auf alle Besucher gleichmäßigen Anreiz gewährt werden, um nicht nur die besonders negativ oder positiv eingestellten Besucher zur Deponierung ihrer Meinung zu veranlassen.

Das hierbei zumeist verwendete Preisausschreiben für Teilnehmer an einer Befragung konnte aus zwei Gründen nicht zum Einsatz kommen. Einmal ist die Wahrung der Anonymität sehr problematisch und zum anderen stellte sich die Frage, welche Preise man überhaupt unter dem Titel dieser Ausstellung vergeben könnte.

Als eleganter Ausweg bot sich folgende Lösung an: Für jeden einhundertsten Fragebogen bekommt der Ausstellungsbesucher einen Ausstellungskatalog. Das wären für die 2290 abgegebenen Fragebögen eine relativ leicht zu finanzierende Katalogzahl gewesen.

Aus diversen Gründen wurde jedoch von dieser geplanten Vorgehensweise abgegangen.

Die Besucher wurden ohne diesen einheitlichen Stimulus individuell auf das Ausfüllen des Fragebogens hin angesprochen. Was zur Folge hatte, daß Schulklassen nach Einstimmung des begleitenden Lehrpersonals relativ viele Fragebögen ausfüllten und es so zur Beeinträchtigung der Repräsentativität hätte führen können.

Diese Effekte sollen nun kurz untersucht werden.

1.4 Zur Repräsentativität der Besuchererhebung

Hinsichtlich des generellen Aussagewertes der Befragung der Ausstellungsbesucher ist es wichtig, sich über die Repräsentativität der Untersuchung Gedanken zu machen, zumal sie ja auch dazu dienen soll, gesicherte Aussagen in den Diskurs um die Ausstellung einzubringen.

Als Indikatoren zur Beurteilung der Repräsentativität unter der Annahme, daß Gruppen von Schulklassen in der Befragung überrepräsentiert sind, standen die Art der verkauften Karten zur Verfügung, die Altersverteilung der Besucher und die Antwortvorgabe „Grund des Besuches – Auf Anordnung".

Abb. 1: Verkaufte Karten nach Preisgruppen

Preisgruppe	Anzahl	%
50'er Karte	6.139	41,5
30'er Karte	2.273	15,3
20'er Karte	6.409	43,2
Summe	14.821	100,0

Die Preisgruppe öS 50.- bedeutet Vollzahler. Die Preisgruppe öS 30.- steht für Ermäßigung, z. B. Präsenzdiener, Rentner, Pensionisten, Schüler, und Studenten, in der Preisgruppe öS 20.- sind dann die Schüler und Studenten in Gruppen enthalten.

Somit waren 43,2% aller Ausstellungsbesucher Schulklassen, was sich eindeutig aus der Gesamtzahl der verkauften 20'er Eintrittskarten ergibt. Auf die Frage nach dem Grund für den Ausstellungsbesuch gab es 57,3% Besucher, die mit „auf Anordnung, z. B. Schule" antworteten. Es kann also davon ausgegangen werden, daß die Kategorie Schulklassen[2] daher mit ca. 14% in der Befragung überrepräsentiert sind. Die daraus sich ergebenden Verzerrungen können somit noch als tolerierbar angesehen werden.

1.5 Ergebnisse der Auswertung der Fragebögen

Es sollen hier nur die markantesten Ergebnisse der Auswertung dargestellt werden. Zu den erhaltenen Fragebögen ist generell zu sagen, daß diese sehr genau ausgefüllt wurden und mit einer Vielzahl persönlicher Anmerkungen versehen waren, was doch auf großes Interesse und Mitteilungsbedürfnis schließen läßt. Die entsprechend vercodeten Datensätze wurden mittels Datenverarbeitung erfaßt und mit einem an der Universität Linz entwickelten statistischen Programmpaket (ALMO) ausgewertet. Die Auswertung erfolgte in drei Stufen; erstens die lineare Auszählung, zweitens zwei-dimensionale Tabellierungen und drittens lineare Modelle. Zu den einzelnen Auswertungsschritten kann für statistisch Interessierte kurz angemerkt werden:

– Lineare Auszählungen haben rein beschreibenden Charakter, es sind dies praktisch die absoluten Werte oder die entsprechenden Prozentwerte für die einzelnen Merkmalsausprägungen einer Variablen (Frage) eines Fragebogens. Innerhalb eines in sich geschlossenen Sets von Antwortmöglichkeiten lassen sich dann die relationalen Wertungen gut darstellen. Ebenso könnten gut Vergleiche zwischen Befragungen zu zwei unterschiedlichen Zeitpunkten oder zwei zu vergleichenden Orten gemacht werden. Lineare Auszählungen können aber nur beschreiben und nicht Zusammenhänge darstellen, erklären und prüfen, ob diese auch signifikant sind.

– Zweidimensionale Tabellierungen (und natürlich auch mehrdimensionale Tabellierungen) können Zusammenhänge zwischen Variablen erklären und angeben, wie stark diese sind und in welche Richtung diese gehen. Diese Form der Zusammenhangsanalyse (Kausalanalyse) ist aber nicht resistent gegenüber Scheinkorrelationen, scheinbarer Nichtkorrelation, Interventionen und dergleichen mehr. Gerade in der Sozialwissenschaft sind aber Zusammenhänge in der Regel mehrdimensional und lassen sich in den seltensten Fällen durch das Wechselspiel von zwei oder mehreren Variablen darstellen.

– Lineare Modelle sind Auswertungsverfahren zur Analyse sozialer Tatbestände, die oben genannte Mängel bis auf ein Mindestmaß reduzieren. Das statistische Kalkül soll hier natürlich nicht dargestellt werden. Nur soviel soll gesagt werden, daß in einem Erklärungsmodell aus vielen unabhängigen Variablen und zumeist einer abhängigen Variablen ganz genau festgestellt werden kann, in welchem Ausmaß die einzelnen unabhängigen Variablen auf die zu erklärende Variable einwirken. Lineare Modelle ermöglichen es also, soziale Tatbestände wesentlich umfangreicher (mehrdimensionaler) und genauer darzustellen.

1.6 Ergebnisse der linearen Auszählung

Mit Ende des letzten Ausstellungstages waren etwas über 2.320 ausgefüllte Fragebögen abgegeben worden. Nach Durchsicht dieser Fragebögen blieben 2290 auskunftsfähige Bögen über. Diese stellten dann die Grundgesamtheit für die statistische Auswertung dar.

Von besonderem Interesse für die Veranstalter ist die sozio-demographische Struktur der Ausstellungsbesucher, wobei hier im Interesse eines kurzen Fragebogens nur die wichtigsten Merkmale wie Alter, Geschlecht, Wohnort und Schulbildung herangezogen wurden. Auf das Merkmal Beruf bzw. Tätigkeit wurde bewußt verzichtet, da einmal die Zusammenfassung zu sinnvollen Kategorien bei dieser Vielzahl der Möglichkeiten äußerst schwierig ist und das traditionelle Schichtungsmerkmal Beruf bzw. Tätigkeit immer mehr durch Begriffe wie Lebenslage zu ersetzen sind.

Abb. 2: Alter der Besucher (n = 2290)

Merkmal	Fälle	%
keine Angabe	39	1,7
bis 15 Jahre	269	11,8
16 - 18 Jahre	1.065	46,5
19 - 20 Jahr	221	9,7
21 - 25 Jahre	131	5,7
26 - 30 Jahre	99	4,3
31 - 40 Jahre	195	8,5
41 - 50 Jahre	156	6,8
über 50 Jahre	115	5,0
	2.290	100,0

Betrachtet man die Abbildungen zum Alter der Besucher der Ausstellung, fällt sofort der sehr hohe Anteil jugendlicher Besucher auf. Fast 60% aller Besucher sind im Alter von 15 bis 18 Jahren. Dieser Wert deckt sich fast mit dem unter Punkt 1.4 genannten Wert für Besucher, die auf Anordnung z. B. durch die Schule zur Ausstellung gekommen sind.

Die Form der Altersverteilung ist gut aus der Abb. 2.1 ersichtlich. Man kann diese als eine „stark linksschiefe zweigipfelige Verteilung" bezeichnen. Das heißt: Den Hauptanteil der Besucher stellen Jugendliche, wobei hier die 16 - 18jährigen dominieren; einen starken Einbruch gibt es bei den jungen

Erwachsenen (26 bis 30 Jahre), worauf wieder ein leichter Anstieg erfolgt, wobei die höheren Alterskategorien dann absinken. Nur mehr 5% aller Besucher waren über 50 Jahre alt.

Abb. 2.1: Alter der Besucher (n = 2290)(in %)

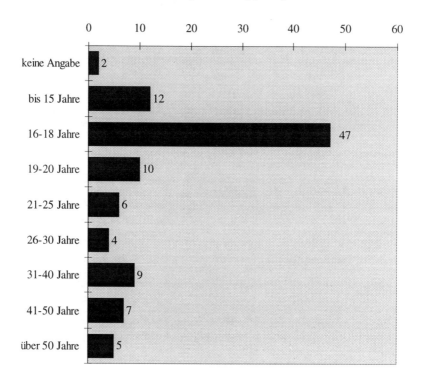

Abb. 3: Geschlecht (n = 2290).

Merkmal	Fälle	%
keine Angabe	45	2,0
weiblich	1.126	49,1
männlich	1.119	48,9
	2.290	100,0

Die Geschlechtsproportionen der Ausstellungsbesucher sind fast 50:50 verteilt, d. h. es gab keinen geschlechtsspezifischen Zugang zur Ausstellung, was aber auch nicht zu erwarten war.

Abb. 4: Regionale Herkunft – Anteil der Besucher aus OÖ. Statutarstädten und sonstiger Wohnort (n = 2.290)

Merkmal	Fälle	%
Sonstiger Wohnort	1.599	69,8
Linz	514	22,4
Steyr	40	1,8
Wels	137	6,0
	2.290	100,0

Der Zustrom zur Veranstaltung speist sich überwiegend aus dem Umfeld von Linz. Fast drei Viertel aller Ausstellungsbesucher kamen von auswärts. Betrachtet man die regionale Herkunft genauer, ergibt sich folgendes Bild:

Abb. 5: Anteil der Besucher aus oberösterreichischen Bezirken und sonstiger Wohnort (n=2290)

Merkmal	Fälle	%
Sonstiger Wohnort	758	33,1
Braunau	23	1,0
Eferding	25	1,1
Freistadt	48	2,1
Gmunden	236	10,3
Grieskirchen	45	2,0
Kirchdorf	65	2,8
Linz-Land	230	10,0
Perg	41	1,8
Ried in der Riedmark	21	0,9
Rohrbach	82	3,6
Schärding	26	1,1
Steyr-Land	16	0,7
Urfahr-Umgebung	147	6,4
Vöcklabruck	132	5,8
Wels-Land	68	3,0
Anderes Bundesland	316	13,8
Ausland	11	0,5
	2.290	100,0

Neben der unterschiedlichen regionalen Verteilung, auf die später noch eingegangen wird, ist hier der relativ hohe Anteil von Besuchern aus anderen
Bundesländern auffällig, mit mehr als einem Achtel aller Ausstellungsbesuchern. Dies läßt doch auf eine hohe Anziehungskraft der Ausstellung
schließen.

Die Variable Schulbildung soll in diesem Kurzfragebogen sowohl für eine
gewisse gesellschaftliche Positionierung als auch für den Bildungshintergrund
stehen und ist damit mehrdimensional zu verstehen. Die Merkmalsausprägungen dafür wurden soweit wie möglich zusammengefaßt, die Zuord-
nung erfolgt nach der je höchsten Schulbildung. Abb. 6 und 6.1 geben die
entsprechenden Werte dafür wieder.

Abb. 6: Schulbildung der Besucher (n = 2290)

Merkmal	Fälle	%
keine Angabe	50	2,2
Volksschule	8	0,4
Hauptschule	28	1,2
Polytechnikum	88	3,8
Lehre	88	3,8
Fachschule ohne Matura	119	5,2
Fachschule mit Matura	498	21,8
AHS	940	41,0
Akademie, Hochschule, Uni	471	20,6
	2.290	100,0

Der Besucherstrom zur Ausstellung zeigt ähnlich wie die Altersverteilung ein
„stark linksschiefes" Bild. Deutlich über 80% aller Personen, die die Ausstellung besuchten, waren oder sind in Schulen mit Maturaabschluß bzw. akade-
mischem Abschluß. D.h. bei der Frage nach der Schulbildung werden sowohl
die noch in Ausbildung stehenden als auch diejenigen Befragten erfaßt, die
bereits einen Abschluß haben. Aus Platz- und Zeitgründen erfolgte keine Trennung zwischen den Kategorien Ausbildung und Abschluß.

Der überwiegende Teil aller Besucher ist somit zumindest, was die Ausbildung anbelangt, den „oberen Bildungsschichten" zuzuordnen.

Abb. 6.1: Schulbildung (höchste) der Besucher (n = 2290)(in %)

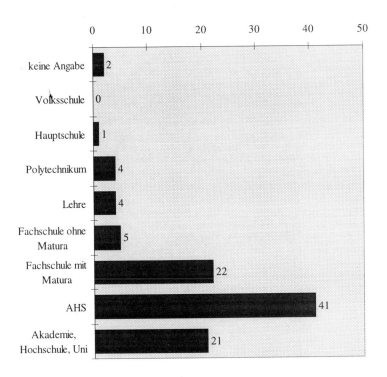

Nach der Darstellung der sozio-demographischen Struktur der Besucher der Ausstellung wird nun auf die Ausstellung selbst eingegangen. Hier wird auf die Gründe des Ausstellungsbesuches Bezug genommen; die Einstellung (Meinung), die man zur Ausstellung hat und die persönliche Beurteilung der Ausstellung. An erster Stelle der genannten Gründe steht das persönliche Interesse. Rechnet man die Merkmalsausprägung „Selbst Meinung bilden" dazu, die ja eine ähnliche Dimensionalität aufweist, erhöht sich der Stellenwert für diesen Besuchsgrund noch um einiges. Den zweiten Rang nimmt der Grund „Auf Anordnung" ein. An dritter Stelle dann „Berichte in den Medien", wobei hier ebenfalls starke Bezüge zu den Nennungen „Persönliches Interesse" und „Selbst Meinung bilden" anzunehmen sind. Die Merkmalsausprägung „Betroffenheit", sei es über jemanden aus der eigenen Verwandtschaft oder als Kriegsteilnehmer selbst, besitzt schon sehr geringe Wertigkeit. „Zufälligkeit" ist dann eine marginale Größe. D.h. die Ausstellung wird sehr gezielt besucht; es gibt praktisch keine „Laufkundschaft".

Abb. 7: Angegebene Gründe für den Ausstellungsbesuch n = 2286)(in %) (Mehrfachnennungen möglich)

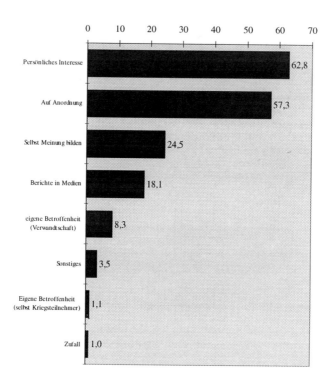

Abb. 8: Dimensionen der Einstellung zur Ausstellung (in %)
(Mehrfachnennungen möglich, n = 2270)

Abb. 8 zeigt die angegebenen Einstellungs- bzw. Meinungsdimensionen der befragten Ausstellungsbesucher. Wie aus dem im Anhang befindlichen Fragebogen hervorgeht, wurde bei dieser Frageskalierung versucht, eine Ausgewogenheit zwischen positiven und negativen Antwortmöglichkeiten durch Mischung zu erreichen, um etwaige Richtungstendenzen zu vermeiden. Zwi-

schen den positiven und den negativen Grundhaltungen ist, was die Zahlen-
werte anbelangt, ein deutlicher Unterschied zu sehen. Das stärkste Gewicht in
der Abbildung nehmen die ersten vier positiven Nennungen ein. Die nachfolgenden vier negativen Nennungen sind wesentlich geringer gewichtet, sodaß
das Verhältnis positive Einstellungen zu negativen Einstellungen nach Ge-
wichtung fast 9:1 ist.

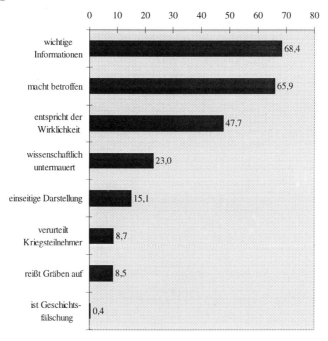

Betrachtet man den positiven Bereich der Einstellungen, könnten nach
entsprechender faktorenanalytischer Behandlung drei Subdimensionen herausgearbeitet werden – Informiertheit, Betroffenheit und Wirklichkeit. Für
den negativen Einstellungsbereich wären dann zwei Subdimensionen gegeben, die man etwa nennen könnte – Schuldzuweisung und Polarisierung bzw.
Manipulation.

Die persönliche Bewertung der Ausstellung durch die Besucher ist aus
Abb. 9 zu entnehmen. Durch die vorhergehenden beiden Frageskalierungen
sind die hier gegebenen Antworten wahrscheinlich als eine Art abschließende
Bewertung zu verstehen.

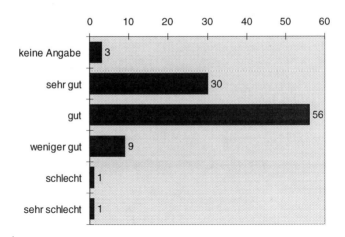

Abb. 9: Persönliche Bewertung der Ausstellung (n = 2219) (in %)

Das persönliche Urteil über die Ausstellung ist generell als sehr gut bis gut zu bezeichnen. Annähernd 90% aller Besucher waren dieser Meinung. Dem gegenüber stehen nur zwei Prozent der Besucher, deren Urteil eindeutig als schlecht bis sehr schlecht zu bezeichnen ist. In den nun folgenden Abschnitten soll unter anderem auch herausgearbeitet werden, welche Gründe auf diese Bewertung Einfluß nehmen.

1.7 Ergebnisse der mehrdimensionalen Analyse

Wie bereits im Abschnitt 1.5 erwähnt, stützt sich die Analyse der Zusammenhänge auf zwei- und mehrdimensionale Auswerteverfahren. Die hier ausschnittsweise dargestellten zweidimensionalen Tabellierungen und Auswertungen sind auf mehrdimensionale Beziehungen kontrolliert worden und somit als relevant zu bezeichnen. Zur Darstellung der Vielfältigkeit der Zusammenhänge werden abschließend zwei lineare Modelle zu den Einflüssen auf die Beurteilung der Ausstellung diskutiert.

– Das Alter der Besucher und seine Einflüsse

Der Einfluß des Besucheralters auf das Urteil über die Ausstellung ist gravierend. Aus folgender Tabelle ist die Art des Zusammenhangs ersichtlich.

Abb. 10: Einfluß des Alters auf die persönliche Bewertung der Ausstellung (n = 2.277) (in %)

Merkmal	sehr gut bis gut	weniger gut bis sehr schlecht	Summe
bis 15 Jahre	87,9	12,1	100,0
16 - 18 Jahre	86,3	13,7	100,0
19 - 20 Jahre	87,7	12,3	100,0
21 - 25 Jahre	91,5	8,5	100,0
26 - 30 Jahre	91,6	8,4	100,0
31 - 40 Jahre	97,9	2,1	100,0
41 - 50 Jahre	97,4	2,6	100,0
über 50 Jahre	95,4	4,6	100,0

Die Beziehung ist derart gelagert, daß, je älter die Besucher sind, um so besser die Ausstellung beurteilt wird bzw. vice versa. Als wichtige Erklärungsursache ist bei der mehrdimensionalen Analyse dann die Variable „Besuchsgrund – Auf Anordnung" hervorgetreten. Jüngere Ausstellungsbesucher beurteilen diese u.a. auch deswegen eher negativ, weil sie (in Schulklassen) „dahingeschickt" wurden und es vielleicht auch an der entsprechenden inhaltlichen Aufbereitung durch den Lehrkörper gefehlt hat. Ein weiterer Grund könnte auch in der Ausstellungsdidaktik liegen. Die umfangreichen Texttafeln entsprechen nicht den Informationsquellen und dem Medienverständnis Jugendlicher heute. Vielleicht wären Film- und Tondokumente effektiver gewesen. Festzuhalten ist allerdings, daß auch bei Jugendlichen, die nicht „auf Anordnung" kamen, die Ausstellung weniger gut beurteilt wurde.

Der Fragenkomplex Einstellungs- bzw. Meinungsdimensionen zur Ausstellung ist ebenfalls altersrelevant. Signifikante Zusammenhänge ergaben sich zu den Einstellungsdimensionen „Wichtige Informationen", „Verurteilt Kriegsteilnehmer", „Macht betroffen", „Einseitige Darstellung" und „Wissenschaftlich untermauert".

Der Informationsgehalt wurde besonders von den jüngeren Besuchern (bis 20 Jahre) hervorgehoben. Die Meinung, daß die Ausstellung Kriegsteilnehmer verurteilt, ist sowohl bei jüngeren (bis 20 Jahre) als auch bei älteren Besuchern (über 50 Jahre) verbreitet.

Abb. 11: Besuch der Ausstellung auf Anordnung durch die Schule nach besuchten Schultypen (n = 2.231)

Besuchte Schule	Auf Anordnung					
	Ja		Nein		Summe	
	a	%	a	%	a	%
Hauptschule	7	25,0	21	75,0	28	100,0
Polytechnikum	75	85,2	13	14,8	88	100,0
Lehre	13	14,8	75	85,2	88	100,0
BMS	52	43,7	67	56,3	119	100,0
BHS	349	70,1	149	29,9	498	100,0
AHS	729	77,6	210	22,4	939	100,0
HS, Uni, Akademie	70	14,9	401	85,1	471	100,0
	1.295	58,1	936	41,9	2.231	100,0

Die höchste „Anordnungsquote" unter allen angegebenen Schultypen haben das Polytechnikum, die AHS und die Berufsbildenden Höheren Schulen aufzuweisen. Diese Zahlen sind allerdings mit Vorsicht zu verwenden, da nicht getrennt wird zwischen derzeit besuchter Schule und Schulabschluß. Sie haben aber in ihrer Relationalität zueinander eine gewisse Aussagekraft.

Der genannte Besuchsgrund „persönliches Interesse" ist naturgemäß in den Schultypen am stärksten vertreten, wo der Besuch nicht auf Anordnung erfolgte. So liegt das Polytechnikum mit nur 30% bei den Nennungen an letzter Stelle (Durchschnitt 63%), liegt aber bei der „Anordnungsquote" mit 85% am höchsten (Durchschnitt 58%). Der Grund „Berichte in den Medien" wird vom Typ Hochschule, Uni, Akademie mit 34% Nennungen (Durchschnitt 18%) annähernd doppelt so häufig angegeben wie für andere Schultypen.

Selbst Kriegsteilnehmer waren nur ca. 1% aller Besucher, also 23 an der Zahl, sodaß hier nicht differenziert werden kann.

Als Besuchsgrund, daß Verwandte Kriegsteilnehmer waren, gaben durchschnittlich ca. 8% aller Ausstellungsbesucher an. Deutlich überrepräsentiert ist hier der Typus Lehre und Hochschule, Uni, Akademie.

Sich selbst eine Meinung bilden als genannter Grund verläuft gegenläufig zum angegebenen Grund „Auf Anordnung".

Soweit also die Zusammenhänge zwischen Schulbildung und angegebenem Besuchsgrund, wobei bei der Nennung „Auf Anordnung" alle anderen Besuchsgründe in den Hintergrund treten.

Besonders interessant sind die Zusammenhänge zwischen Schultyp und den Einstellungs- bzw. Meinungsdimensionen, was die Ausstellung anbelangt. Dies wurde, wie die Besuchsgründe zuvor mittels einer sogenannten Fragebatterie (Vergleiche dazu den Kurzfragebogen im Anhang) abgefragt.

Die Meinung, daß die Ausstellung wichtige Informationen vermittelt, pendelt über alle Schultypen in einer relativ geringen Abweichung um den Durchschnitt von ca. 69%.

Die Meinungsäußerung „Verurteilt Kriegsteilnehmer" wurde von ca. 9% aller Befragten angegeben. Deutlich darunter lag der Schultyp Polytechnikum mit 3,4% und deutlich darüber Hauptschule mit 14,3%. Vergleicht man diese Verteilung, die hier aus Platzgründen nicht dargestellt ist, mit der von Abb. 11, dann fällt auf, daß bei allen Schultypen außer Hochschule, Uni, Akademie dann die Meinung unkritischer ist, wenn die „Anordnungsquote" hoch ist.

Bei der Nennung „Entspricht der Wirklichkeit" konnten keine statistisch signifikanten Unterschiede zwischen den einzelnen Schultypen festgestellt werden.

Daß die Ausstellung Geschichtsfälschung ist, wird nur von neun (!) Besuchern genannt, und kann somit statistisch nicht behandelt werden.

Die Ausstellung „reißt Gräben auf" als Meinungshaltung kann nach Schultypen statistisch nicht zugeordnet (abgesichert) werden, es gibt keinen Zusammenhang.

Daß die Ausstellung betroffen macht, geben ca. 67% aller Besucher an, wobei mit einem Wert von 46% die Hauptschule und mit einem Wert von nur gar 25% das Polytechnikum die geringste Betroffenheit angeben. Die Werte für die übrigen Schultypen bewegen sich nur geringfügig um den Durchschnittswert.

Bei der Meinung, die Ausstellung sei „einseitige Darstellung" (diese Antwort gaben ca. 15% aller Besucher), nähert sich die Verteilung bis auf eine Ausnahme (Polytechnikum) der Verteilung „Auf Anordnung" an; d.h., ist die „Anordnungsquote" hoch, geht das Urteil eher in Richtung einseitige Darstellung.

„Wissenschaftlich untermauert" gaben ca. 23% der Ausstellungsbesucher an. Im Polytechnikum sind das nur ca. 2%, gefolgt von der Hauptschule mit ca. 11%, bei der Lehre sind es ca. 20% und dann gibt es einen kontinuierlichen Anstieg der Ja-Antworten von BMS mit ca. 13% bis auf 42% bei Hochschule, Uni, Akademie. Man kann also fast sagen, daß mit der „Höhe" der Schulbildung die Einschätzung der Wissenschaftlichkeit der Ausstellung kontinuierlich zunimmt.

Bei den zusammenfassenden persönlichen Bewertung der Ausstellung (vgl. dazu Abb. 9), die durchwegs sehr gut ist, gibt es bei der Betrachtung nach Schultypen nur äußerst geringe Abweichungen vom Durchschnittswert (ca. 89% für sehr gute bis gute Bewertung). Diese Abweichungen pendeln je nach Schultyp nur um ca. 3,5% nach oben bzw. nach unten. Trotz der zuvor dargestellten teilweise stark unterschiedlichen Meinungen zur Ausstellung je nach Schultyp gibt es in der abschließenden Bewertung fast keine schulspezifischen Unterschiede.

In einer abschließenden Betrachtung wird auf die Komplexität der Hintergrundstruktur, die zur generellen persönlichen Beurteilung der Ausstellung führen, näher eingegangen. Mittels des unter 1.5 kurz beschriebenen linearen Modells können komplexe Wirkzusammenhänge dargestellt werden. Drei Wirkstrukturen werden analysiert: der Einfluß der Besuchsgründe, der Einfluß der Urteilsdimensionen und der Einfluß von sozio-demographischen Merkmalsstrukturen auf die generelle Beurteilung der Ausstellung.

Abb. 12: Lineares Modell - Einfluß der angegebenen Besuchsgründe auf die persönliche Bewertung der Ausstellung
Modellwerte:
Erklärte Varianz: 9,7%
Multipler Korrelationskoeffizient: 0,31
Signifikanz: 100%

Das gerechnete Variablenmodell in Abb.12 hat eine relativ geringe erklärte Varianz, d.h. daß nur 10% des möglichen ursächlichen Erklärungswertes, der auf die Beurteilung Einfluß nimmt, von diesem Modell berücksichtigt wird. Zu diesem Wert ist allerdings anzumerken, daß in sozialwissenschaftlichen Modellen (im Gegensatz zu denen der Naturwissenschaft) selten hohe Erklärungswerte (über 30-40%) erreicht werden. Dies liegt an der Vielzahl der Einflüsse, die eine Meinung bzw. eine Einstellung begründen. Aus dem obenstehenden linearen Modell ist ersichtlich, daß es eigentlich nur zwei starke Einflußgründe gibt, einen positiven und einen negativen. Zentralen positiven Einfluß hat das persönliche Interesse mit einem Korrelationskoeffizient von r = 0,19, indirekt dazuzurechnen wäre auch der Besuchsgrund „Sich selbst eine Meinung bilden". Negativen Einfluß – und das durchzieht die ganze Datenanalyse wie ein roter Faden – hat es, wenn die Ausstellung auf Anordnung besucht wird.

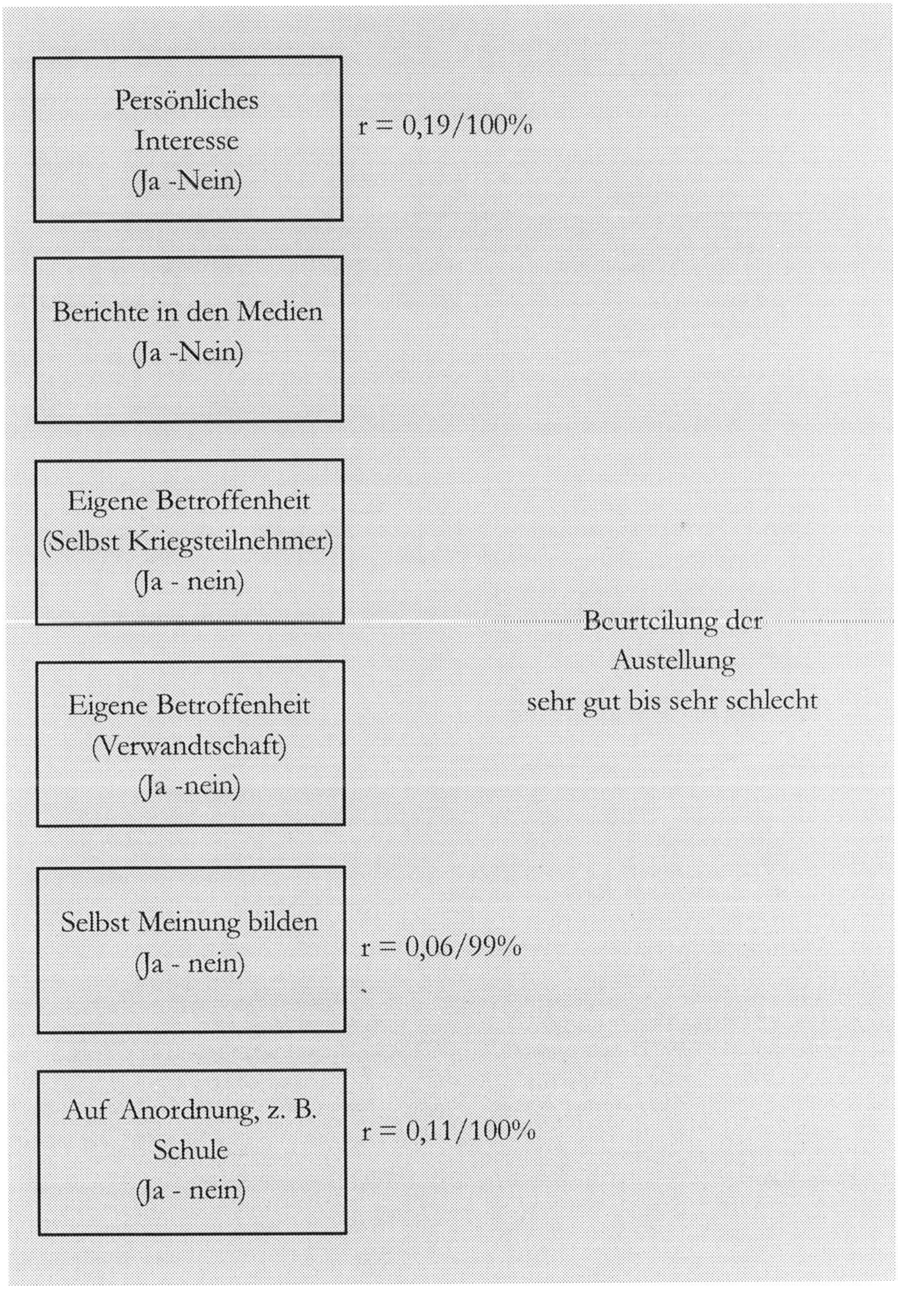

Persönliches
Interesse
(Ja -Nein)

r = 0,19/100%

Berichte in den Medien
(Ja -Nein)

Eigene Betroffenheit
(Selbst Kriegsteilnehmer)
(Ja - nein)

Beurteilung der
Austellung
sehr gut bis sehr schlecht

Eigene Betroffenheit
(Verwandtschaft)
(Ja -nein)

Selbst Meinung bilden
(Ja - nein)

r = 0,06/99%

Auf Anordnung, z. B.
Schule
(Ja - nein)

r = 0,11/100%

Abb. 13: Lineares Modell -Urteilsdimensionen und Einfluß auf die persönliche Bewertung der Ausstellung

Modellwerte:
Erklärte Varianz: 22,5%, multipler Korrelationskoeffizient: 0,78
Signifikanz: 100%

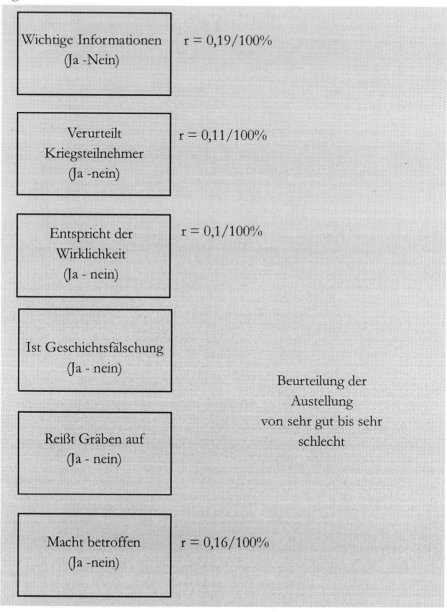

Einseitige Darstellung (Ja - nein)	$r = -0,21 / 100\%$
Wissenschaftlich untermauert (Ja - nein)	$r = 0,15 / 100\%$

Das zweite Modell stellt den kausalen Zusammenhang zwischen den einzelnen Urteilsdimensionen und der generellen Beurteilung dar. Der Prozentwert für die erklärte Varianz ist hier doppelt so hoch wie bei dem vorhergegangenen Modell. Im positiven Wirkbereich ist der stärkste Zusammenhang mit den Variablen „wichtige Informationen" und „entspricht der Wirklichkeit" gegeben. Betroffenheit und Wissenschaftlichkeit haben ebenfalls starke Auswirkung auf eine positive Beurteilung der Ausstellung. Im negativen Wirkbereich hat die Meinung, daß die Ausstellung eine einseitige Darstellung wiedergibt, den stärksten Einfluß, ebenso die der Verurteilung von Kriegsteilnehmern. Diese allerdings schon mit deutlich geringerer Wertigkeit (Korrelationskoeffizient $r = -0,21$ zu $r = -0,1$). Alles in allem kann gesagt werden, daß dieses Modell unter allen anderen gerechneten den höchsten Erklärungswert hat.

Die Untersuchung der Wirkstruktur der sozio-demographischen Variablen (Alter, Geschlecht, Wohnort und Wohnbezirk) ergab Modelle mit geringen Erklärungswerten (ca. 5%), wobei hier aber anzumerken ist, daß in allen diesen Rechenmodellen geschlechtsspezifische Unterschiede feststellbar waren – weibliche Besucher waren überwiegend im positiven Urteilsbereich vertreten.

1.8 Abschließende Betrachtung

Die Teilnahme an der von der Ausstellungsleitung durchgeführten Kurzbefragung zur Ausstellung „Vernichtungskrieg. Verbrechen der Wehrmacht
1941 bis 1944" war sehr hoch. Obwohl es keine besonderen Anreize zur Teilnahme gab, füllten 2290 Besucher (das sind ca. 16%) von den insgesamt 14.821
gezählten Ausstellungsbesucher den Fragebogen aus. Als Besuchsgrund über-
wog das persönliche Interesse oder die Absicht, sich selbst eine Meinung zu
bilden. Außerdem wurde die Ausstellung auch in großem Ausmaß von Gruppen von Schülern und Schülerinnen, mehr oder weniger auf Anordnung, besucht. Die intensive mediale Diskussion als Besuchsgrund hat deutlich gerin-
geren Stellenwert.

Bei den abgefragten Meinungen zur Ausstellung überwiegen eindeutig die
positiven Meinungsäußerungen. So ist das Verhältnis positiver zu negativer
Äußerungen etwa 9:1. Der Informationsgehalt und die Betroffenheit durch
den Besuch der Ausstellung wurden besonders hervorgehoben.

Das abschließende persönliche Urteil über die Ausstellung fiel sehr gut
aus; fast 90% aller Besucher beurteilte diese als sehr gut bis gut.

Die mehrdimensionalen Zusammenhänge zeigten auf, daß besonders bei
den Gruppenbesuchern durch Schulen („auf Anordnung") die Ausstellung,
was Meinungshaltungen und abschließendes Urteil anbelangt, nicht so positiv
beurteilt wurde. Hier sind Defizite aufzuarbeiten, besonders in der Vorbereitung durch die Schulen, vielleicht aber auch in einer adäquaten Ausstellungsdidaktik für jüngere Besucher.

Die Ergebnisse der mehrdimensionalen Analysen können vielleicht ganz
prägnant und allgemein formuliert werden: Eine Ausstellung mit dieser Thematik kommt dann an, wenn sie Informationen transportiert, wenn sie auf-
rütteln kann und wenn sie objektiv und abgesichert ist. Sie kommt dann weniger gut an, wenn keine Motivation für den Besuch vorhanden ist, und wenn
der Eindruck besteht, daß sie einseitig ist und diskriminiert.

1   Siehe dazu die Anlage im Anhang
2   Unter Schulklassen werden auch Gruppen von Studenten (Akademie, Hochschule und
    Universität) mit ca. 3% eingereiht, sodaß die Kategorie Schüler dann mit ca. 54% aller
    Besucher vertreten ist.

Institut für Neuere Geschichte und Zeitgeschichte	Forschungsinstitut für Sozialplanung der Universität Linz	Ludwig Boltzmann-Institut für Gesellschafts- und Kulturgeschichte

Besuchererhebung zur Ausstellung

Vernichtungskrieg

Verbrechen der Wehrmacht 1941 bis 1944

Was waren für Sie Gründe, diese Ausstellung zu besuchen? (Bitte Entsprechendes ankreuzen)

05	Persönliches Interesse	•
06	Berichte in den Medien	•
07	Eigene Betroffenheit (selbst Kriegsteilnehmer)	•
08	Eigene Betroffenheit (Verwandtschaft)	•
09	Selbst Meinung bilden	•
10	Auf Anordnung (z.B. Schule)	•
11	Zufall	•
12	Sonstiges:	•

Über eine Veranstaltung wie diese kann man unterschiedlicher Meinung sein. Wir haben hier eine Reihe von Aussagen angeführt; wie stehen Sie dazu? (Bitte Zutreffendes ankreuzen)

13	Wichtige Informationen	•	17	Reißt Gräben auf	•
14	Verurteilt Kriegsteilnehmer	•	18	Macht betroffen	•
15	Entspricht der Wirklichkeit	•	19	Einseitige Darstellung	•
16	Ist Geschichtsfälschung	•	20	Wissenschaftlich untermauert	•

Wie fanden Sie persönlich diese Ausstellung?

21

sehr gut •

gut •

weniger gut •

schlecht •

sehr schlecht •

Abschließend bitte ein paar Angaben zur Besucherstatistik.

22 **Alter:** .... •• Jahre

24 **Geschlecht:** .... • weiblich

• männlich

Wohnort

25 wohne in der Stadt (welcher?): ....

oder:

27 wohne im Bezirk (welchem?): ....

Schulbildung (Zutreffendes bitte ankreuzen)

29

Volksschule	•	Fachschule ohne Matura	•
Hauptschule	•	Fachschule mit Matura	•
Polytechnikum	•	AHS	•
Lehre	•	Akademie, Hochschule, Uni	•

Persönliche Anmerkungen: ....
....
....
....
....

Institut für Neuere Geschichte und Zeitgeschichte	Forschungsinstitut für Sozialplanung der Universität Linz	Ludwig Boltzmann-Institut für Gesellschafts- und Kulturgeschichte

Besuchererhebung zur Ausstellung

Vernichtungskrieg

Verbrechen der Wehrmacht 1941 bis 1944

Was waren für Sie Gründe, diese Ausstellung zu besuchen? (Bitte Entsprechendes ankreuzen)

05	Persönliches Interesse	•
06	Berichte in den Medien	•
07	Eigene Betroffenheit (selbst Kriegsteilnehmer)	•
08	Eigene Betroffenheit (Verwandtschaft)	•
09	Selbst Meinung bilden	•
10	Auf Anordnung (z.B. Schule)	•
11	Zufall	•
12	Sonstiges:	•

Über eine Veranstaltung wie diese kann man unterschiedlicher Meinung sein. Wir haben hier eine Reihe von Aussagen angeführt; wie stehen Sie dazu? (Bitte Zutreffendes ankreuzen)

13	Wichtige Informationen	•	17	Reißt Gräben auf	•
14	Verurteilt Kriegsteilnehmer	•	18	Macht betroffen	•
15	Entspricht der Wirklichkeit	•	19	Einseitige Darstellung	•
16	Ist Geschichtsfälschung	•	20	Wissenschaftlich untermauert	•

Wie fanden Sie persönlich diese Ausstellung?

21

sehr gut   •

gut   •

weniger gut   •

schlecht   •

sehr schlecht   •

Abschließend bitte ein paar Angaben zur Besucherstatistik.

22   **Alter:** ....   ••   Jahre

24   **Geschlecht:** ....   •   weiblich

                     •   männlich

Wohnort

25   wohne in der Stadt (welcher?): ....

oder:

27   wohne im Bezirk (welchem?): ....

Schulbildung (Zutreffendes bitte ankreuzen)

29

Volksschule	•	Fachschule ohne Matura	•
Hauptschule	•	Fachschule mit Matura	•
Polytechnikum	•	AHS	•
Lehre	•	Akademie, Hochschule, Uni	•

Persönliche Anmerkungen: ....

....

....

....

....

Autorinnen und Autoren

Rudolf G. Ardelt, Univ.Prof. am Institut für Neuere Geschichte und Zeitgeschichte der Universität Linz

Heimrad Bäcker, Schriftsteller, lebt in Linz

Franz Dobusch, Bürgermeister der Stadt Linz

Hannes Heer, Historiker und Filmregisseur, wissenschaftliche Leitung des Ausstellungsprojekts „Vernichtungskrieg", wissenschaftlicher Mitarbeiter des Hamburger Instituts für Sozialforschung

Reinhard Kannonier, a.o.Univ.Prof. am Institut für Neuere Geschichte und Zeitgeschichte der Universität Linz

Brigitte Kepplinger, Assistentin am Institut für Gesellschafts- und Sozialpolitik der Universität Linz

Sepp Kerschbaumer, Präsident des Oberösterreichischen Kameradschaftsbundes

Helmut Konrad, Univ.Prof. am Institut für Geschichte der Universität Graz, Rektor der Universität Graz

Walter Manoschek, Assistent am Institut für Staats- und Politikwissenschaft der Universität Wien, wissenschaftlicher Mitarbeiter des Ausstellungsprojekts "Vernichtungskrieg. Verbrechen der Wehrmacht 1941-1944" am Hamburger Institut für Sozialforschung

Günter Mattitsch, Arzt, Komponist, Musiker, lebt in Klagenfurt

Jan Philipp Reemtsma, Literaturwissenschafter, Vorstand des Hamburger Instituts für Sozialforschung

Werner Reichenauer, Soziologe Leiter des Instituts für quantitative und qualitative Sozialforschung, Linz

Nguyên Chi Thiên, bedeutender zeitgenössischer Dichter Vietnams

Hubertus Trauttenberg, Divisionär, Adjutant des Bundespräsidenten

Josef Weidenholzer, Univ.Prof., Institut für Gesellschafts- und Sozialpolitik der Universität Linz

Gaby Zipfel, Redakteurin des „Mittelweg 36", Hamburger Institut für Sozialforschung

Verehrte Leserin, geschätzter Leser!
Ich hoffe, Sie haben mit großem Interesse dieses Buch
aus dem Buchverlag Franz Steinmaßl gelesen.
Auf den nachfolgenden Seiten
finden Sie weitere interessante Bücher
aus diesem Mühlviertler Kleinverlag.
Sie können sämtliche Titel über den Buchhandel
oder direkt vom Verlag, A-4264 Grünbach, beziehen.

Zeitgeschichte
in der Edition Geschichte der Heimat

Erna Putz
Franz Jägerstätter
Besser die Hände als der Wille gefesselt
gebunden, 330 Seiten, S 298,–
Der Innviertler Bauer und Mesner Franz Jägerstätter verweigerte den Nationalsozialisten den Wehrdienst und wurde 1943 hingerichtet. Seine Person und sein
Handeln werden nach wie vor kontroversiell diskutiert. Die vorliegende Biogra-
phie zeichnet ein differenziertes Bild und basiert auf Materialien und Briefen,
die die noch lebende Witwe Franz Jägerstätters der Autorin zur Verfügung gestellt hat.

Christian Topf
Auf den Spuren der Partisanen
Zeitgeschichtliche Wanderungen im Salzkammergut
Taschenbuch im handlichen Einsteck-Format, 250 Seiten, S 248,–.
Das Salzkammergut war eine der regionalen Hochburgen des antifaschistischen
Widerstandes, in dem sich 1945 sogar eine regelrechte Partisanenbewegung bil-
dete. Unter Führung des legendären Ex-Spanien-Kämpfers Sepp Plieseis hatten
sich zahlreiche politisch Verfolgte und Deserteure in die unwegsame Bergwelt
zwischen Dachstein und Totem Gebirge zurückgezogen, um von dort aus den
Nationalsozialismus zu bekämpfen.

Walter Kohl
Die Pyramiden von Hartheim
„Euthanasie" in Oberösterreich 1940–1945
gebunden, 520 Seiten mit zahlr. Abb., S 398,–.
Brennpunkte von Kohls Darstellung sind die Vernichtungsanstalt Hartheim bei
Eferding und die „Gau-Heil- und Pflegeanstalt Niedernhart" bei Linz, das heutige Wagner-Jauregg-Krankenhaus. Hartheim war – gemessen an „Effizienz" und
Opferzahlen – die größte Mordanstalt im Rahmen des Euthanasie-Programmes
des Dritten Reiches. Aus einer Vielzahl von verstreuten Quellen, Episoden, Erinnerungen und Hinweisen listet Kohl detailliert auf, was in diesem wunderschö-
nen Renaissance-Schloß genau geschah.

Fritz Fellner (Hg.)
Passierschein und Butterschmalz
1945 – Zeitzeugen erinnern sich an Kriegsende und Befreiung
gebunden, 190 Seiten, mit zahlreichen Fotos, öS 298,–
Diese Sammlung von Zeitzeugenberichten geht auf einen Aufruf österreichischer
Kirchenzeitungen an ihre Leser zurück, Erlebnisse des Umbruchsjahres 1945
aufzuzeichnen. In ihrer Gesamtheit geben die Berichte ein plastisches Bild dieses Jahres der Zeitenwende und sind ein lebendiger Beitrag zur „Geschichte von
unten".

Zeitgeschichte
in der Edition Geschichte der Heimat

Thomas Karny / Heimo Halbrainer
Geleugnete Verantwortung
Der „Henker von Theresienstadt" vor Gericht
gebunden, 210 Seiten, S 298,–

1963 ging in Graz einer der spektakulärsten NS-Verbrecherprozesse seit Ende des 2. Weltkrieges über die Bühne. Auf der Anklagebank saß der 53jährige Expeditarbeiter und frühere Mesner Stefan Rojko. Dem ehemaligen Aufseher im Gestapo-Gefängnis Theresienstadt wurden 200 Morde zur Last gelegt.

Fritz Fellner
Das Mühlviertel 1945
Eine Chronik – Tag für Tag
gebunden, 400 Seiten, S 390,–.

Die letzten Kriegsmonate und das Näherrücken der Front – die Verbrechen fanatischer Naionalsozialisten – Not und Chaos der Umbruchszeit – mühsame Schritte zur Normalität. Die Tageschronik berichtet Tag für Tag von den kleinen und großen Ereignissen im Mühlviertel.

Herbert Friedl (Hg.)
Niemand wollte es getan haben …
Texte und Bilder zur „Mühlviertler Hasenjagd"
gebunden, 80 Seiten, S 198,–

Das Mühlviertel: Inmitten einer Hügellandschaft von verhaltener Schönheit der weltberühmte Kefermarkter Flügelaltar, und auf der anderen Seite das weltbekannte ehemalige KZ-Mauthausen als Zeichen gnadenloser Menschenverachtung.
Schönen stimmungsvollen Fotos der Mühlviertler Landschaften stehen harte, suggestive Holzschnitten entgegen, die auf die berüchtigte Mühlviertler ‚Hasenjagd' verweisen. Die Texte erinnern an die Grausamkeiten von Teilen der Mühlviertler Bevölkerung, aber auch an die wenigen, die den Mut hatten, zu helfen.

Literatur
in der Edition Geschichte der Heimat

Friedrich Ch. Zauners großer Romanzyklus
„Das Ende der Ewigkeit"

Friedrich Ch. Zauners vierbändiges Monumentalwerk „Das Ende der Ewigkeit"
erzählt die Geschichte der ersten vier Jahrzehnte unseres Jahrhunderts aus der
Perspektive eines kleinen, abseitigen Dorfes und seiner Bewohner. Bevor Sie
dieses Werk zur Hand nehmen, vergessen Sie am besten alles, was Sie bisher zum
Thema „Heimat" und „Heimatliteratur" gehört und selber vertreten haben. Denn
Zauner, dieser völlig uneitle Erzähler, stellt die Heimat derart auf den Kopf, daß
sie wieder auf ihren Füßen zu stehen kommt.

Band I
Im Schatten der Maulwurfshügel

Band II
Und die Fische sind stumm

Band III
Früchte vom Taubenbaum

Band IV
Heiser wie Dohlen

Jeder Band hart gebunden, 250 Seiten, S 330,-.

Alltagsgeschichte
in der Edition Geschichte der Heimat

Walter Kohl
Spuren in der Haut
Eine Expedition nach Gestern, *gebunden, 148 Seiten, S 248,–*
Eine Expedition, das ist eine Reise mit vollem körperlichem, geistigem und see-lischem Einsatz. Eine solche Reise zurück in das Leben seines Vaters, der heute als alter Mann im Rollstuhl sitzt, hat Walter Kohl geleistet. In tagelangen Inter-views hat er das Leben eines ledigen Kindes einer Bauernmagd erkundet und hatte dabei sein Schlüsselerlebnis: Für den, der genau hinschaut und mit-leidend nachfragt, stimmt bald keines der Bilder mehr, die er sich selber von der Vergan-genheit gemacht hat.

Lois Günterseder
Bergwärts – talwärts
Ein Pöstlingberger erinnert sich
gebunden, ca. 280 Seiten mit zahlr. Abb., S 298,–.
Diese Erinnerungen an Kindheit und Jugend am Pöstlingberg umfassen die Zeit der späten Zwanzigerjahre bis kurz nach dem II. Weltkrieg. Wie ein Schwamm saugte der junge Loisl die Eindrücke aus seiner Umgebung auf, beinahe wie ein Computer speicherte er die Erlebnisse seiner jungen Jahre. So entstand ein packendes Buch über das Leben der einfachen Leute in einer bewegten Zeit.

Gerald Rettenegger
Holzknecht
Das Leben der Hinterwäldler / Dokumentarische Erzählung
gebunden, 200 Seiten,
zahlreiche Fotos und Abbildungen, S 390,–
In einem Seitengraben des oberösterreichischen Ennstales, dort wo der Most schon nach Schatten schmeckt, leben noch ehemalige Holzknechte. In langen Gesprä-chen mit dem Autor haben sie ihr Leben vor seinen und der Leser Augen wieder auferstehen lassen. Eine ausführliche Fotodokumentation ergänzt diese wertvol-len Überlieferungen.

Otto Milfait
Das Mühlviertel, Sprache, Brauch, Spruch
2 Bände, gebunden, je Band S 398,–
Mit seinem jetzt zweibändigen Werk macht Otto Milfait seiner Heimat, dem Mühl-viertel, ein grandioses Geschenk. Es wird wohl kaum noch wo eine Region ge-ben, deren Mundart auf fast tausend Seiten in über 12.000 Eintragungen darge-stellt ist. Daß der Autor seine Erzählungen nicht knochentrocken, sondern mit Geschichten und Geschichterln gewürzt hat, macht sein großes Werk weit über das Mühlviertel hinaus zu einem heiter-informativen Lesebuch.

Zeitgeschichte
in der Edition Geschichte der Heimat

Thomas Karny
Die Hatz
Bilder zur „Mühlviertler Hasenjagd"
gebunden, 135 Seiten, S 240,–

Die Massenflucht von rund 500 sowjetischen Häftlingen aus dem KZ Mauthausen im Februar 1945 war der größte Ausbruch in der Geschichte der NS-Konzentrationslager. Was sich bei der anschließend von der SS gemeinsam mit Teilen der Mühlviertler Bevölkerung inszenierten „Hasenjagd" abgespielt hat, gehört zu den barbarischen und grausamen Kapitel unserer Geschichte. Minutiös erzählt Karny in Form eines historischen Bilderbogens die Geschichte der Opfer und Täter, aber auch jener Frauen und Männer, die inmitten der Barbarei ihre Menschlichkeit nicht vergessen und den Fliehenden unter großer persönlicher Gefahr geholfen haben.

Kurt Cerwenka
Die Fahne ist mehr als der Tod
Erziehung und Schule in Oberdonau 1938–1945
brosch. 100 Seiten , S 148,–

In dieser für Oberösterreich einmaligen Dokumentation belegt der Autor eindringlich die Bemühungen der Nationalsozialisten, die Jugend nicht bloß zum Krieg, sondern auch zu einem grausamen Herrenmenschentum zu erziehen.

Thomas Karny
Die Hatz
Bilder zur „Mühlviertler Hasenjagd"
gebunden, 135 Seiten, S 240,–

Die Massenflucht von rund 500 sowjetischen Häftlingen aus dem KZ Mauthausen im Februar 1945 war der größte Ausbruch in der Geschichte der NS-Konzentrationslager. Was sich bei der anschließend von der SS gemeinsam mit Teilen der Mühlviertler Bevölkerung inszenierten „Hasenjagd" abgespielt hat, gehört zu den barbarischen und grausamen Kapitel unserer Geschichte. Minutiös erzählt Karny in Form eines historischen Bilderbogens die Geschichte der Opfer und Täter, aber auch jener Frauen und Männer, die inmitten der Barbarei ihre Menschlichkeit nicht vergessen und den Fliehenden unter großer persönlicher Gefahr geholfen haben.

Kurt Cerwenka
Die Fahne ist mehr als der Tod
Erziehung und Schule in Oberdonau 1938–1945
brosch. 100 Seiten , S 148,–

In dieser für Oberösterreich einmaligen Dokumentation belegt der Autor eindringlich die Bemühungen der Nationalsozialisten, die Jugend nicht bloß zum Krieg, sondern auch zu einem grausamen Herrenmenschentum zu erziehen.